本书是浙江省高等教育"十三五"第二批教学改革研究项目

"基于职业情境的高职聋生语文'沟通与交际'教学改革研究"（jg20191041）

浙江省教育科学规划重点项目

"具身认知视角下聋人大学生汉语笔谈教学模式改革研究"（2021SB122）

研究成果

浙江特殊教育职业学院资助出版

Practices of Verbal Communication
and Interactive Teaching for Deaf Undergraduates

聋人大学生语文沟通
与交际教学实务

张　帆◎著

ZHEJIANG UNIVERSITY PRESS
浙江大学出版社
·杭州·

图书在版编目(CIP)数据

聋人大学生语文沟通与交际教学实务 / 张帆著. ——
杭州：浙江大学出版社，2022.12
ISBN 978-7-308-23310-1

Ⅰ.①聋… Ⅱ.①张… Ⅲ.①大学语文课－教学研究
Ⅳ.①H19

中国版本图书馆 CIP 数据核字(2022)第 226115 号

聋人大学生语文沟通与交际教学实务

张　帆　著

策划编辑	杨利军
责任编辑	汪淑芳
责任校对	黄梦瑶
封面设计	项梦怡
出版发行	浙江大学出版社
	（杭州市天目山路 148 号　邮政编码 310007）
	（网址：http://www.zjupress.com）
排　　版	浙江时代出版服务有限公司
印　　刷	广东虎彩云印刷有限公司绍兴分公司
开　　本	880mm×1230mm　1/32
印　　张	11.25
字　　数	260 千
版 印 次	2022 年 12 月第 1 版　2022 年 12 月第 1 次印刷
书　　号	ISBN 978-7-308-23310-1
定　　价	45.00 元

前　言

　　沟通在我们的日常生活中无处不在。只要稍加留意就会发现，有人类活动的地方，就会有沟通行为的发生。购物、看病、咨询、洽谈、课堂学习、与同伴玩耍、完成一份计划、上网查找资料、写日记等，都属于人类的沟通行为。沟通需要借助一定的媒介进行，如口头语言、书面语言、身体语言、电子媒介等。聋人大学生（以下简称：聋生）因为听觉损伤，整体语言发展低于健听学生（以下简称：听生），但并不意味着聋生没有沟通需求，不具备沟通能力；相反，只要对他们实施有效教学，他们是可以掌握多样化的沟通技能，与听人顺畅交流的。在高等职业教育阶段，对他们进行专门的沟通与交际训练，不仅可以提高他们的职场竞争力，对他们的语言表达规范化、思维能力提升、个人形象塑造等等都有好处。此外，在社会互动经验中所建立的情感联结是个人与家庭、社区、群体融合的基础，沟通能力与聋生的情绪及人格发展有着密切关系，沟通能力的培养可以使聋生更好地传递个人情感、回应他人，在社会互动情境中增进自尊、自强、自信和自立意识，从而顺利融入主流社会。

　　基于以上思考，本书旨在从课程与教学论的视角来探讨在特殊职业教育领域，语文教师如何面对聋生实施沟通与交际教学，进行有效的沟通与交际教学设计。之所以有勇气和信心把它呈现出来，主要基于以下两点认识：第一，语言是交际的工具，聋生习得汉语的目的就在于在交际中运用汉语。针对聋生汉语基础薄弱、沟通困难的现状，语文教学重心应该放在让聋生"正确使用祖国语言文字"这一根本任务上，重点关注聋生句子输出的能产性与流畅度、语法的规范度、语义表达的完整性和准确性、句内和句间的言语组织逻辑性，以及有残余听力聋生在交际中的发音准确度。第二，高等职业教育阶段，面向聋生的语文课程，其教学目标是让他们掌握在不同的交际场合、不同情境中的交际本领，培养良好的个性、健全的人格与合作精神，为成为一个职业人奠定基础。沟通与交际教学应该成为聋人大学生语文课程改革的着力点。

本书共五个部分。第一章主要对聋生沟通与交际现状进行调查，指出目前聋教育沟通与交际教学中存在的问题。第二章从沟通与交际课程定位与目标、沟通与交际课程设置原则、课程内容开发、课程评价等维度提出课程整体设计思路。第三章呈现八个沟通与交际教学设计，以功能性交际为主，提供了不同主题的设计案例。第四章是基于教学设计开展的课堂实录与教学反思，呈现课题组集体教学改革成果。第五章是在前期实践基础上整理形成的一些理论思考。

"沟通与交往"课程已纳入聋教育义务教育阶段课程体系，但特殊高等职业教育阶段面向聋生的"沟通与交际"教学目前尚未有代表性成果问世，特别是满足高等职业教育阶段聋生需求

的、基于职业情境的沟通与交际课程内容的开发尚显薄弱,本书在这方面做了一些探索,为从事特殊教育的一线教师、特殊教育专业的学生以及对聋教育语文教学感兴趣的读者提供教学实践参考,也可以作为国内外特殊教育领域教学管理者、语文教师进行课程设计的参考手册。教材是课程的主要承载,因此本书也可作为聋生语文教材编写的参考用书。限于笔者水平,书中错误在所难免,敬请读者和相关专家不吝指正!

张 帆

2022 年 3 月

目　录

第一章　现状调查篇

第一节　手语与聋生的沟通交际方式

对聋生而言，他们的语言学习很复杂，既要掌握第一语言——手语，还要学习主流社会的语言，如汉语书面语和口语。在语言学习历程中，他们比健听人付出了更多的艰辛。手语、汉语口语和书面语、副语言和非语言符号系统都是他们要掌握的沟通方式，但它们在聋生沟通方式中的地位和作用是不同的。

一、手语是聋生最便捷的沟通方式

聋人所使用的手语是一种怎样的语言？手语是否具有语言学意义上的独立语言属性？对手语语言学属性持否定态度的主要有如下两种观点，一是词典中对"语言"的定义：语言是"人类特有的表达意思、交流思想的工具，由语音、词汇、语法构成一定

的体系。语言有口语和书面形式。"①——语言是音义结合的符号系统,手语没有语音,怎么能称之为"语言"呢? 另一种观点也被民众普遍接受:手语不就是一些手势符号的简单比画,或是一些具体物象的模拟吗?

对手语持否定观的第一种观点,复旦大学龚群虎教授在"手语问题讲话"中曾有过这样的解释:每一种语言都是某个特定民族或群体为了交际而约定俗成的符号系统,听力缺失的聋人丧失了听觉渠道的沟通方式,他们自然而然地使用了视觉渠道,交往过程中,聋人群体内部自然产生了手势语言。手语没有声音,手语语言系统是以"视觉—动作"的管道而不是"听觉—发声"的管道作为沟通载体。也就是说,与有声语言一样,手语也属于人类语言中的一种,无非使用了不同的符号系统。那么,语言学术语中,有声语言的"语音"在手语中对应的是什么呢? 1960 年,手语语言学之父、美国学者威廉·C. 斯多基(William C. Stokoe)发表了第一篇美国手语研究专论——《手语的构造》("Sign Language Structure"),他发现手势的构成好似有声语言中的语音系统,手势和口语中的单词一样,也可以分解成更小的语音单位,有声语言中的"语音"在手语中也有相应的单位:"语形"(handshape)。汉语的语音可以切分为更小的单位,如音节、音素、音位,相应地,聋人手语中的"语音"单位——语形也可以

---

① 中国社会科学院语言研究所词典编撰室. 现代汉语词典[M]. 3 版. 北京:商务印书馆,1997:1539.

从手形、位置、运动、方向等要素出发做进一步的切分。①

　　在美国,20 世纪 60 年代之前,美国聋人使用的手语(ASL)一直被认为是一种支离破碎的、简化的英语语言形式,是一种视觉接受的手势代码英语(MCE),手势也被认为是无法分析的一个整体,且没有内在的结构。威廉·C.斯多基之后,语言学界尝试用手形、位置、运动、方向这四种参数符号的不同组合来描述和记录下各种手势,就好像是手语的书面符号系统一样,美国手语的语言学特征得以凸现。20 世纪 70 年代以来,语言学家对美国手语语言学特征的研究逐渐深入,再加上许多富有影响力的手语著作的出版,有力地改变了人们对于美国手语的错误认知,手语不再以简化而支离破碎的视觉英语的形式现身,而是一种复杂而富有生机的自然语言,和世界上所有的口头语言一样,具有自身独立的句法和语法功能。在国内,近二十年来,以复旦大学龚群虎教授、上海大学倪兰教授和香港中文大学邓慧兰教授为代表的研究团队对中国手语的系列研究成果也表明:中国手语不以汉语为基础,中国手语构词的象形特征并不能否认手语构词的抽象性;手语与汉语一样可以表达细微的情感与抽象的概念;手语词汇量的多少与聋人个人的社会生活实践相关;手语构词与汉语相似,也有单纯词和合成词;手语有省略、倒装、否定词前置、动宾一体、类标记等不同于汉语的语法现象;手语没有书面形式;世界各国的手语不是通用的。这些结论在国内手语

---

　　①　沈玉林,吴安安,褚朝禹.双语聋教育的理论与实践[M].北京:华夏出版社,2005:41—47.

语言学界已达成初步共识。

二、汉语书面语是聋生与健听人沟通的主要方式

汉语书面语是聋生进入学校教育阶段后需要掌握的本国语言,是他们与健听人沟通的主要方式。

如果承认手语具有独立语言属性,是聋生的第一语言,那么汉语就是他们需要通过学校教育学习并掌握的第二语言。汉语是有声语言,有口语和书面语两种方式。对听力损失程度在中重度的聋生而言,他们有的先天耳聋,有的在语言关键期前就出于各种原因失去听觉,没有经历过有声语言的实践。还有的听力损失程度在中重度的聋生,他们是在口语能力已经得到发展之后发生严重的听力障碍,如六七岁的时候失去了听力。对这部分聋生而言,曾经获得的口语能力有助于汉语书面语的学习,但必须指出的是,已经获得的口语能力在听力丧失之后会逐渐退化,有的甚至到了大学阶段已经不愿开口与健听人交流,与聋人同伴交往时基本用手语。因此,汉语书面语是他们进入学校教育阶段后学习的主要任务,即学习通过书面方式获取信息、学习知识、与老师沟通交流。当他们步入社会后,书面沟通(如笔谈)是他们与健听人沟通的主要方式。

随着现今科技的进步,越来越多的聋儿通过早期听力筛查、诊断,佩戴助听器或安装人工耳蜗,接受口语康复训练等手段到普通学校就读。这部分聋儿进入小学后,能综合运用手语、口语与他人交流,或者能直接用口语与老师、同学交流,康复效果好

的聋童能与听生同步学习直至升入大学。但值得指出的是,助听器等听力辅助设备并不适用于所有聋人,研究表明,聋儿听力康复情况受性别、年龄、耳蜗植入后时间、开机时间长短、父母经济收入以及自身感音神经系统等多重因素的影响①②③,因此康复效果不一定都好。对这部分聋生,他们的书面语表达与听生之间可能还是存在一定差距,仍需要老师对他们进行汉语书面语表达的强化训练。

总之,因听力损失而带来的汉语书面语学习困难是一个客观现实,其中又以听力损失较重的聋生学习困难程度较高。因此提高聋生的汉语书面语书写能力、阅读能力与表达能力,提升他们的汉语书面语交际水平是特殊教育语文课程的重要任务之一。

三、副语言和非语言沟通是重要的辅助沟通方式

副语言和非语言沟通在人际沟通中发挥重要作用,也是聋生必须掌握的沟通方式。

在现实生活中,人们并非都是通过语言来传递信息的,很多

---

① 陈益青,韩睿,龙墨.人工耳蜗植入后言语康复效果的相关因素[J].中国康复医学杂志,2006(7):617-620.

② 王素芳,任红波,刘志印.语前聋儿童人工耳蜗植入后听觉言语康复效果相关因素分析[J].听力学及言语疾病杂志,2015(4):394-396.

③ 张道行,刘永祥,杨和钧,等.年龄对语前聋儿人工耳蜗植入听觉言语康复效果的影响[J].听力学及言语疾病杂志,2002(2):113-114.

时候副语言、非语言等辅助性的语言符号系统也会传递大量的信息和丰富的情感。副语言也称辅助语言,可分为口语中的副语言和书面语中的副语言两类。口语中的副语言是人们说话时伴随语言产生但又不属于语言现象的某些发音特征,它包括发声过程的各个要素,如音质、语调、停顿、重音、语速,还包括哭声、笑声、鼻音、呼吸、喉音等。① 口语表达方式的变化,尤其是重音、停顿、语速的变化,可以使看上去字面意思相同的一句话产生完全不同的表达效果,从而产生不同的交际效果。比如"你真坏!"一句,如果"坏"字用强调重音来说,起音高、尾音低,说得短促有力,那就带有批评意味。但是"坏"字用轻声,同时把音节拉长,那听起来分明带有女子的娇嗔意味,并不是真的生气。书面语中的副语言是通过字体变换、标点符号的特殊运用以及印刷艺术来实现的,如"在**倾听**中理解他人,在**表达**中展现自我"一句,"倾听""表达"用黑体表示语义的强调,这种有形无声现象伴随文字发生并且对书面表达产生一定的影响,具有特殊的表达效果。② 教学实践中发现,部分有残余听力的聋生虽然能运用口语与听人交流,但受听力损失的影响,他们缺乏觉察副语言中隐含信息的技巧。相应地,聋生的口语表达内容上相对比较直接、语气语调比较单一,听起来给人感觉甚至有些呆板,究其原因,是表达过程中缺少了副语言。因此,对有残余听力的聋生而言,

---

① 张岩松,孟顺英,樊桂林.人际沟通与语言艺术[M].北京:清华大学出版社,2010:6—10.

② 王立新.沟通与交流实务[M].北京:北京师范大学出版社,2019:68—69.

口语表达中的副语言训练是他们的必修课,他们不仅要能体察听人交际行为中副语言传递的"弦外之音、言外之意",还要学会如何在口语交际中恰当贴切地使用副语言。此外,书面语中的副语言信息也容易被聋生忽略,需要教师在阅读教学中有意识地加以提示。

对什么是沟通中的非语言信息,这一问题学界已基本达成共识。一般认为,沟通中的非语言是指身体语言,又称"肢体语言""态势语"等,是人际交往时通过面部表情、身体姿势、手势等非语言符号系统来传递或表达信息的方式。人际交往时的服饰穿着、空间距离等也具有传递信息的作用,通常也被纳入非语言沟通范畴。"眉来眼去传真意,举手投足皆语言",面部表情的微妙变化在交际中具有传情达意功能,是不可或缺的交际要素。手势语、态势语与有声语言的互相配合,可以起到信息互补的作用。得体的手势语、态势语不仅可以传递信息,还反映出言谈者的思想情感、个人修养、文化教养,是言谈者个人素质的综合体现。心理学家认为,身体语言是其内心活动的直观显现,当口头语言与身体语言传递的信息不一致时,人们更倾向于相信身体语言。交流过程中,聋生除了使用手语外,也会使用点头、眼神、微笑等面部情态,握手、挥手、手指动作以及不同的身体姿势等,这些非语言要素是聋生在长期人际交往中积累习得的,具有自发性。但他们还缺乏使用非语言要素进行有效沟通的意识,与听人沟通时不具备准确、熟练解读非语言信息的能力,当听人的口头语言与身体语言传递的信息不一致时,聋生很难判断信息的真伪。有的聋生与听人老师交流时,双眼习惯盯着听人老师

的手部动作,交流过程显得非常呆板。也有的聋生不注意自身形象,校园里遇见老师时低头含胸、双臂下垂、面无表情,给人精神不振、意志消沉的错觉。

总之,由于听力损失,聋生的人际交往方式呈现复杂化样态。对有残余听力并能够用口语交际的聋生而言,口语、手语、书面语、副语言和非语言符号系统都是他们要掌握的沟通方式。对听力损失程度较重的聋生而言,手语、书面语、非语言符号系统是他们与外界沟通的主要方式。聋教育语文课程要根据不同类型聋生的需求,对他们进行有的放矢的教学,让他们的语言沟通与交际能力得到最大化的发展。

第二节 聋生语文沟通与交际学习现状调查

为了解聋生沟通与交际现状,发现他们与听人沟通交际中存在的问题,为课堂教学改革提供依据,课题组通过查阅文献、参考相关问卷,制订了"聋生语文沟通与交际学习问卷"。问卷共32道题,主要包括4个方面内容:调查对象基本情况、聋生对自我沟通与交际水平的认知、聋生沟通与交际的方法与习惯、语文沟通与交际课堂教学。2021年5—6月,课题组利用"问卷星"工具对浙江特殊教育职业学院2019—2021级在校聋生进行了问卷调查,本次调查共发放问卷304份,填写人数266人,有效回答率为100%。

一、调查对象基本情况

参与问卷调查的 266 名聋生年龄分布在 18～25 岁,在该院主要学习中西面点工艺、数字媒体艺术设计、工艺美术品设计、电子商务 4 个专业。其中残疾类别标注"听力残疾"的聋生占 62.41%,"多重残疾"的聋生占 22.93%,"听力语言残疾"的聋生占 14.66%,如表 1-1 所示。

表 1-1　聋生残疾证类别

选项	小计	占比	
A 听力残疾	166		62.41%
B 多重残疾	61		22.93%
C 听力语言残疾	39		14.66%

按残疾等级分,听力重度残疾者居多。其中,重度听力残疾(一级、二级)者占调查对象的 94.73%,如表 1-2 所示。

表 1-2　聋生残疾证等级

选项	小计	占比	
A 一级	211		79.32%
B 二级	41		15.41%
C 三级	10		3.76%
D 四级	4		1.50%

与健听人交往最常使用的沟通方式中,有 43.23% 的聋生选

择用微信、音书、科大讯飞等手机软件,可见依托语音转文字通信工具与健听人交流已经成为信息时代聋生最为常用的沟通方式,手机已经成为他们随时随地与健听人沟通的重要工具。用手语配合口语是本次调查位居第二的沟通方式,手语是聋人的母语,是他们的日常生活用语。手语配合口语具有便捷特点,能满足一些日常简单交流场景的需要。如表 1-3 所示。

表 1-3　与健听人交往最常使用的沟通方式

选项	小计	占比
A 手语	32	12.03％
B 手语配合口语	78	29.32％
C 笔谈(用纸笔沟通交流)	41	15.41％
D 用微信、音书、科大讯飞等手机软件	115	43.23％

二、聋生对自我沟通与交际水平的认知

大多数聋生都认为沟通与交际能力非常重要,仅 0.75％的聋生选择了"不重要",说明到了高等教育阶段,聋生对提高自身沟通与交际能力的需求非常明确,他们希望在校学习期间获得学习机会,提升自己的沟通与交际技能(见表 1-4)。对培养沟通与交际能力的目的,不同的聋生有不同的想法,有的认为可以"提升自身素质"(78.57％),有的希望与听人融洽相处(67.29％),还有的希望锻炼思维能力(81.95％)、提高职场竞争力(54.14％)(见表 1-5)。与之形成鲜明对比的是,大部分聋生

对自己的沟通与交际能力不满意，仅 21.43％的聋生认为自己
"能够在任何场合，流利、文明、大方、准确地表达自己的想法"；
而高达 53.38％的聋生认为自己的沟通与交际能力"还行"，"基
本能看懂（听懂）听人的意思，基本能表达自己的想法"；还有
18.80％聋生认为自己"常常误解听人的意思，难得能较好表达
自己的想法"，6.39％的聋生认为自己"在陌生人面前和公共场
合根本不敢开口讲话"。如表 1-6 所示。

表 1-4　对沟通与交际的重视程度

选项	小计	占比
A 非常重要	195	73.31％
B 比较重要	69	25.94％
C 不重要	2	0.75％

表 1-5　对培养沟通与交际能力的目的认识

选项	小计	占比
A 提高职场竞争力	144	54.14％
B 提升自身素质	209	78.57％
C 与听人融洽相处	179	67.29％
D 锻炼思维能力	218	81.95％

表 1-6　沟通与交际能力自评

选项	小计	占比
A 很好,能够在任何场合,流利、文明、大方、准确地表达自己的想法	57	21.43%
B 还行,基本能看懂(听懂)听人的意思,基本能表达自己的想法	142	53.38%
C 常常误解听人的意思,难得能较好表达自己的想法	50	18.80%
D 不好,在陌生人面前和公共场合根本不敢开口讲话	17	6.39%

　　为了了解聋生沟通与交际中存在的主要问题,课题组做了进一步调查。沟通与交际中存在的主要问题占比前三的依次是"表达能力差,心里有想法但用笔写不出来"(60.15%),"词汇积累不够,词汇贫乏、常写错别字"(50.75%),"理解力差,看老师打手语(文字字幕)抓不住重点"(50.38%)。说明聋生对自己的读写能力普遍不够满意,他们对自己读写能力的关注度高于思维能力、心理素质、口语交际中的得体性方面。如表 1-7 所示。

表 1-7　与健听人交往中存在的主要问题

选项	小计	占比
A 理解力差,看老师打手语(文字字幕)抓不住重点	134	50.38%
B 表达能力差,心里有想法但用笔写不出来	160	60.15%
C 词汇积累不够,词汇贫乏、常写错别字	135	50.75%
D 不够礼貌得体,语气比较生硬	62	23.31%

选项	小计	占比
E 思维能力差,思维敏捷度不高、条理性不强	89	33.46%
F 心理素质差,与听人交往心里有些紧张	89	33.46%

　　课题组还从生活沟通、工作沟通两个角度对聋生目前最迫切希望提高的沟通能力进行了深入了解。从生活沟通方面看,看话、转述、解释、拒绝、请教、安慰、对他人的批评做出恰当回应等均是聋生关注度较高的沟通技能,选择"其他"选项的仅占23.31%,如表1-8所示。这给高等教育阶段的语文沟通与交际教学内容的选取提供了重要参考。

表1-8　生活场景中最希望提高的沟通能力

选项	小计	占比
A 看话(看口型、看字幕)	194	72.93%
B 能用自己的语言转述他人的话	141	53.01%
C 产生矛盾或误会能主动解释,以理服人,澄清事实	138	51.88%
D 能得体、有礼貌地拒绝他人不合理的要求	117	43.98%
E 有不懂的问题能主动请教他人	146	54.89%
F 面对批评能以积极的心态回应,过滤无关信息,获取有价值的意见	103	38.72%
G 当同学朋友心里难过时,能主动安慰他人	126	47.37%
H 其他	62	23.31%

从工作沟通方面看，在领导和同事面前自我介绍、说服、说明、道歉、建议、推销、与同事商量等均是聋生关注度较高的沟通技能，选择"其他"选项的仅占 24.06%，如表 1-9 所示。聋生的回答同样给课题组沟通与交际教学内容的选取提供了重要指引。

表 1-9　工作场景中最希望提高的沟通能力

选项	小计	占比
A 在领导、同事面前自我介绍	195	73.31%
B 用自己的观点去说服同事	145	54.51%
C 说明产品的工艺流程、制作方法、设计思路等	164	61.65%
D 工作中出现失误能得体地道歉	124	46.62%
E 能给公司领导、同事提出合理化建议	111	41.73%
F 能用笔谈或手语直播的方式推销公司产品	110	41.35%
G 遇到问题能主动找同事商量	151	56.77%
H 其他方面	64	24.06%

三、聋生沟通与交际的方法与习惯

那么，具体到各种不同的交际场景中，聋生是否已经具备了倾听、转述、阐释观点、主动发表意见、概括等方法并养成了习惯呢？根据小规模的前测和访谈反馈意见，课题组简化了调查研

究常用的五个等级(1.完全反对,2.比较反对,3.既不同意也不反对,4.同意,5.完全同意)选项,设计了"完全可以""基本可以""不能做到"三个回应等级,以便于聋生对该题目所陈述的认同程度做出清晰、简便的选择。

从调查情况看,在高等教育阶段,聋生已经具备了一定的沟通与交际方法,并养成了较为稳定的交往习惯。在表达方面,当问到"对别人说过的话进行简要转述""清晰完整地表达想法和情感""站在不同角度提出自己的见解""与听人进行沟通并尝试解决新问题""用简洁的语言(手语或口语)概括一节课所学"这些问题时,有70%～80%的聋生选择了"基本可以",说明对上述问题持中立态度的聋生占大多数,在长期的言语交际实践中,他们已经积累了一些沟通经验,有了一些认识和体会。只有不到10%的聋生选择了"不能做到",说明对上述问题持完全负面或否定态度的只占小部分(见表1-10,表1-11,表1-12,表1-13,表1-14)。

表1-10　对别人说过的话进行简要转述

选项	小计	占比
A 完全可以	44	16.54%
B 基本可以	197	74.06%
C 不能做到	25	9.40%

表 1-11　清晰完整地表达想法和情感

选项	小计	占比
A 完全可以	37	13.91％
B 基本可以	210	78.95％
C 不能做到	19	7.14％

表 1-12　站在不同角度提出自己的见解

选项	小计	占比
A 完全可以	39	14.66％
B 基本可以	207	77.82％
C 不能做到	20	7.52％

表 1-13　与听人进行沟通并尝试解决新问题

选项	小计	占比
A 完全可以	50	18.80％
B 基本可以	197	74.06％
C 不能做到	19	7.14％

表 1-14　用简洁的语言(手语或口语)概括一节课所学

选项	小计	占比
A 完全可以	49	18.42％
B 基本可以	197	74.06％
C 不能做到	20	7.52％

　　问到"是否会经常使用'您''谢谢''对不起'等礼貌用语"时,高达99.24％的同学选择了"经常使用"和"有时会用"选项,选择经常使用的同学高达43.98％,说明大部分聋生具备人际交

往的礼貌意识,他们已经在中学时代形成了运用"您好、请、对不起、谢谢、再见"等礼貌用语的良好习惯,具备了最基本的沟通礼仪(见表 1-15)。

表 1-15　是否会经常使用"您""谢谢""对不起"等礼貌用语

选项	小计	占比	
A 经常使用	117		43.98%
B 有时会用	147		55.26%
C 从不	2		0.75%

问到"是否会经常误会他人,或反复询问对方,要求他重复"时,77.82%的聋生认为自己与健听人交往过程中,有时会误会听人想法,会反复询问对方,要求他重复几遍以便更好地理解对方意图。75.94%的聋生认为自己在交谈中,对于不理解的地方需要向健听人请教。以上情况表明,汉语理解能力仍然是制约聋生沟通与交际能力的主要因素,即使到了高等教育阶段,他们的汉语识读、语意理解还存在着一些问题,手语与汉语书面语的翻译、转化是聋生汉语学习的难点,教师需要在教学中予以关注(见表 1-16,表 1-17)。

表 1-16　是否会经常误会他人,或反复询问对方,要求他重复

选项	小计	占比	
A 经常有	26		9.77%
B 有时	207		77.82%
C 没有	33		12.41%

表1-17 主动向听人请教

选项	小计	占比
A 完全可以	45	16.92％
B 基本可以	202	75.94％
C 不能做到	19	7.14％

问到"回答老师提问时,积极主动发表自己的意见"时,高达10.15％的同学选择了"不能做到",这一点从老师们的日常教学反馈中也得到印证。老师们也发现,每个班总有一小部分同学处在边缘状态,上课的时候不能积极融入课堂,很少发表意见或提出问题,用一种"躲闪"或者"屏蔽"的心态应对老师的提问。如表1-18所示。

表1-18 回答老师提问时,积极主动发表自己的意见

选项	小计	占比
A 完全可以	43	16.17％
B 基本可以	196	73.68％
C 不能做到	27	10.15％

此外,在倾听习惯方面,有71.80％的聋生认为基本可以"耐心、认真地倾听或看着别人的发言";71.43％的聋生在与健听人讲话的时候,基本能够"集中注意力观察对方的表情和手势",以便获取更多的信息;77.07％的聋生能准确领会并归纳他人的意思(见表1-19,表1-20,表1-21)。

表 1-19　耐心、认真地倾听或看着别人的发言

选项	小计	占比	
A 完全可以	62		23.31%
B 基本可以	191		71.80%
C 不能做到	13		4.89%

表 1-20　在与健听人讲话时能集中注意力观察对方的表情和手势

选项	小计	占比	
A 完全可以	60		22.56%
B 基本可以	190		71.43%
C 不能做到	16		6.02%

表 1-21　准确领会并归纳他人的意思

选项	小计	占比	
A 完全可以	39		14.66%
B 基本可以	205		77.07%
C 不能做到	22		8.27%

四、语文沟通与交际课堂教学

在语文教材建设方面，"沟通与交际指导"成为聋生认为最需要加强改进的内容，选择的人数最多，在六个选项中位列第一。这与前面表 1-4 的调查是一致的，即聋生不仅对提高自身沟通与交际能力的需求非常迫切，而且希望教材能提供更多与沟

通与交际指导相关的内容,以帮助他们提高交际技能。此外,聋生交际时也常受表意不清、句子不通的困扰,语法知识指导成为本次调查位列第二的需求,见表 1-22。

表 1-22 高等教育阶段语文教材还要加强改进的内容

选项	小计	占比
A 语法知识指导	179	67.29%
B 沟通与交际指导	223	83.83%
C 写作指导	132	49.62%
D 阅读篇目导读提示	133	50.00%
E 综合学习性活动	143	53.76%
F 课外阅读指导	111	41.73%

相应地,大学阶段,哪些方面的语文能力是自己最为看重的呢?聋生选择位列前三的依次是沟通与交际能力(87.59%)、写作(笔谈)能力(73.31%)、礼仪文化修养(65.79%),如表 1-23 所示。沟通、笔谈、礼仪修养三者是密切相关的,笔谈能力的提高与他们的沟通交际能力密切相关,笔谈能力强的聋生往往能"信手拈来",充分、恰当地表达内心所思所想,实现与健听人的自如交流。这也进一步提示语文教师,教学要与聋生的实际需求相对接,把目前过于倚重文学鉴赏的语文教学转移到聋生更期望获得的生活中的沟通技能与方法上。

表 1-23　大学阶段需提升自己的语文能力

选项	小计	占比
A 沟通与交际能力	233	87.59％
B 写作(笔谈)能力	195	73.31％
C 礼仪文化修养	175	65.79％
D 现当代文学鉴赏能力	107	40.23％
E 古诗文阅读理解能力	107	40.23％

　　实际教学中,语文老师会经常组织不同类型的沟通与交际训练吗? 沟通与交际部分教学内容是否需要增加? 有71.05％的聋生认为,目前的语文课堂有时会开展沟通与交际教学,但频率不高,如表1-24所示。这与从语文教师这边的访谈结果是一致的。92.85％的聋生建议课堂上需要增加沟通与交际部分教学内容,如表1-25所示。这也提示语文老师需要给他们提供更多的交往实践机会,在实践中提升他们的沟通与交际能力。

表 1-24　语文老师是否会经常组织不同类型的沟通与交际训练

选项	小计	占比
A 经常	69	25.94％
B 有时	189	71.05％
C 从不	8	3.01％

表 1-25　沟通与交际部分教学内容是否需要增加

选项	小计	占比	
A 需要大量增加	83		31.20%
B 需要增加一些	164		61.65%
C 不需要增加	19		7.14%

　　那么,沟通与交际教学内容应该源于生活、从课外取材还是直接取材于教科书呢? 有 36.47% 的聋生认为可直接取材于语文课本,而 63.53% 的聋生则认为应该对现有教学内容进行扩充或改编,把取自职场生活的(25.56%)、学校生活的(24.06%)、家庭生活的(13.91%)的交际情境纳入课堂中来,如表 1-26 所示。教师应为聋生提供多样化场景,满足他们的学习需求。

表 1-26　沟通与交际教学内容的来源

选项	小计	占比	
A 语文课本	97		36.47%
B 家庭生活	37		13.91%
C 职场生活	68		25.56%
D 学校生活	64		24.06%

　　是否喜欢沟通与交际课与影响他们学习的因素、在课堂上的表现是密切相关的。喜欢沟通与交际课的聋生认为沟通与交际课可以锻炼自己的表达能力与思维能力(74.06%),他们对话题感兴趣(63.16%),希望能有锻炼自己的机会(60.15%),同时认为活动形式丰富(54.89%),也希望得到老师和同学的鼓励(44.74%)、提高自己的职场竞争力(36.47%),如表 1-27 所示。

而对于不喜欢沟通与交际课的聋生来说，"回答问题生怕答错"（73.31%）、"对学习内容不感兴趣，不想发表意见"（66.54%）、"不能完成老师布置的任务"（59.02%）以及"考试不考，随便学学"（19.17%）是他们不喜欢该门课的主要原因，如表1-28所示。反映在课堂学习表现上，他们选择在沟通交际课上"被动地看老师、同学"和"走神或做自己想做的其他事情"，两者合计比例高达32.33%，如表1-29所示，这一现象也值得引起教师反思。

表1-27 喜欢沟通与交际课的原因

选项	小计	占比
A 对话题感兴趣	168	63.16%
B 活动形式丰富	146	54.89%
C 锻炼自己的表达能力与思维能力	197	74.06%
D 希望得到老师和同学的鼓励	119	44.74%
F 希望能有锻炼自己的机会	160	60.15%
G 想提高职场竞争力	97	36.47%

表1-28 不喜欢沟通与交际课的原因

选项	小计	占比
A 不能完成老师布置的任务，有些害怕	157	59.02%
B 对学习内容不感兴趣，不想发表意见	177	66.54%
C 回答问题生怕答错	195	73.31%
D 考试不考，随便学学	51	19.17%

表 1-29　在沟通与交际课堂上的表现

选项	小计	占比
A 积极思考、积极发言	77	28.95％
B 和同学小组讨论	103	38.72％
C 被动地看老师、同学	57	21.43％
D 走神或做自己想做的其他事情	29	10.90％

　　在课堂教学评价方面,与缺乏兴趣、教师缺乏教学技巧、教学内容与考试关系不大等因素相比,缺少锻炼机会(79.32％)是聋生首选的影响学习积极性的因素,如表 1-30 所示。由此可以推测,教师主导、讲授为主的教学法不符合沟通与交际课实际,教师应设计多种交际情境、多给聋生提供一些锻炼机会。从调查结果来看,聋生处在一种相对矛盾的学习状态中,一方面他们希望有充分的锻炼机会,另一方面又害怕自己出错,这也提示我们在今后的教学中,教师需要提供更包容的学习氛围,用积极、肯定、正面的评价鼓励聋生畅所欲言。在对聋生回答的评价反馈方面,有 4.89％的聋生认为老师从不会主动对自己的发言情况进行评价,如表 1-31 所示,沟通与交际课的评价什么时候评、怎么评、评什么,这些问题值得引起重视。

表 1-30　影响学习沟通与交际技能的因素

选项	小计	占比
A 缺少锻炼机会	211	79.32％
B 缺乏兴趣	187	70.30％
C 教师缺乏教学技巧	116	43.61％

选项	小计	占比	
D 教学内容不实用	77		28.95%
E 教学内容和考试关系不大	79		29.70%

表 1-31 老师是否会对聋生的发言情况进行及时评价

选项	小计	占比	
A 会	61		22.93%
B 有时会	192		72.18%
C 从不	13		4.89%

最后,就聋生喜欢的沟通与交际作业类型看,与书面作业相比,他们更倾向于口头作业(手语/口语小组交流类)。这类作业更贴近沟通与交际活动化的教学属性,他们可以在互动合作、分享借鉴中提高自己的交际技能。但选择书面作业的聋生仅占14.66%,这也从一个侧面反映出他们书面语表达能力较弱,他们倾向于回避这类作业。选择情境模拟合作表演类作业的占比最少,仅占6.77%,这也反映出他们不愿主动与听人合作,对完成难度稍大的作业存在畏难情绪,如表1-32所示。

表 1-32 喜欢的沟通与交际作业类型

选项	小计	占比	
A 案例分析类书面作业	39		14.66%
B 手语(口语)小组交流类	126		47.37%
C 笔记摘录、抄写知识点	83		31.20%
D 情境模拟合作表演类	18		6.77%

第三节　聋生语文沟通与交际教学反思

一、心理障碍对聋生沟通交际学习造成负面影响

　　心理障碍是影响聋生沟通交际学习的负面因素。教学中发现，有些聋生汉语表达能力低下，手语词汇量少，表达不规范，不愿与老师交流。交际能力越差的聋生越不愿意与老师沟通，相反，愿意主动与听人老师沟通的聋生，他们的写作能力、口语表达能力也会好一些。在沟通能力弱的聋生中，有部分同学可能存在沟通障碍。沟通障碍属于社交障碍范畴，所谓沟通障碍是指聋生在与健听人交往中不敢交往、不愿交往、不会交往，在心理调控、情感沟通、态势与协调方面都存在一定的困难。沟通障碍属于聋生自身主观因素，语文教师需要特别关注这部分学生，及时发现他们在沟通与交际中存在的问题，主动与心理老师、辅导员联系，对障碍进行干预，引导聋生自我调节，一起帮助他们克服这些困难，增进他们与健听人主动交往的意识，让他们树立良好的交际心态。本次调查中发现，聋生沟通障碍主要表现在如下方面。

　　一是语言不通。这是导致聋生与健听人沟通障碍的原因之一。社会公众习惯把聋人群体视为"熟悉的陌生人"。现实生活中，聋人就生活在我们身边，但由于沟通方式的差异，聋人与听

人的交往存在隔阂。有些聋生幼时经过语言康复训练进入普通学校就读,但到了初中、高中阶段,文化课学习跟不上,又回到特殊教育学校融入聋生群体。用他们自己的话说,他们是"手语族",与同样用手语交流的同伴在一起,他们感到无拘无束,聊起天来轻松畅快、随意自然,仿佛重新找回了自我。但一旦要求他们跨出交往"舒适圈",主动与听人交流,他们会觉得困难重重。笔者在大二一个班25名聋生中做过一次小调查,其中有16名聋生在校期间没有和校内的健全学生打过任何交道,仅有9名聋生通过学校组织的大型活动、在学生会担任干部等途径与健全学生有过交流,这9名学生中有6名学生有残余听力、会使用口语。

二是心理障碍。这是阻碍聋生与听人交往的主要原因。心理障碍,在病态心理学上是指一个人出于生理、心理或社会的原因而产生的各种异常的心理过程、异常人格特征、异常行为方式,如自卑、嫉妒、猜疑、孤僻等。这些心理障碍会严重妨碍人际沟通,甚至给沟通者的整个人生带来不良影响。[①] 沟通中的心理障碍在聋生群体中主要表现在以下几个方面:首先是自卑。自卑源于心理学上的一种消极的自我暗示,自卑的人总是感觉自己不如他人、低人一等,轻视、怀疑自己的力量和能力。在交往中表现为过多地约束自己的言行,不能充分表达自己的思想和

---

① 方成智,王胜.大学生就业的心理障碍及调适[J].当代教育论坛,2006(3):85—86.

情感。① 聋生如果幼时有过与听人交往的不愉快经历,比如玩耍时被同伴嘲笑,曾经被老师呵斥,家庭成员很少与之交流、使其感觉被冷落,这些情绪累积在心里,长此以往就会产生消极的自我暗示,以至于与人交往时总处于被动状态,不敢也不愿敞开心扉与人交流。其次是猜疑。听力缺失使聋生主要通过视觉渠道获取信息,他们对周围环境比较在意,对他人评价比较敏感。他们主要通过周围人的面部表情、肢体语言获取反馈信息,一旦与他们的心理期待有落差,他们可能就会不自觉地在心里揣摩"是不是又在议论我""是不是取笑我""我刚才做错什么了吗"。对周围环境、对他人缺乏信任导致不愿与他人交流。再次是害怕。因为沟通方式的差异,聋生害怕与听人接触。对不会口语、读唇能力弱,主要用手语交流的聋生来说,让他们与听人直接交流是一个挑战。有的聋生怕出丑,有的怕听人嫌麻烦,当听人解释了一遍还没有看明白,他们因为害怕而似懂非懂、不懂装懂、不敢深问。他们背着"怕出丑"的心理包袱,担心受指责、担心受伤害、担心被排斥,与听人始终保持距离。自卑、猜疑、害怕等心理长期累积,会导致聋人与听人交往时焦虑紧张,甚至产生排斥心理,拒绝与听人交往。学校教育阶段如果不对聋生人际交往中的心理障碍及时察觉并加以疏导、纠正,那么这种心理障碍可能一直伴随他们成年,影响他们的一生,对他们人格的养成以及求职、就业、融入社会等都会产生负面影响。

---

① 张继如.大学生自卑心理及其对策[J].内蒙古大学学报(人文社会科学版),2000(5):210-212.

二、聋教育界对语文课程属性的认识模糊不清

本次调查表明,高等教育阶段,聋生对提高自身沟通与交际能力的需求非常迫切,但大部分聋生对自己的沟通与交际能力不满意。从客观因素方面看,聋教育语文课程还不能完全符合聋生的学习需求,人们对聋教育语文课程的属性还没有达成一致认识,对课程定位和功能存在争议,一线教师在具体教学中还存在不少困惑。

义务教育阶段聋教育《聋校义务教育语文课程标准(2016年版)》指出:"语文课程是一门学习语言文字运用的综合性、实践性课程。聋校义务教育阶段的语文课程,应使聋生初步学会运用祖国语言文字进行交流沟通,吸收古今中外优秀文化,提高思想文化修养,培养聋生自尊、自信、自强、自立的精神。"课程标准对义务教育聋校语文课程的定位是非常清楚的,聋生通过语文课程的学习,首先要掌握用汉语与他人"交流沟通"的能力。语言沟通能力是聋生的底层能力,要想与健听人一样在社会上立足,习一技之长、做生活强者,沟通能力对聋人来说无疑是至关重要的。

课程标准还有一句话:"工具性与人文性的统一,是语文课程的基本特点。"课标强调了两者的统一,那么具体到聋校语文教学中,工具性与人文性两者关系该如何处理呢?据笔者多年的听课观摩以及与任课教师交流发现,让聋生学会赏析、品读一些文质兼美的文章一直以来都是聋教育语文教学的主体内容,

阅读与赏析在整个语文教学中所占比例较高,沟通与交际、汉语笔谈与写作、综合实践活动等教学内容则被大大削弱了。到了高等教育阶段,聋生的汉语书写能力、与听人的笔谈沟通能力、交往能力低下是不争的事实,对他们的专业技能学习以及后续职场发展构成了很大阻碍。

笔者认为,聋生由于听力缺陷,让他们与健听人一样熟练使用汉语与他人交流存在一定的困难。对聋生实施语文教学,要尊重手语是大多数聋生的第一语言这一事实,从第二语言教学的角度看待他们学习汉语中遇到的问题,研究聋生语言学习的认知心理过程,帮助他们掌握汉语这门语言的规律,使他们能正确使用汉语这门语言进行交际与沟通实践。因此,应结合聋生汉语学习具有二语学习性质这一规律来认识聋教育语文"工具性与人文性相统一"这句话的内涵。对聋生而言,语文学习的根本目的应该是"正确使用祖国的语言文字",学会在不同的交际场合、不同交际情境中准确使用汉语来表达自己的感受和观点。对聋生而言,语文课程首先是一门工具课程,在言语实践、交往体验、社会参与、合作共享的过程中,发展聋生的语言综合运用能力,在此过程中培养良好的个性、健全的人格与合作精神。当然,这里所指的"工具性"不是"纯工具性",所谓的政治思想教育、伦理道德教育、经典文化教育不应该从语文的工具属性中剥离且并列起来,政治、思想、道德、科学、人文这些内容都是从属于工具性的。"语文具有工具性"这句话本身是一个比喻,语言是交际工具、思维工具和文化传承的工具,对它的掌握并臻于熟

练始终不能脱离语言的工具性①。因此,不该牺牲"工具性"去彰显所谓的"人文性",这样做只会模糊、削弱聋校语文课程的"工具性",从而导致课程目标不明确、教学重点不突出、教学效率低下。聋教育语文教师应强化聋生沟通与交际教学,在低年级段,要教会聋生扎扎实实地掌握汉字的结构、部件,学会正确书写汉字,掌握标点符号的使用方法;到了高年级段,要教会聋生运用汉语的语法规则写出完整、通顺的书面语句子;到高等教育阶段,让聋生掌握运用多种手段在不同场合下交际的本领,强化不同语境下的笔谈、手语、口语交际训练,满足社会生活和日后工作所需。

20 世纪四五十年代开始,西方哲学界和心理学界出现了"语言学的转向",语言背后并不存在着某种需要由语言来表达的理性内容,相反,语言本身就是这些内容。语言是人类最重要、最直接的思维现实②。西方分析哲学大师维特根斯坦明确指出:"凡能够说的,都能够说清楚;凡不能谈论的,就该保持沉默。"他认为语言与思维是形式与内容的关系,没有内容的形式和没有形式的内容都没有意义,语言与思维是一体的。海德格尔也认为,"存在在思想中形成语言,语言是存在之居所",思想是语言的自我显现。教会聋生正确使用汉语这个工具,同时也就是教会他们用汉语这个工具进行思维的本领。聋生运用汉语表达的过程,同时就是个人思想、情感、人文精神的塑造过程。我国历

---

① 倪文锦.我看工具性与人文性[J].语文建设,2007(7－8):4－5.

② 李德高.青少年聋生的概念结构[M].广州:暨南大学出版社,2010:2.

史上,叶圣陶、吕叔湘、张志公等语文教育界元老级人物都曾提出"语言是工具"这一观点,强调语文教学要一心一意培养学生正确运用祖国语言文字的能力。吕叔湘先生曾说:"我要代语文教师呼吁一下,请求各科的同事和他合作,都来关心学生的语文,对学生的语文负责……各科教师都应该要求学生在回答提问和书面作业的时候正确地使用语文……对学生的语文负责,每出一个布告,每发一个通知,每作一个报告,都应该检查一下语文质量,包括错别字在内。"①这里的"语文质量"应该就是"正确运用语言文字的能力"。

总之,笔者认为,面向聋生的语文教学是汉语作为第二语言的教学,彰显聋教育语文教学课程属性的"工具性",加大语文教学中沟通与交际教学比重,这并非功利主义和实用主义思想所驱,而是对课程本质属性及聋校语文教学现状深刻反思之后的再认识。高等教育阶段,聋教育语文课程应高度重视聋生将语文作为汉语交际工具的教学,将教学重心放在聋生沟通与交际能力的提高上,帮助他们胜任职场交际,顺利融入社会。

三、不同学段的语文课程内容缺乏有效衔接

本次调查表明,在高等教育阶段,聋生已经掌握了一定的沟通与交际方法,并养成了较为稳定的交往习惯,但在一些具体的交际行为中,他们的表现还是有所欠缺的。从课程内容角度看,

---

① 吕叔湘.吕叔湘语文论集[M].北京:商务印书馆,1983:337.

义务教育阶段、高中阶段与高等教育阶段的语文课程缺乏有效衔接,在聋生沟通与交际能力的培养上没有形成系统合力,这也是聋教育语文教学效率低的原因之一。

参照普通中小学课程设置方案,聋教育义务教育阶段开设了语文课程。但与普通教育相比,聋教育语文课程的整体发展大大滞后了,课程内容研制、开发力量较为薄弱,教材建设的基础性工作做得不够,课程改革进展缓慢。聋教育语文特级教师、上海市聋哑青年技术学校梅次开指出,语文教学"目前在教学语言、教学沟通、教学设计上的问题不少,'填鸭式''保姆式''拔苗助长式''抄背应考式'教学时隐时现,聋生缺乏学习主动性,不知该怎样学"①。聋教育语文教学的特级教师、上海第四聋校老校长季佩玉等曾这样评价语文课堂:"一堂课中教师喋喋不休地分析、讲解,教师一言堂、聋生当观众","用形象代替文字,多媒体演示、分角色演示,没有把形象与语言文字结合起来","教师充当口语翻译,一节课中极少甚至没有让一个聋生在黑板上写过他说的话"②——这些评论直指聋教育语文教学的痛处,时至今日仍一针见血。义务教育阶段语言文字教学不落地,聋生语文课堂教学质量堪忧,聋生字词句积累不过关,即使掌握了3000个常用汉字,要让他们读懂汉语经典原著、背诵优秀诗文,以及用笔谈与听人完成交际任务都有各种不同程度的困难,更不要

---

① 季佩玉,黄昭鸣.聋校语文教学法[M].上海:华东师范大学出版社,2006:6.

② 季佩玉,黄昭鸣.聋校语文教学法[M].上海:华东师范大学出版社,2006:13.

说高水平写作了。聋生汉语阅读、写作能力远远落后于同龄听生,有报告指出,14～16 岁聋生的阅读平均分数相当于 7 岁的听生[1]。笔者曾在所在学院开展过一项聋生汉语阅读跟踪调查,调查结果表明,对大多数聋生来说,阅读不是一件令人愉悦的事。其中高达 58.5% 以上的聋生三年来没有去图书馆借阅过一本专业图书;2017 级聋生中,能完成义务教育课程标准第三学段提出的"课外阅读总量不少于 160 万字"要求的人数为零。

张华关于课程内容的定义是"根据特定的价值观及相应的课程目标,从学科知识、当代社会生活经验或学习者的经验中选择的课程要素"。[2] 课程内容是依据课程目标对该门课程做出的"教什么"的规定,从学生学的角度看也是对"学什么"的规定。但聋教育语文课程内容研制工作做得不够,语文教材在很大程度上顶替着语文课程内容,一线教师教语文其实就是在教教材。而语文教材的编排又多由一篇篇的课文组成,某一篇课文的教学目标、教学重点基本依靠教师自身的知识结构和教学经验设计,使得教学具有随意性。在 2017 年新版聋教育语文教材出版之前,聋教育使用的语文教材主要有三类:一类是 1996 年版聋校语文实验教材,一类是普通学校语文教材,还有一类是各校自编的校本教材。1996 年版的语文教材许多内容已经过时,而为健听儿童编写的语文教材不能满足聋童汉语学习的特殊需要;校本教材在选文的选择、取舍方面尚存在着一定的主观性与随

---

① 张会文,吕会华,吴铃.聋人大学生汉语课程的开发[M].北京:华夏出版社,2009:59.

② 张华.课程与教学论[M].广州:上海教育出版社,2018:229－232.

意性。面对这样的现状,广大一线教师"心有余而力不足",他们迫切期盼与特殊教育专家、学者合作,一起开展教材开发与课程内容研制的研究。

高中阶段聋教育与普通教育差距更大。以 1992 年国家教委、中国残联委托南京市教育局在南京创办国内第一所聋人普通高中——南京聋人高级中学起算,新中国成立以来中国聋人普通高中教育已历经 30 年,但迄今为止国内聋人高中尚未出台统一的课程标准,聋生通过参加高校的对口单招升入特殊高等院校就读。南京聋校校长在 2016 年全国聋校聋人高中阶段教育研讨会上指出①,"全国各地聋人高中课程整体方案都是自行制定、随意性较大,教学重点各不相同,教学进度不一,没有统一的教材"。课程标准缺失、课程内容不确定导致聋人高中阶段的课程建设处在各校自行探索的阶段,多地聋校参考普通教育,对不同版本普通高中和职业高中的语文教材进行选择、加工或改编,开发各种类型的校本教材用于本地教学。校本教材开发是有益尝试,但也导致课程评价标准不统一、教学质量监测很难开展等困境。

高中阶段聋教育与高等教育阶段聋教育是内容相通、层次递进的教育。但目前高中阶段和高等教育阶段聋教育还存在着外部管理和内部培养不衔接,专业设置、培养目标、教学计划和课程设置之间相互脱节等问题,两者未能形成一体化、协调化、

---

① 　http://news. ifeng. com/a/20160622/49213444 _ 0. shtml. 2018-10-12.

连续性发展。国内目前招收聋生的特殊高等院校已有 20 余所，国内聋生高考采取单考单招的招生方式，各省教育考试院委托各高校自主命题，各特教学院汉语高考测试标准不统一。这导致聋生升入大学后，很难用统一的标准来衡量他们的汉语学业水平。面对聋生汉语整体水平偏低的现状，高等教育阶段聋生语文课程仍需将时间与精力集中在汉语基础知识教学上，把完成聋教育中小学阶段未竟的教学任务作为主要目标[①]。

笔者认为，义务教育阶段和高中阶段，聋校语文课程应强调对聋生语言能力的培养、思维方式的训练，强调帮助聋生学习和运用汉语基础知识和基本技能，强调手语—汉语之间的转译能力，为聋生学习、就业和终身发展打下良好基础。工具性的一部分是专业性，在高等教育阶段，聋校语文课程应继续强化聋生的汉语语言能力训练，开展适应其认知心理特点的文本的抽象性、词汇的丰富性、语法结构的复杂性训练，使其具备应对各种信息的沟通交际能力。并在此基础上增加专业汉语的学习，为学生用汉语学习学科知识提供语言支持，使其能理解"专业领域的技术性讨论"[②]，满足其专业学习及后续步入职场工作的交往需要。

---

① 郑璇，戴旭芳.提升聋生《大学语文》课堂教学有效性的思考[J].绥化学院学报，2014(6)：130—133.

② 王守仁.坚持科学的大学英语教学改革观[J].外语界，2013(6)：10—13，22.

四、课堂教学现状与聋生学习需求存在差距

目前国内已有部分教材对聋生汉语笔谈交际任务进行了开发。浙江特殊教育职业学院以人文主题建构单元,每个单元包括"阅读与欣赏""表达与交流""媒介素养综合实践活动"三个部分,"表达与交流"下设"笔谈""写作"板块,"笔谈"包括自我介绍、艺术人生、自助旅游、诚实守信、展望未来、我的专业、求职应聘七个主题。北京联合大学面向聋人的汉语阅读与写作教材遵循从"日常生活"入手的原则,设计了一套从词语到问题,再到主题的笔谈训练系统。首先训练聋生准确掌握一整套日常生活用词;其次进行日常生活笔谈训练,训练题目包括自我介绍、家庭朋友、学习专业、工作购物、业余爱好、社会问题、体育艺术、远足旅游、饮食食品、服装建筑、健康保健、中国世界等十二个方面;最后是主题笔谈训练,训练聋生能有条理地描述社会热点人物或热点事件,并发表自己的见解、体验及想象的能力。

上述主题或话题虽涵盖了聋生日常生活笔谈交际的各个方面,但从课程开发的角度看,还存在一些不足:首先,笔谈内容的设定既要考虑话题的覆盖面、聋生已有的知识储备、学习兴趣,更要梳理每一个主题中的知识点、能力的训练点。以话题为明线,以知识、能力的训练点为暗线,不同的笔谈主题之间、笔谈交际的知识点之间应形成有序联结。其次,话题或主题只提供了一个较为宽泛的讨论范围,还需要将话题进行课程开发和教学转化,转化为可供教师实践的交际情境,细化为交际任务,明确

交际话题、角色、读者、目的等语境要素,这样笔谈交际才不会信马由缰,教学才能聚焦目标,能力训练才会有抓手、有重点。最后限于学时分配,高等职业教育阶段的笔谈教学不可能将所有的交际功能项目全部教授给聋生,同一交际功能项目表达的言语形式可能不止一种,因此需要在课程开发时根据聋生专业学习和工作需要加以遴选,力求重点突出、层次分明。

聋生需要怎样的沟通与交际教学?本次调查表明,在教学内容上,他们希望以功能性交际为主,也就是通过"这一次"沟通交际训练,掌握"这一类"具有相同或相似功能的交际任务的交际规则、要求、方法,如学会"解释"、学会"道歉"、学会"商量"等等。这就要求教师精心选取交际能力训练点,围绕能力训练点选取他们感兴趣的或将来职场交际中会遇到的话题,对话题进行交际任务的二次开发,以帮助他们掌握"这一类"交际任务的交际要领,体验交际任务达成的成就感。调查汇总后的功能性交际能力训练点见表 1-33。

表 1-33　功能性交际能力训练点

序号	生活场景	能力点	序号	工作场景	能力点
1	看话(看口型、看字幕)	看话	4	能得体、有礼貌地拒绝他人不合理的要求	拒绝
2	能用自己的语言转述他人的话	转述	5	有不懂的问题能主动请教他人	请教
3	产生矛盾或误会能主动解释,以理服人,澄清事实	解释	6	面对批评能以积极的心态回应,过滤无关信息,获取有价值的意见	回应批评

序号	生活场景	能力点	序号	工作场景	能力点
7	当同学朋友心里难过时,能主动安慰他们	安慰	11	对工作中出现的失误能得体地道歉	道歉
8	在领导、同事面前自我介绍	自我介绍	12	能给公司领导、同事提出合理化建议	建议
9	用自己的观点去说服同事	说服	13	能用笔谈、口语或手语直播的方式推销公司产品	推销
10	说明产品的工艺流程、制作方法、设计思路等	说明	14	遇到问题能主动找同事商量	商量

　　而目前的聋生语文沟通与交际教学尚缺乏这种设计意识,存在交际能力点的设置不能满足聋生学习需求、交际情境没有合理开发、任务的梯度设计有待深入等问题。另外,在教学方法的选用上,出乎笔者意料的是,课堂上经常采用的情境模拟法并不受聋生欢迎,他们不太喜欢这种"表演"性质的模拟法,有的聋生直言这"会给自己带来压力""感觉不自在"。回顾以往课堂上的师生交流,有的聋生能以积极主动的姿态参与课堂,但不可否认,也有部分聋生学习态度比较冷淡、不愿主动回答问题,学习积极性欠缺,师生互动甚至会出现尴尬或冷场的情况。如何根据教学内容选用合适的教学方法,调动所有聋生的学习积极性,这无疑是课堂上亟待解决的问题。因为只有愿意参与到课堂中来,愿意与老师同学互动,聋生才有可能在体验、参与、互动、分享中获取沟通与交际知识,提高自己的交际技能。

第二章　课程研讨篇

第一节　课程定位与目标

一、课程定位

结合义务教育阶段国家语文课程标准对聋生的要求，以及聋生汉语学习具有二语习得性质这一特点，笔者认为，聋生语文沟通与交际教学应避免教学目标多元化，处理好手语、笔谈、口语几者之间的关系，把提升聋生的汉语应用能力作为教学归旨，培养聋生在日常生活与职场交际情境中"正确使用祖国语言文字"与他人沟通与交际的能力。基于以上思考，笔者对聋生语文沟通与交际教学定位做出如下表述。

汉语属于汉藏语系，历史悠久，使用人数众多，是中国通用语言，也是当今国际交流与合作的重要沟通工具。汉语是聋人的第二语言，学习和使用汉语对聋生而言具有重要的意义，汉语

是聋生学习、工作、生活的重要工具,学习汉语的目的是让聋生具备正确使用汉语言文字的能力,具备应对各种信息的沟通交际能力。沟通与交际教学目的是让聋生学习及应用汉语,用多样化的方式与他人沟通,工具性是其突出属性。

义务教育阶段和高中阶段,聋校语文沟通与交际教学应强调对聋生语言能力的培养、思维方式的训练,帮助聋生学习和运用汉语基础知识,扩充汉语词汇量,掌握汉语的语法特点,结合日常生活情境进行手语—汉语之间的转译,满足聋生的日常学习与生活需要,养成其主动沟通、乐于沟通的良好心态。工具性的一部分是专业性,高等教育阶段,聋校语文课程应继续强化聋生的基础汉语应用能力培养,引入职场工作情境,强化职场领域的沟通与交际训练,开展适应其认知特点的具有情境复杂性、手段多样性、过程互动性、语言准确性、表达得体性的交际训练,为他们顺利就业和终身发展打下基础。

二、课程目标

沟通与交际是聋生回归主流社会的必备技能。语文沟通与交际教学对于发展聋生语言、提高沟通能力、培育健全人格、适应社会需求具有特殊意义。它对丰富聋生沟通语言,涵养沟通礼仪,提升沟通表达技巧,培养他们与社会普通人群沟通的勇气、信心都有重要作用。

具体而言,在知识目标方面,要熟悉汉语的语法规则,能找出汉语与手语的对应关系并能够实现语码转换,掌握汉语词汇

应用的基本规则、语法组合的基本规律和词义搭配的基本规范，做到汉字书写正确、写话通顺明白、语意表达清楚、态势语大方得体。了解汉语日常交际中一些常用的敬语与谦称、俗语、术语、委婉语、禁忌语等的使用规范。

在能力目标方面，课程要使聋生具有在不同情境中与人沟通交往的实际能力，能依据交际需要，选择恰当的时机和场合，顺畅地与他人进行沟通交流，不仅能理解他人交际意图、善于倾听，还能敏捷应对。具体而言，要掌握倾听、看话、复述、转述、自我介绍、解释、说明等基础性交际技能和拒绝、请教、回应批评、商量、安慰、说服、道歉、建议、推销等发展性交际技能。在交际能力的培养过程中，进一步锻炼思维能力和记忆力，仪态大方，合理使用手语、态势语，提高自己的倾听能力、表达能力和应变能力。

在情感态度目标方面，要帮助聋生逐步克服沟通交往障碍，形成自信自尊、尊重他人、主动交往的积极心态。要培养他们沟通与交际的兴趣，在与人交际中培养合作互助精神。要让聋生树立提高语言运用能力就是增进、改善思维水平的意识，引导他们在语言交往中体会汉语言文化之美，激发他们热爱、珍视汉语与手语的情感，唤醒他们提高语言能力的志趣、责任感和主动性，提升他们的语言素养。

第二节 设置原则

一、以能力培养为核心

能力培养是聋生语文沟通与交际教学的核心,教学活动目标的设定、教学活动的实施、教学效果的评价都应紧紧围绕这一核心,不能偏离这个中心。面向健全学生的沟通与交际教学重在口语交际能力的培养,但聋生的情况要复杂得多。对于听力损失较重的聋生,鼓励他们用手语、汉语笔谈、态势语等方式与听人沟通,沟通与交际教学重在训练他们的汉语笔谈能力;对于听力损失较轻、口语康复情况较好的聋生,他们能用口语与听人交流,沟通与交际教学则重在培养他们的倾听、用口语会话的能力。与沟通与交际能力紧密相关的还有心理调控能力、情感沟通能力、态势语协调能力,这三者需要与沟通与交际能力结合在一起培养。在能力培养的等级上,遵循"基础等级—发展等级"梯度发展原则。以听说能力为例,基础阶段重在培养聋生倾听(看话)、口语(写话)能力,具体而言,学会耐心专注地听,能从对方的话语、表情、手势等捕捉对方的说话观点和意图,能抓住主要意思,完整、准确地表达个人信息,力求做到听(看)得懂、说得清、写得顺。发展阶段,要求他们能注意对象和场合,文明得体地交流,注意自己的表情和语气,说话有感染力和说服力。在交

43

流过程中能根据需要调整自己的表达内容和方式,不断提高应对能力,做到清楚、连贯、自信地陈述自己的观点,不偏离话题。[①]具体到教学中,要充分尊重聋生学情,采用班内分组或分层组班的方式教学。对学习程度差异较小的聋生,采用班内分组教学,教学内容、教学进度相同,但教学要求与考核目标不同。对学习程度差异较大的聋生,则采用分层组班教学,教学内容、教学进度与考核目标均不相同,根据他们的学习基础,学习不同的内容,单独考核。[②]

二、以实践应用为导向

语文沟通与交际教学是指向聋生未来职业发展和社会需求的,课程内容的建构以实用性为导向,注重培养聋生在不同交际场合的交际能力和解决实际问题的能力,体现实用性特点。朱绍禹先生在《美日苏语文教学》一书中根据心理学机制将口语训练分为独白语言和对话语言两种形式:独白语言最大的特点是比较长时间的独自的语言活动,因为没有对话者的支持,较之对话语言在文法、逻辑性、完整度等方面有更高要求,在心理活动

---

① 卢春凌.听障高等教育语文教学的探索与实践——论听障中、高语文教学的衔接[J].毕节学院学报,2013(6):76—82.
② 吕会华,付平.聋人《汉语阅读与写作》课程分层教学实践研究[J].绥化学院学报,2016(10):1—4.

上与书面语言的复杂度无异。① 独白类口语交际教学主要包括自我介绍、讲故事、演讲、即兴发言等类型。对话语言是由对话者相互支持完成的，很多意思不一定需要完整表达，以彼此意会、顺畅交流为主。对话类交际通常包含一个特定的交际任务，要求会话双方通过交流讨论完成这个交际任务，如有侧重传达信息的"复述""转述"，有偏向于说服性的"安慰""劝告"，有找人商量和请人指教的"商量""请教"，因此对话的功能性是对话类口语交际的突出特点，交际目的相对明确、交际任务可界定。那么，面向聋生的沟通与交际教学内容应以独白类口语交际为主，还是以对话类交际为主呢？

笔者认为，以实践应用为导向，从满足聋生交际需求出发来筛选课程内容，应该对独白类交际形式筛选后再供聋生学习。演讲这一交际形式对聋生的语言表达要求非常高、学习难度大，且在聋生日常生活中应用的机会很少，暂不纳入教学。而独白类的自我介绍则是聋生常用的，特别是在找工作面试环节，自我介绍是必不可少的一个步骤，因此面试类的自我介绍需要纳入教学作为学习重点。至于独白类的讲故事，为聋生喜闻乐见，高等教育阶段大部分聋生都已经具备了用手语叙述某个事件的能力，也不需要作为重点在课内讲授。

相对独白类交际，具有具体功能指向的对话类交际能力是聋生非常欠缺的。学校教育阶段，他们非常缺乏与外界互动交

---

① 赵舒妮.聚焦儿童交际素养，架构"三线一测"课程[J].福建教育，2020(18):41—43.

流的机会。工作场合的请教、商量、说服、建议、推销、拒绝、回应领导批评都是调查中反映出来的聋生薄弱的交际技能,是他们在今后的职场交际中需要面对的,教师需要精选这些技能点一类一类地教,通过设计与他们的职场生活对接的场景,选取鲜活的交际话题,组织新颖的教学形式,最大程度发挥聋生的主观能动性,满足聋生现实生活的需要。

三、以情境设置为平台

所谓情境式教学是教师设置与现实问题情境相似的教学情境,学习的内容则选择真实性任务,教学目标是解决学生在现实生活中遇到的问题。[①] 面向聋生的沟通与交际教学需要选取好的情境,所谓好的情境首先要具备真实性,它不是教师在教学活动中为了达成某种目的有意制造的虚假的或刻意的情境,因为只有真实,聋生才有可能把课堂上解决问题的探索过程迁移到现实生活中去。[②] 其次,好的情境还要与聋生目前的需求贴合度高,即能满足他们当前的发展需求。有的情境虽然是生活中发生的,但情境可能过于简单,不能促进聋生思维的提升;反之,过于复杂的情境远远超过了聋生的认知发展,也不适合教学。

情境设置是非常考验教师教学能力的一个环节,可以说,每

①　董蓓菲.语文教育心理学[M].北京:北京大学出版社,2017:19—21.

②　齐沁儿.语文教育心理学视域下的口语交际案例评析——以高三语文"讨论"一课为例[J].教育观察,2019(41):91—93.

一次成功的沟通与交际课都以创设一个好的交际情境为前提。师生之间需要以创设好的情境作为交流平台,以此为依托展开互动、交流与碰撞,驱动交际任务的完成。那么,究竟什么是交际情境呢？蔡明老师在《写作情境:任务写作必须研究的命题》中对"写作情境"做了深入的剖析,写作是用书面方式与读者对象的交流,笔者将其迁移到交际情境中,对其做了阐发:交际情境不同于一般意义上的情境,它是为了实现某种交际目的而出现的情境,它是能够促使某种情况下的交际教学活动的顺利开展所选择和创设的情境,它又是能够影响和推动交际任务编制与交际支架提供的情境。简单地说,就是指向独白类或对话类交际的情境,是交际任务之所以发生的环境、背景、前提、原因等。因而,一般意义上的交际情境,或常常有时间和空间元素,或有场景和氛围,或有目的与意图,或有对象与受众,或有现象与本质,或有争辩与碰撞,甚至包含着任务的暗示和路径的引导。[①]

情境的存在决定了交际任务,更驱动了交际任务的完成。教师需要首先给聋生呈现设置好的情境,在情境之下设计环环相扣的交际任务,当所有的交际任务完成之后,就完成了一个完整的情境教学。

[①] 蔡明.写作情境:任务写作必须研究的命题[J].中学语文教学,2019(3):36—42.

四、以综合训练为手段

所谓以综合训练为手段就是针对聋生听力损失程度、口语沟通能力的不同对聋生进行分组、分层教学,能口则口、能笔则笔,倡导口语、笔谈、手语、肢体语言多种方式综合运用,最大限度开发聋生沟通与交际能力。在对聋生进行语言障碍的鉴定与评量上,我国台湾地区的经验值得借鉴。锜宝香教授在《儿童语言障碍》一书中指出,要对语言障碍儿童运用问卷、访谈、观察以及使用标准化评量工具进行筛选,评量主要采用"听损学生听说能力检核表""听损学生沟通能力自我评定检核表""语用能力检核表"。教师根据评量结果,制定个别化教学方案,并对语用能力和交谈技能的教学目标进行细化。[①] 应该说,这样的工作是严谨细致的,是服务于聋生个体成长发展需要的,值得我们参考借鉴。在对聋生进行语言障碍评定的基础上,对有残余听力的聋生应强化口语沟通与交际训练。杭州文汇学校面向小学低段聋生形成了较为成熟的课堂教学模式,即"创设情境(前测)—情境模拟(新授)—实践演练(应用)—课堂评价(后测)",从沟通意识唤醒、沟通技能学习、沟通技能运用三个维度,利用情境创设、情景模拟、实践演练三个主要环节,辅助目标音前测(助听设备检测、目标音的发音与理解、字词语法、语序和语韵的

---

① 锜宝香.儿童语言障碍[M].北京:首都师范大学出版社,2016:40—56.

前期测试)、目标字习得(音位诱导、音位习得、音位对比和音位强化等方法)、核心词语理解命名(认识词语、探索词语和词语沟通等方法)、目标句子理解表达(模仿句长和句式仿说等方法)、综合运用(主题对话、情境描述和朗诵儿歌等方法)、课堂评价(基本沟通技能、语言感知与产生、理解与表达及综合运用等方法)、课后延伸(沟通本的使用、几种沟通方式的选择等)几个环节完成。①

　　对口语能力较弱的中重度听力障碍聋生,则要求他们用笔谈、手语、肢体语言、沟通辅助工具等多种方式进行交际训练,内容上以沟通意识、沟通礼仪、沟通知识及沟通技能四个维度为主,方法手段上以学生自评、学生互评、教师评价(分为课堂的前测与后测)与用人单位评价为主。值得一提的是,高等职业教育阶段沟通与交往知识技能的评价不仅来自学校,而且还应来自用人单位、社区、相关组织等社会机构的反馈。学校与企业建立合作关系后,聋生进企业见习、实习,教师对聋生不仅要强调专业技能的掌握,还要强调交际礼仪、沟通技能的规范使用,指导他们提高收集与处理信息的能力,为融入社会奠定基础。

---

① 2019 年 11 月 28—29 日,浙江省杭州市教育局联合《现代特殊教育》杂志在杭州文汇学校(原杭州聋人学校)举办"第三届聋校国家课程'沟通与交往'教学研讨会",内容根据会议发言资料整理。

第三节　教学理念

一、激发聋生的交际意识，养成愿意主动沟通的积极心态

先有沟通意愿，后有沟通技巧，只要愿意沟通，每位聋生都能找到适合自己的沟通方式。首先，对聋生来说，要让他们融入主流社会，就必须打破部分同学的心理障碍，帮助他们克服自卑、猜疑、害怕心理，鼓励他们走出相对狭窄的聋人交际圈，养成愿意与听人主动沟通的积极心态。把心理小游戏、励志聋人成长故事、身边的榜样等纳入课堂，让聋生从中汲取正能量。教学中，首先要培养聋生对不同沟通方式的理解和尊重。既要接纳自身的特殊，又要认同社会的多元。其次，要鼓励聋生正视自身的不足，告诉他们听力残疾是不可改变的生理事实，听力不足可以用自己其他的优势来弥补，大可不必自惭形秽。再次，要创造机会突出自己，比如安排有自卑感的聋生主动坐在教室第一排中间位置，让他成为老师、同学关注的焦点，增强其自信心。课前三分钟轮流演讲也是常用的手段。最后，帮助他们学会自我调节。当聋生在众人面前显得羞怯、脸红时，要给他们多一些时间，允许他们调整好情绪，鼓励他们运用身体语言如抬头、目光正视、微笑等克服羞怯心理。

二、教学内容取材于实践并服务于实践

高等职业教育阶段的语文课程一般包括汉语习得、阅读与欣赏、应用文写作、沟通与交际四个模块。其中阅读与欣赏一直以来是语文课程内容的主要组成部分，所谓"以文化人、以文育人"，语文承载着隐性的立德树人的育人使命。这种隐性的教化功能借助经典文学作品导读与鉴赏对学生的思想观念、道德素养、意志品质等产生潜移默化的感染、熏陶、同化作用，也就是"在不知不觉之中引起学生个体和思想上的变化，达到社会所要求的道德品质和行为规范化的要求"。[①] 高职语文课程以这样一种柔性的审美教育来培养学生高尚的道德情操，使他们树立正确的人生观、价值观，增强他们的民族自信心和自豪感，帮助他们实现可持续发展。但沟通与交际模块教学内容的开发与阅读与欣赏模块不同，它不讲究所选文本的文质兼美，而强调从师生交往实践中取材，强调从具体情境中提炼共性话题，这些话题是源自生活、源自实践的。如何介绍、如何讲述、如何讨论、如何建议、如何推荐、如何倾听、如何说明、如何演讲、如何采访、如何称赞、如何转述、如何评论、如何辩论、如何询问、如何解说、如何协商、如何描述、如何劝说、如何道歉、如何邀请、如何主持、如何提问、如何问候、如何商量、如何复述、如何寒暄、如何拒绝、如何批

---

　　① 　王景云.论高校思想政治理论课隐性课程载体的系统构建[J].中国特色社会主义研究,2011(1):100－103.

评、如何扮演、如何应对、如何谈判、如何投诉、如何应答、如何聊天、如何提醒、如何调解、如何阐述、如何解释、如何安慰……这些交际活动都来源于现实生活,是聋生生活中经常会遇到并需要去面对的。不同交际活动类型有不同的沟通目的、不同的沟通方法、不同的沟通途径,所要达成的沟通效果也有不同。因此,高职语文沟通与交际模块要从聋生现实生活中和未来职业情境中可能会遇到的交际活动中取材,整合、提炼交际素材,设计成符合聋生认知特点的教学活动,为提高聋生沟通与交际能力服务。

三、以解决聋生交际中遇到的问题为归旨

工作中遇到问题,不知道如何请教同事怎么办?想邀请同事一起出去吃饭,又害怕被拒绝怎么办?好心没好报,被同事误会了怎么办?手头的工作还没做完,部门主管又分派了新的任务,该怎么向主管说明情况?这些问题都是聋生步入社会后可能会面对的。高职语文沟通与交际教学取材应该以聋生在具体的生活情境、工作情境中遇到的真实问题为教学设计的起点,以解决他们交际中遇到的问题为归旨设计教学。教学过程中的问题不是抽象的问题,不是脱离聋生需求的泛化的问题,问题应该有针对性,问题是具体情境中的问题,问题应该是具体明确的。如上述四个问题,涉及的分别是请教、邀请、解释、说明四种口语交际类型,隐藏着四种取向的交际目的。同样是说明,不同场合、面向不同的对象,说明的语气、态度、方式应该是有所区别

的,教师可以围绕"说明"这一交际类型设计不同的情境,在具体的情境中实施教学,让聋生在交往实践中学会得体表达的方法与技能,掌握"说明"这种交际类型需要的知识。问题导向的沟通与交际教学以语用观为指导,"提出问题—分析问题—解决问题"是教学设计背后的主体思路,通过面对问题、接受问题、持续处理问题、依据问题解决成效调整策略方向到最终检视成效。具体到教学环节的设计上,可以解决问题为目的来设置:提出问题、唤醒沟通意识,解决问题、寻找沟通方式,模拟演练、形成沟通能力,实战训练、提高沟通能力,过程评价、形成适合自己的多元沟通方式。通过提出问题、分析问题、解决问题、模拟演练、实战训练、过程评价六个步骤来完成教学。

四、鼓励聋生合理使用沟通辅助工具达成交际

现代社会科技发展日新月异,沟通辅助工具已经成为聋生日常生活中与他人沟通的重要媒介,微信、音书、讯飞等多种语音文字实时转换软件依托于手机平台运行,使得聋生与听人的沟通日益便捷,聋听之间的笔谈方式有了新的载体。QQ、百度地图、支付宝、顺丰快递、美团外卖以及其他各种应用程序的广泛使用,使得聋生越来越依赖手机与外界发生联系。用现代信息技术和多种媒体与他人沟通已经成为信息时代聋生的必修课。本书第一章的问卷调查证实了这一点。那么,如何使用这些软件与听人沟通,沟通过程需要注意什么,用手机 APP 沟通是否也有一些特殊的技巧,就成为沟通与交际教学必须面对的

问题。如果聋生能准确、熟练地使用书面语,熟悉各种 APP 使用规则,他们就可以在更广的范围与更多的人接触,开拓自己的知识面、拓宽自己的视野,这对聋生人格的完善、增进对他人的认同与社会的认知都是有帮助的。当然,鼓励聋生使用沟通辅助工具达成交际并不是要求聋生一味依赖手机与外界发生联系,沉迷网络也会使聋生养成"手机依赖症",反而自我封闭,远离与身边同学、师友的交往,这也是需要警惕的。

五、教会聋生准确、适当地使用非语言符号

大部分聋生日常生活中以使用手语沟通为主,这使得人们有意无意地忽视了聋生的身体语言,身体语言也即面部表情、身体姿势、手势等非语言符号传递的信息。其实,手语与手势是两个完全不同的概念,手语是一种视觉语言系统,而手势属于非语言,打手语时的幅度、力度、节奏、快慢这些信息可以增强手语的表现力和感染力,提供更大的信息量,甚至有时候可以部分替代手语的功能,起到沟通思想、交流情感的目的。如聋生与老师见面时,可以打手语问候"上午好!",也可以用身体语言微笑、点头来表示,这种方式与听人问候是一样的。身体语言丰富而微妙,从眼神、表情、动作体态、服饰、身体距离远近中都能解读出大量信息,甚至还能反映出一个人的内在修养和文化教养程度,所以教会聋生在人际交往中正确运用非语言沟通、读懂非语言是非常有必要的。

总之,对聋生来说,沟通能力是他们回归主流社会最需要的

技能之一。没有任何一种沟通模式可以满足人们所有的沟通需求,每个人都需要掌握一种以上的沟通方式,对聋生而言,多种沟通方式的综合应用是他们终身都需要面对的问题。根据不同情境、不同交际对象、不同语用目的灵活选用沟通方式,有效的沟通才是真正的沟通。语言能力不等于沟通能力,沟通能力的培养需要在沟通实践中掌握。

第四节 课程评价

课程评价的目的是分析学习效果,调整教学计划,改善教学方法。课程评价应突出评价的诊断和发展功能,准确反映聋生的发展水平、学习能力、学习特点和发展需要,及时调整、改进、完善教学计划,促进课程目标的有效落实。[①] 在传统的聋教育语文沟通与交际教学中,教学评价的主体是老师,教学评价的目的是打分,教学评价方式是终结性评价,忽略了聋生作为学习主体的参与性,淡化了评价在完善教学过程、推动聋生学习积极性和聋生成长过程中的作用。聋教育语文沟通与交际教学应运用多种评价方式,突出评价的整体性和综合性,发挥评价的多种功能,既使老师获取教学的反馈信息,又使聋生体验到学习的进步

---

① 教育部关于发布实施《盲校义务教育课程标准(2016 年版)》《聋校义务教育课程标准(2016 年版)》《培智学校义务教育课程标准(2016 年版)》的通知.(2016-12-13)[2021-12-17]. http://www. moe. gov. cn/srcsite/A06/s3331/201612/t20161213_291722. html.

与快乐,促进聋生语言沟通与交际能力的发展。

在日常的沟通与交际教学中,老师通常会采用"小组讨论—代表发言—教师点评—总结发言"的方式来对聋生的学习内容达成度、交际过程表现等进行评价,聋生对老师的评价也非常在意,在他们眼里,老师似乎对分数具有绝对权威,大多数聋生都将老师的评价作为最高评价。这样的评价内容只会让聋生无法学会对自己的交际行为进行反思,久而久之,对沟通与交际学习丧失兴趣。因此,应该将多种评价方式综合起来,既要发挥传统的终结性评价的作用,又要重视教学过程中的即时性评价与形成性评价。

一、发挥终结性评价的作用

首先,终结性评价是非常有必要的,它是老师对一次教学活动的总结,是对聋生课堂表现的综合反馈,也是教师对自己的教学计划和教学行为进行的反思和调适。在教学设计的过程中,教师就应该根据本次教学目标制订教学评价表,评价表的内容倾向于对聋生学习成果进行评价,如学完《说明》这一课后,笔者设计了如表 2-1 和表 2-2 所示两张量表供聋生自评:

表 2-1　学习评估(一)

我的学习收获	
我的不足	
我对自己的改进建议	

表 2-2　学习评估（二）

评估内容	表现程度
1.我知道说明的对象从大的范围分可以分为实体类、抽象事理类、工艺流程类三类。	☆☆☆☆☆
2.我能分辨不同说明方法之间的区别并能举例说明。	☆☆☆☆☆
3.能针对不同的说明对象,有意识地选用合适的说明方法。	☆☆☆☆☆
4.我能针对不同的说明对象,安排好说明的顺序。	☆☆☆☆☆
5.说明对象时,我善于抓住该对象的特点。	☆☆☆☆☆
6.我能把握"说明"语言表达的要求,用简明的语言把对象介绍清楚。	☆☆☆☆☆
7.说明过程中,我会针对听众(观众)的需求有意识地调整我的说明策略。比如,当我的客户(受众)有疑问时,我会尝试用换一种方式或详细说明的方法,把对象解说清楚。	☆☆☆☆☆
8.我会注意说明的详略,以突出我要说明的重点。	☆☆☆☆☆
9.我会综合运用笔谈、肢体语言、面部表情等把要说明的对象解说清楚。	☆☆☆☆☆
10.说明过程中,我会有意识地运用其他表达方式,来把对象说得贴切、生动。	☆☆☆☆☆

　　表 2-1 侧重于定性评价,要求聋生对自己的学习成果做出书面记录,用写下来的方式总结自己的收获、反思自己的不足。表 2-2 要求聋生对本次教学目标进行全面评估,用逐条呈现的方式来评价自己是否掌握了与"说明"这一交际技能有关的知识、能力与方法。这两份评价表体现了对作为学习主体的聋生的尊重,如果每一次课教师都能提供这样的量表供聋生自评,既能让聋生较为全面客观地评价自己,获得学习的成就感,同时也能改

变以往班级授课制模式下教师千篇一律的评价,让聋生获得个性化学习的快乐。

二、重视即时性评价与形成性评价

施良方等认为教学评价的本质并不是为了对学生当下的学习行为进行评定。评价不只是一种瞬间行为,更是培养学生能力技能的一部分。[①] 进行沟通与交际教学,目的是培养聋生的沟通与交际能力,这一目标的达成需要无数次的言语积淀和教学反馈,而不是一蹴而就的。教学评价作为下一次沟通与交际活动的重要依据,也要具有这种形成性。[②] 因此,教师除了对聋生进行终结性评价外,还要注意在课上进行即时性评价,对聋生在课上表现出来的交际行为进行及时的反馈。教学实践中,笔者体会到,聋教育教师在课上对聋生的即时性评价往往以鼓励、肯定、表扬为主,较少会对聋生进行负面评价。其实,即时性评价不仅具有激励功能,它还具有调整和导向的作用。如果聋生回答得不正确或者互动不积极,教师还是要予以及时提示甚至批评,即时性评价并不是假大空的套话、好话,要发挥其对课堂氛围的调控作用和对聋生的激励作用,正面和负面的即时性评价都是不可缺少的。

---

① 施良方,崔允漷.教学理论:教学课堂的原理、策略与研究[M].上海:华东师范大学出版社,2010:337.

② 杨丹.情境认知理论视域下的小学语文口语交际教学研究[D].成都:四川师范大学,2020:64.

　　日常教学中的评价,以形成性评价为主,关注聋生在学习过程中的表现与进步,包括语言技能、沟通技能、情感态度、学习策略和文化意识等。① 因为聋生的沟通与交际技能的提高不是一蹴而就的,受手语或同伴的影响,往往会有波动甚至反复,教师需要有足够的耐心来帮助聋生循序渐进地提高他们的交际能力,对他们的学习过程做一个长期的记录,以图表、文字、录像资料、平时课外作业等方式呈现他们的学习过程。当然,这些资料不是零散地堆砌在那里,最好能按项目进行分类,从基础性交际技能到发展性交际技能,分类、分阶段地循序渐进地记录他们的学习表现情况。形成性评价材料不是束之高阁的档案袋,教师可以定期将整理好的材料分享给聋生,让聋生清楚地看到自己的成长与进步、缺点与不足。

三、突出评价的整体性和综合性

　　《聋校义务教育课程标准(2016年版)》指出:"课程评价要体现课程目标的整体性和综合性,全面考察学生的沟通与交往素养。注意口语、手语、笔谈等多种沟通方式之间的有机联系。注意知识与技能、过程与方法、情感态度与价值观的交融、整合,避

免知识和技能的单方面评价。"[1]面向聋生的沟通与交际教学评价，还要根据聋生的个体情况，分别评价其在口语、手语、笔谈三方面的表现，有的聋生在笔谈方面能力较强，如笔谈的时候能抓关键词、读懂句子的主要意思，领会对方的"言外之意"，自己写的句子词语恰当、语意清楚、思路清晰。有的聋生擅长用口语，不仅态势自然，表情大方，还能运用一些读唇的技巧捕捉对方的口型，增进对语意的辨别和理解。教师要结合不同聋生的具体情况分别予以鼓励与肯定。此外，技能的培养虽然是聋教育语文沟通与交际教学的核心，但交际知识、情感态度、沟通礼仪这些方面的学习也是不可忽视的，教师要将各部分教学内容的评价有机联系起来，突出评价的过程性、整体性和综合性，最大限度地发挥课程评价的作用。

---

① 教育部关于发布实施《聋校义务教育课程标准（2016年版）》的通知.（2016-12-13）［2021-12-09］. http://www. moe. gov. cn/srcsite/A06/s3331/201612/t20161213_291722. html.

第三章　教学设计篇

目前国内面向聋生的汉语课程内容开发还较为薄弱,部分教材中虽有沟通与交际单元,但知识点分布零散甚至较为随意,教学内容呈现片面化、碎片化特征,尚缺乏从整体性、系统性角度对聋生笔谈交际任务开发的教学研究。本章根据前期问卷调研获取的聋生学习需求,紧扣功能性交际能力训练点,从日常生活、职场生活两大领域出发构建集功能、话题、任务、知识于一体的交际情境框架,按照"设计思路(课前准备—教学要求—教学重点和难点—教学方法—教学时间)—教学内容—学习评估"的思路呈现八个教学设计,以期为聋教育汉语课程开发和教学提供一种新的改革思路。

根据人才培养方案总体规划,笔者所在院校语文课程面向各专业全体聋生开设,是大学一年级聋生的公共必修课。从学情看,70%左右的聋生的听力障碍水平为中重度,手语是他们的日常生活语言。30%左右的聋生有残余听力且能用口语与他人交流。他们能理解并使用2500个以上汉语词语,能读懂不太复杂的汉语句子,具备独立阅读汉语报纸杂志、欣赏带字幕的汉语影视节目的能力,但总体而言词汇量有待增加,对汉语复杂句

式、句群的理解能力有待加强。与阅读能力相比,他们的写作能力弱于阅读能力,词汇量不足、汉语句法意识欠缺直接影响着他们的汉语书面语表达,他们可以用汉语就熟悉的日常话题进行简单而直接的交流,但尚不能用汉语满足生活、学习、工作等各领域的人际交往需求,还不能用笔谈的方式清楚、准确、流利地表达自己对某些特定事件、问题的见解。此外,他们日常生活中喜欢用手机与外界交流,但容易被网上的各种纷繁芜杂的信息干扰,缺乏主动甄别、筛选信息的能力。从影响学习的心理因素看,他们学习语文动机不强,学习自觉性不够,课堂中习惯于看教师讲授,缺少主动参与的意识。他们思想较为单纯,看待事物、分析问题容易停留于表面,有较强的模仿能力和动手能力,有好奇心和探究欲。

基于聋生学情,笔者把语文沟通与交际教学目标定位在:在中学语文学习的基础上,大学阶段继续培养聋生"正确使用祖国语言文字"的能力,以提升他们的语言表达能力、应用能力为宗旨,在沟通与交际教学中激发聋生的交际意识,使他们养成愿意主动沟通的积极心态,以解决聋生交际中遇到的问题为归旨,最大限度地开发聋生沟通与交际能力,鼓励聋生合理使用沟通辅助工具达成交际目的,为他们能够胜任今后工作岗位中的各种交际任务,顺利融入主流社会奠定基础。为了保护聋人同学隐私,本书中出现的学生姓名均做了化名处理。

第一节　教学设计：倾听

一、设计思路

倾听是沟通的基础和前提。口语交际是一种双向交流的过程，这就要求双方不仅要说，更要注意听。听是说的前提，说是听的目的，只有努力了解对方讲话的内容，专心记住交谈的关键信息，并做出正确的判断和反应，交际活动才能进行下去。因此，在交际活动中，不论是听人还是聋人，都要学会主动倾听和有效倾听。但以往的教学中存在这样一种误区，聋生缺失了听力，有必要和聋生探讨"倾听"这一话题吗？这样的教学不是吃力不讨好吗？

其实，倾听不仅是用耳朵获取信息的过程。笔者认为，对有听力障碍的聋生而言，要教会他们倾听，应该让他们成为一个主动倾听者，所谓主动倾听者就是调动全身注意力，用耳听，用眼看（"读唇"或看同步字幕），必要时用笔记，用心体察，用口询问。只有这样，他们才能尽量多地获取信息，把注意力集中在他人所说的内容上，必要时还能勾画重要的观点、思考问题，形成自己的判断。

基于这样的思考，笔者做了如下设计：

【课前准备】

教学课件、教案、小视频、图片、学习单。

【任务要求】

1.知晓倾听的概念、作用,能说出"倾听"与"听"的不同。

2.能准确说出聋人与听人交谈时,倾听的注意事项。

3.掌握听话的五个要领,能学会主动聆听。

4.能运用积极聆听的语言表达法,学会积极聆听。

【教学重点和难点】

1.掌握听话的五个要领,能学会主动聆听。

2.能运用积极聆听的语言表达法,学会积极聆听。

【教学方法】

活动法、讲授法、情境模拟法、多媒体演示法。

【教学时间】

全课共 2 学时,共 1 讲,约 80 分钟完成。

二、教学内容

(一)情境导入

方培菲是中西面点工艺专业的大三聋生,会简单口语,在校期间学习成绩优良,目前在杭州一家餐饮公司实习,主要负责配送餐具、布置餐桌、整理桌面等工作。班主任批阅实习日记时发现,方培菲最近陷入了深深的苦恼。原来,实习第一天,主管告

诉她,要把各种不同类型的餐具按照指定顺序、位置放好,并给小方演示了一遍。但小方因为主管语速过快,没有听清楚,以至于手忙脚乱,不知道该怎么做才好,有一次还不小心打碎了盘子,受到主管的批评,小方也很沮丧。

(二)任务实施

1.准备活动

(1)假如你是小方,你会怎么办?

- 直接告诉主管这个岗位不适合自己,要求换一个岗位。
- 鼓起勇气告诉主管,自己还不会,能否多教几遍。
- 把自己的苦恼告诉一起实习的同学,请他们帮忙。

(2)回忆过去与听人沟通的情形,你的表现如何? 思考下列问题,想一想怎么听,情形就可以不一样。

- 听他人讲话时,你是否会经常不知道对方说什么?
- 听他人讲话时,你是否很难主动开口询问?
- 听他人讲话时,你是否会仔细观察对方的眼神、面部表情、手势?
- 听他人讲话时,你是否有带纸笔、沟通本的习惯?

小贴士:

◎沟通的前提是学会倾听,要学会怎么更好地沟通,首先要学会倾听的技巧。

◎倾听时,要求倾听者认真专注地听对方讲话,聆听对方的话语内容,不仅能接收对方的绝大部分信息,还能解读话语背后的含义。

◎聋生与听人沟通时，要调动全身注意力，用耳听、用眼看（"读唇"或看同步字幕）、必要时用笔记，用心体察，用口询问。

2.重点活动

主动聆听学问多

学院组织了校友会，聋人学姐娅清周三下午要回校，在学校第一报告厅与同学们分享她工作中的体会，把她的经历告诉学弟学妹们。你觉得这是一次好机会，可以多了解一些关于就业方面的问题。请你为这次活动提前做一些准备。

- 需要携带的物品：＿＿＿＿＿＿＿＿＿＿＿＿＿＿＿
- 要点记录：＿＿＿＿＿＿＿＿＿＿＿＿＿＿＿＿＿＿＿
- 想问的问题：＿＿＿＿＿＿＿＿＿＿＿＿＿＿＿＿＿＿
- 其他：＿＿＿＿＿＿＿＿＿＿＿＿＿＿＿＿＿＿＿＿＿

小贴士 1：

◎听话的五个要领

(1)专注地倾听。是指用身体给沟通者以"我在注意倾听"的表示，它要求你把注意力集中于说话人的身上，要心无二用。

(2)要学会排除周围环境的干扰。

(3)注意参与的姿势。参与的姿势应该是放松而清醒的。保持坦然直率的姿势，手臂不要交叉，不要僵硬不动；要随着说话人的话做出反应；坐着的时候，要面向说话人，身体略向前倾。

(4)保持距离：无论坐还是站，都要和说话人保持一定的距离，既不要太近也不太远。

(5)保持目光交流：眼睛是心灵的窗户，是最富有表现力的

器官。一般地说,听者应柔和地注视说话人,可以偶尔移开视线。凝视或斜视往往会使说话者对听话者产生不良印象。

积极聆听有窍门

报告会结束后,你还想找娅清学姐多了解一些关于聋人就业方面的问题,你也很想告诉她自己目前对所学专业的看法,于是你问娅清学姐要了联系方式,两人约好这个周末在学院附近的咖啡馆碰面。现在请你与同学合作,一位扮演娅清,一位扮演你自己,两人合作进行情景模拟。模拟中,两人面对面轮流发言。

模拟结束后,和你的同学讨论一下,刚才你们各自从对方身上获取了哪些信息? 当交流冷场的时候,该如何推进呢?

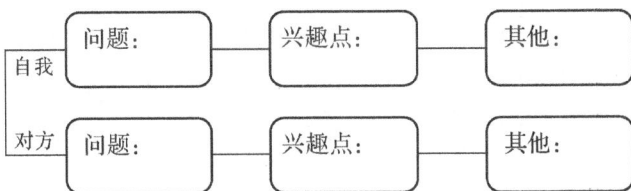

自我　[问题:　]—[兴趣点:　]—[其他:　]

对方　[问题:　]—[兴趣点:　]—[其他:　]

小贴士 2:

◎积极聆听的语言表达法

(1)倾听回应:使用"热词",如"是吗?""没错""太好了!""真的?""啊哈"。

(2)提示问题:主要用来处理谈话初始阶段的静默无语,如:"今天天气真不错!""这本书真厚,你一直在看,一定非常用功!""我和你姐姐是同学。""很高兴能认识你,看到你就让我想起高

中时的一个同学。"

（3）重复内容：简单重复一个重要的字或一句重要的话，改编并摘要说过的话，以对交流有帮助的方式解释自己的话。

（4）归纳总结：重申和强调重点，在又长又复杂的讨论后，用来确定你的理解。

（5）表达感受：我们会遇到很多可以有效表达自身感受的场合，分享我们的感受对谈话的推进很有帮助，如"我也有同样的经历""如果我是你的话"。

3.探讨分享

四人一个小组，谈谈这次学习活动带给你的收获。请每组各派一个代表上讲台发言。

4.延伸活动

（1）找案例中的小方聊一聊，给她一些建议，帮助她更快地适应这个岗位。

（2）分析下面的案例，指出两位店员沟通中存在的问题。

有一位女顾客在一家商场购买了一条真丝围巾。可这条真丝围巾令人失望：才洗了一次，不仅褪色，面料也缩水了。

于是，她将这条围巾拿回商场，找到卖这款真丝围巾的专柜，告诉售货员围巾的质量有问题。她刚想诉说事情的经过，就被售货员打断了，"我们已经卖出了上百条这种围巾，你还是第一个来挑剔的人"。她刚想分辨，另外一个售货员加入了，"所有真丝围巾第一次洗涤都会褪色，那是没有办法的，至于缩水，是你没有按照洗涤说明操作吧"。

三、学习评估

请学习并填写评估表如表 3-1、表 3-2 所示。

表 3-1　学习评估（一）

我的学习收获	
我的不足	
我对自己的改进建议	

表 3-2　学习评估（二）

评估内容	表现程度
1.我喜欢听/看别人说话。	☆☆☆☆☆
2.我不喜欢的人在说话时，我也注意听。	☆☆☆☆☆
3.朋友、熟人、陌生人说话时，我都会注意听。	☆☆☆☆☆
4.倾听时，我不会分神或心不在焉。	☆☆☆☆☆
5.我有随身携带纸笔的习惯。	☆☆☆☆☆
6.我用"读唇"的方法掌握一些口语基本词。	☆☆☆☆☆
7.倾听时，我会与对方保持目光交流。	☆☆☆☆☆
8.我会随时记录一些内容要点以便谈话的跟进。	☆☆☆☆☆
9.当我听不清楚时，我会要求说话人说慢一点，再重复说一遍。	☆☆☆☆☆
10.当我不理解一句话的意思时，我会询问说话人他所用字词的意思。	☆☆☆☆☆
11.我会试着指出说话人所说的意思。	☆☆☆☆☆

续表

评估内容	表现程度
12.当说话人犹豫时,我会用微笑、点头以及使用不同的方法鼓励他继续说下去。	☆☆☆☆☆
13.我会深入考虑说话人所说的话。	☆☆☆☆☆
14.我不会打断说话人,会让他说完他的话。	☆☆☆☆☆
15.有疑问时,我会重复他的话,弄清楚后再发问。	☆☆☆☆☆
16.当我不明白说话人的态度时,我会请他更完整地解释他的意见。	☆☆☆☆☆

第二节　教学设计:解释

一、设计思路

解释是社交语言中常见的言语交际类型,解释就是向他人说明原委、说清事情的来龙去脉,表明自己态度的过程。①

人们常说"有口难辩",意思是当被人误会的时候,很难自我澄清,有时甚至会越描越黑。教聋生的老师都有体会,当课堂上问聋生"明白了吗""懂了吗",他们或是点头,或是打手语表示

---

① 张岩松,孟顺英,樊桂林.人际沟通与语言艺术[M].北京:清华大学出版社,2010:141.

"懂了",但再出题一考却发现大部分时候他们并没有真正理解。也许很多时候聋生不知道怎样才能把内心的困惑表达出来,或者心里有疑问也不敢说出来。步入职场后,遇到问题时他们很少选择主动"解释",而更多地选择沉默。

其实,"解释"这种交际技能是需要专门训练的,对聋生而言尤为重要。它不仅能让听人更好地理解自己、认可自己,也能让自己敞开心扉,消除负面情绪,更积极乐观。遇到问题时,一方面需要不卑不亢、态度诚恳、礼貌待人,控制好"解释"时的情绪,调节好心态,把内心的想法勇敢"说"出来;另一方面,他们需要掌握如何"说"的技巧,做到解释误会,以理服人,达到澄清事实的目的。

基于这样的思考,笔者做了如下设计:

【课前准备】

教学课件、教案、小视频、图片、学习单。

【任务要求】

1.知晓解释的概念、作用、使用的场合。

2.能准确说出聋人与听人交谈时,解释的注意事项。

3.掌握解释的三个要领,学会正确解释。

4.能反思自己与听人交往时,以往解释中存在的不足,并给出一些针对性的修改意见。

【教学重点和难点】

1.能准确说出聋人与听人交谈时,解释的注意事项。

2.掌握解释的三个要领,学会正确解释。

【教学方法】

活动法、讲授法、情境模拟法、多媒体演示法。

【教学时间】

全课共 2 学时,共 1 讲,约 80 分钟完成。

二、教学内容

(一)情境导入

聋人王语彤刚毕业,在一家婚纱设计公司从事摄影照片后期处理工作。她工作认真负责,深受领导赏识。今天一大早,她推开办公室的门,面前的一幕景象让她惊呆了,昨天打印出来整整齐齐放在桌上的 100 张 8K 彩照不见了,这是客户约好一早就要过来取的。昨天是她最后一个离开办公室的,她离开的时候照片还好好放在桌上,而今天比她早到的两位同事都表示未看到照片。客户一会儿就要来了,现在打印显然来不及,她该如何向客户解释呢? 如果领导知道了这事儿,又该如何向领导解释呢?

(二)任务实施

1.准备活动

(1)假如你是语彤,你会怎么办?

• 默默地坐在办公桌前,苦恼、生气,不知所措。

• 等客户来了,告诉他照片昨天已经打印好但不知道为什么今天不见了。

- 等领导问起,告诉他自己昨天已经按客户要求打印好照片了。

- 怀疑同事小丽暗中搞鬼,平时看上去她总是冷冷的,对自己不那么友好。

(2)给出五个成语,以五人一组为单位进行成语接龙游戏。第一个同学看成语,并向第二个同学打手语描述卡片上的成语内容,描述过程中不得出现成语中的任何一个汉字,然后请第二个同学转述给第三个同学,以此类推,最后请第五个同学将成语写在黑板上。

画蛇添足　　　拔苗助长　　　狐假虎威

南辕北辙　　　自相矛盾

你和小组同学的成语接龙游戏玩得怎么样?如果猜错了,请反思一下猜不出来的原因有哪些;如果猜对了,想想自己收获了什么经验。

- _____
- _____
- _____
- _____
- _____

小贴士:

◎工作中与同事相处,难免会遇到问题或发生误会,误会产

生了并不可怕,要学会主动、积极地去面对它,学会解释,想小法消除它。

◎解释问题时,态度上要不卑不亢,态度诚恳、礼貌待人,把内心的想法勇敢"说"出来。

◎解释问题时,要就事论事,不要夸大其词,也不要妄想臆测,要有理有据,以理服人。

◎口语不清、听力损失较重的聋生与听人解释时,最好用笔谈的方法,以免造成误会和麻烦。

2.重点活动

我已经跟你请过假了

聋人钱涛想参加一个朋友的婚礼,向负责考勤的部门同事叶轩请假两天。叶轩统计考勤数据后,却要扣钱涛的考勤分,钱涛生气地说:"我已经在微信上向你请过假了,为什么还要扣分?"说着还生气地把手上的东西往桌上一扔。你觉得钱涛这样的解释合理吗? 如何不合理,那么应该怎样进行解释才好呢? 请把你觉得是否合理、存在的问题和修改建议等写在表 3-3 中。

表 3-3　钱涛的解释合理吗?

是/否合理	序号	存在的问题	修改建议	其他
	1			
	2			
	3			
	4			

在学生讨论的基础上,师生共同归纳。

小贴士 1：

◎解释的三个要领

（1）向谁解释，注意称呼、礼貌用语和表情体态；

（2）解释什么，这是说话的主体部分，要针对对方的询问说明原委；

（3）怎样解释，也就是要注意方式方法，并注意寻找适当时机。

我对你没有恶意

钱涛因为请假被扣了考勤分，这几天都非常生气，认为叶轩故意为难他，见到叶轩当作没看见。假如你是叶轩，登记部门考勤是你的工作职责，你做了你分内的事，对钱涛本人并没有恶意，你想缓和一下两人关系，你该如何向钱涛解释呢？现在请你与同学合作，一位扮演钱涛，一位扮演叶轩，两人合作进行情景模拟，用笔谈或微信沟通方式面对面交流。

模拟结束后，和你的同伴回顾一下，刚才的交流有效果吗？是冷场了，还是交流得比较顺畅？你从中获得了哪些收获呢？

钱涛：＿＿＿＿＿＿＿＿＿＿＿＿＿＿＿＿＿＿＿＿＿＿

叶轩：＿＿＿＿＿＿＿＿＿＿＿＿＿＿＿＿＿＿＿＿＿＿

小贴士 2：

◎思维导图帮上忙

请思考并将思考结果填在图 3-1 中。

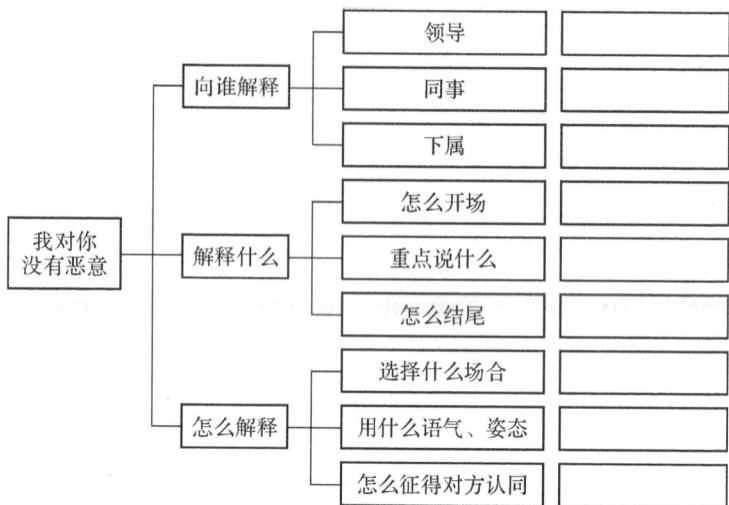

图 3-1　思维导图

3.探讨分享

五人一个小组,谈谈这次学习活动带给你的收获。请每组各派一个代表上讲台发言。

4.延伸活动

(1)找案例中的王语彤聊一聊,给她一些建议,帮助她妥善处理好这件事情。

(2)阅读下面两则案例,自拟提纲,想一想该如何解释。

案例一:聋人陈技扬比较喜欢钻研问题,经常会翻阅一些专业书。一次上班的时候,他完成了手头的工作,就拿起一本专业书看了起来。这时候,恰巧部门领导从他身边走过,说道:"工作的时候好好工作,下班了有空余时间再看闲

书。"如果你是陈技扬,你该如何向领导解释呢?

案例二:聋人华宝钰工作认真细致,乐于助人。一次,她看到公司展台上的一大块扎蜡染棉布被风吹落了,就走过去关上窗子,又弯腰把棉布拾起来,准备放回展台上去。这时候,同事小凌看到了,不高兴地说:"你怎么把我仔细铺好的棉布弄到地上去啦,弄脏了怎么办?!"

三、学习评估

请学习并填写表 3-4、表 3-5。

表 3-4 学习评估(一)

我的学习收获	
我的不足	
我对自己的改进建议	

表 3-5 学习评估(二)

评估内容	表现程度
1.如果在工作中与同事产生误会或矛盾,我学会端正心态,主动、积极地去面对它。	☆☆☆☆☆
2.面对不同的对象,我会注意称呼、礼貌用语和表情体态,尽量做到得体地解释。	☆☆☆☆☆
3.我会注意方式方法,选择适当时机的时机、场合向对方解释。	☆☆☆☆☆

续表

评估内容	表现程度
4.遇到矛盾或问题时,我会不卑不亢、态度诚恳,把内心的想法勇敢"说"出来。	☆☆☆☆☆
5.如果他人听不清我的口语,我会用笔谈的方法,选取关键词,抓住重点,把自己的想法言简意赅地说清楚,以免造成误会和麻烦。	☆☆☆☆☆
6.解释问题时,我能做到就事论事,不夸大其词,也不妄想臆测,做到有理有据,以理服人。	☆☆☆☆☆
7.解释过程中,如果对方向我问询,我会针对问题说清原委。	☆☆☆☆☆
8.如果他人有很多的不同意见,我会做到耐心、虚心倾听,让对方充分且尽量地陈述意见。	☆☆☆☆☆
9.如果和他人意见相左,我会先放弃据理力争,从寻找两人的共同点开始,让对方尽量回答"是",进而逐渐提出自己的观点。	☆☆☆☆☆
10.与他人协商时,我会用赞同对方的想法并尽量满足对方的需求的方法来开启谈判。	☆☆☆☆☆

第三节　教学设计三:商量

一、设计思路

商量是把自己的问题、想法、意见拿出来和他人交流的过程。人们常说"有事好商量",说的是遇到问题时沟通双方可以

坐下来,摆出各自的观点,通过协商来解决分歧,达到思想上的统一。当我们在生活中拿不定主意时、遇到苦恼的事时,或者与他人意见不一致时,都可以找人商量,学会商量是日常生活中必备的沟通技巧。

刚步入社会的聋生,离开了熟悉的校园、离开了朝夕相处的同学与老师,突然来到一个陌生的环境工作,内心难免会有孤独寂寞之感。遇到问题时,他们还是习惯于依赖以前的老师、同学,请他们帮助解决问题。但工作中的很多问题需要他们主动与听人同事商量,找到解决问题的办法。怎样引导他们与听人同事主动沟通,学会协商解决工作中遇到的问题呢?

本节交际训练,希望让聋生在实践中自主探究并逐步掌握商量的要领,做到找人商量态度真诚、耐心倾听,共同商量、以理服人,设身处地、积极策划,在具体情境中正确使用商量的策略、方法。

基于这样的思考,笔者做了如下设计:

【课前准备】

教学课件、教案、小视频、图片、学习单。

【任务要求】

1.知晓商量的概念、作用、使用的场合。

2.能准确说出聋人与听人交谈时,商量的注意事项。

3.掌握商量的三个要领,学会正确使用。

4.能反思自己与听人协商时,以往沟通过程中存在的不足,并给出一些针对性的修改意见。

【教学重点和难点】

1.能准确说出聋人与听人交谈时,商量的注意事项。

2.掌握商量的三个要领,学会正确使用。

【教学方法】

活动法、情境模拟法、讲授法、多媒体演示法。

【教学时间】

全课共 2 学时,共 1 讲,约 80 分钟完成。

二、教学内容

(一)情境导入

大三实习阶段,中西面点专业聋生有的分到知味观中点后厨岗位实习,有的分到可莎蜜儿西点制作岗位实习,还有的学生被分到必胜客门店担任客服。张璐觉得做门店客服太辛苦,而且自己听力补偿不太好,和客户沟通会有困难。她想和分到可莎蜜儿的王奕楠交换岗位做西点制作,张璐该怎么和王奕楠商量呢?

(二)任务实施

1.准备活动

(1)想一想,假如你是张璐,你会怎么与王奕楠商量?

• 找到王奕楠,直截了当地提出自己的需求,问他是否愿意。

• 微信联系王奕楠,把自己想换岗的原因如实告诉他,问他是否愿意。

• 找王奕楠的好朋友晓霞,请晓霞帮自己去说这件事。

• 如果王奕楠不同意,就告诉老师,要求老师必须给自己换岗,否则就不参加实习。

(2)借助下面的话题,回忆自己过去找他人商量的经历:

• 最难堪的一次商量经历;

• 当即被拒绝的一次商量经历;

• 最有成效的一次商量。

对于第三种情形,想一想,那次找人商量为什么那么容易就达成一致意见了,为什么能够成功?

对于第一种、第二种情形,如果当时自己换一种说法,效果会不会好一点?

(3)根据自己与他人的交往经验,判断聋人小明这样找人商量是否合适,然后再回顾自己与他人商量的经历,记录下来,填写表 3-6。

表 3-6　商量经历讨论

序号	当时的情形	填写"是"或"否"
1	小明对同事小艾说:"你前面程序中的任务没做完,我下面没法继续做下去了。"	
2	小明对好友小伟说:"明天你陪我一起去超市买衣服吧,我看你整天待在寝室玩手机,反正也没啥事情。"	

续表

序号	当时的情形	填写"是"或"否"
3	小明对同事小郑说:"这次培训对后面的工作非常重要,我想准确全面地学习培训内容,你坐在我身边好吗,当我有不清楚的地方,可以随时询问你。"	
4	小明对部门主管王经理说:"如果这个星期晚上还要持续加班,你必须给我加班费,否则我就不想干了。"	
5		
6		

小贴士:

◎工作中与他人相处,或多或少会遇到一些问题,要学会主动找同事商量,消极等待、回避矛盾、只站在自己的角度思考问题都是不可取的。

◎找人商量时,态度上一定要礼貌、诚恳,目光要保持交流,面部表情要亲和,让对方感受到你内心的诚意。

◎找人商量时,一定要学会换位思考。如果对方拒绝了,不能以自己的理解去责问对方、批评对方,否则不但不能达成交际目的,还会使彼此之间产生隔阂。

◎口语不清、听力损失较重的聋生与听人商量时,最好用笔谈的方法,把自己的想法原原本本地说清楚。

2.重点活动

能替我加几天班吗?

聋人李柠柠在公司工作已经有三个多月的时间了,昨天晚

上他突然收到妈妈发来的微信,说爸爸身体不太好,需要入院检查。柠柠想请假三天,赶回去看望爸爸,但这几天刚好公司接到一个大的项目,领导说需要加班加点完成,没有特殊情况一律不得请假。柠柠很为难:请假吧,领导可能不同意;不请假吧,又担心爸爸身体。他找到了同组的同事——和自己关系比较好的王骏彦,想把手头的工作托付给他,请他先替自己加几天班。你觉得李柠柠该怎样与王骏彦商量呢?

同桌同学两两合作,一位扮演李柠柠,一位扮演王骏彦,想想该说什么,用怎么样的语气说,说话时神态如何,有哪些动作。把两人的对话记录下来。

现在就请大家根据我们提出的商量的方法,一起来演一演,并填写表 3-7。

表 3-7 换班商量讨论表

会面时间:		地点:	
人物	李柠柠	王骏彦	肢体语言 (神态、动作)
对话 1			
对话 2			
对话 3			

在学生讨论的基础上,师生共同归纳。

小贴士1:

◎商量的三个要领

(1)跟谁商量,注意称呼、礼貌用语和表情体态;

(2)商量什么,这是说话的主体部分,要把自己的诉求原原本本地说清楚,争取以理服人、以情感人;

(3)怎样商量,也就是要注意方式方法,寻找适当时机。

你还是和领导当面请假吧

王骏彦拒绝了李柠柠的要求。他认为,公司领导既然会上强调完成这个大项目对公司的发展非常重要,没有特殊情况一律不得请假,那么李柠柠最好能克服个人困难,按时上班。再说,按照公司规定,同事之间不能私自换班,如果李柠柠确实需要回去,也应该向部门领导提出,征求领导同意后,办好请假手续再回去。假如你是李柠柠,你该怎么办呢,你心里会埋怨王骏彦吗?

小贴士2:

◎根据对方反应做出正确的回应

(1)如果协商顺利,你的想法得到了同事的认可,你应该及时地向同事表达感激之情,并遵守你的承诺,不辜负同事对你的信任。

(2)如果协商不成,面对拒绝,一定不能指责对方,更不能耍赖。

(3)协商不成还可以提出替代方案,或者期待对方下一次可

以答应帮忙。保持良好的沟通关系才是正确的选择。

3.探讨分享

五人一个小组,谈谈这次学习活动带给你的收获。请每组各派一个代表上讲台发言。

4.延伸活动

(1)找案例中的张璐聊一聊,给她一些建议,帮助她妥善处理好这件事情。

(2)阅读下面的案例,想一想董玲玲该怎么与室友沟通,才能缓和与室友的关系。

聋人董玲玲的自述^①

我是一名女生,上高中时学习很刻苦,平时非常自律,除了学习没有其他爱好。进入大学后,班主任安排我当寝室长,我很想和室友好好相处,但时间一长,发现自己真的无法与室友相处。我习惯早睡,她们却喜欢聊到深夜;我比较爱干净,她们却乱扔东西,床上都是衣服,把寝室里搞得乱七八糟。我想以寝室长的身份给她们提出一些建议和要求,她们不但不听,反而在背后指责我。就这样,我经常因为一些琐事和室友发生争执,我认为自己是对的,但她们并不理睬,几乎没有人和我说话。我现在和室友的关系很糟糕,几乎到了孤立无援的地步。

---

① 　王立新.沟通与交流实务[M].北京:北京师范大学,2019:104－105.

三、学习评估

学习并填写学习评估表 3-8 和表 3-9。

表 3-8　学习评估（一）

我的学习收获	
我的不足	
我对自己的改进建议	

表 3-9　学习评估（二）

评估内容	表现程度
1.跟不同的人商量，如同事、领导、下属，我会注意使用不同的称呼、礼貌用语和表情体态。	☆☆☆☆☆
2.当我在工作中遇到问题时，我主动找同事商量，用积极的心态去面对问题。	☆☆☆☆☆
3.找人商量时，我在态度上会做到礼貌、诚恳，目光保持交流，面部表情亲和，让他人感受到我的诚意。	☆☆☆☆☆
4.我会注意方式方法，寻找适当时机与他人商量沟通。	☆☆☆☆☆
5.交流过程中，我会把自己的诉求原原本本地说清楚，争取以理服人、以情感人。	☆☆☆☆☆
6.当我和他人商量过程中有不同的意见看法时，我会尝试换位思考，站在对方的角度来思考问题。	☆☆☆☆☆
7.商量过程中，我会根据对方的反应做出恰当的回应。	☆☆☆☆☆
8.如果别人听不清我的口语，我会换用笔谈等方法，把自己的想法原原本本地写下来，表达清楚，以免造成误会。	☆☆☆☆☆
9.如果协商顺利，我的想法得到了同事的认可，我会表达自己内心的感谢之情。	☆☆☆☆☆

评估内容	表现程度
10.如果协商不成,面对他人的拒绝,我不会指责对方,更不会胡搅蛮缠。	☆☆☆☆☆
11.协商不成,我会提出替代方案,或者期待对方下一次可以答应帮忙。	☆☆☆☆☆

第四节　教学设计四:自我介绍

一、设计思路

介绍是初次见面时,为增进彼此了解而使用的常见交际用语。人际交往中的介绍通常有两种情形:一种是将自己介绍给他人,一种是将某人介绍给身边的人。介绍的主要目的是使双方认识,双方互相接近。聋人同学初次见面,通常会打手语介绍自己的名字、年龄、原来就读的学校等等,聊一些感兴趣的话题,用不多久他们就相互认识、熟悉了。聋生不缺乏生活情境中的自我介绍、介绍他人的经验,因此有些聋生认为最了解自己的人一定是自己,把"介绍"自己当成是一件很容易的事,其实就用人单位的反馈来看,他们缺乏在应聘这一特定场景中的自我介绍经验。

介绍自己是求职面试中的开场部分,在面试中会给面试官留下很深的第一印象。要想在众多的面试者中脱颖而出,介绍

什么、如何介绍是至关重要的。面试时,很多同学"口不能言",只能用纸笔沟通的方式回答面试官的问题,能用口语直接回答面试官的问题的聋生只有少数。怎样才能让自己在众多的面试者中脱颖而出呢?面试中的自我介绍需要注意一些什么呢?

围绕聋生的困惑,笔者做了如下设计:

【课前准备】

教学课件、教案、小视频、图片、学习单。

【任务要求】

1.知晓面试中自我介绍的概念、要求、目的。

2.能用自己的语言简要概括面试中自我介绍的注意事项。

3.能用自己的语言简要复述面试中的问答技巧。

4.结合自己所学的专业,完成一次三分钟左右的自我介绍。

5.能完成面试模拟情境下的面试官的提问,与面试官完成良性双向沟通。

【教学重点和难点】

1.结合自己所学的专业,完成一次三分钟左右的自我介绍。

2.能完成面试模拟情境下的面试官的提问,与面试官完成良性双向沟通。

【教学方法】

活动法、讲授法、情境模拟法、多媒体演示法。

【教学时间】

全课共 2 学时,共 1 讲,约 80 分钟完成。

二、教学内容

(一)情境导入

杭州金星铜艺雕刻有限公司要招聘三名工艺美术品设计专业的聋生,傅昕悦、王涛、刘洋三位同学想要去应聘这家公司的金属雕刻职位。傅昕悦为这次面试精心制作了自己的简历,简历外壳是塑封纸,封面是厚实的黑色铜版纸,封面上印着学院大门彩照。翻开之后第一页是自我介绍,上面印着一张她个人的生活彩照,几乎占了满页,下面是一行 5 号楷体小字:"春天,是播种的季节,也是一个生机盎然的季节,我播种希望、播种梦想,为自己的梦想插上五彩的翅膀……"

王涛没有准备个人简历,他带了一封求职信,打算面试时直接递给面试官。他写道:"我是一名聋人学生,我毕业于浙江特殊教育职业学院工艺美术品设计专业。我个性活泼、喜爱运动,利用业余时间参加了田径、武术、健美操、乒乓球等社团,在校期间获得了校运动会男子 400 米跑步第一名、健美操比赛二等奖的好成绩……我相信我只要通过勤奋学习、刻苦训练,一定能胜任这份工作。"

刘洋能使用口语,他觉得自己在口语交流上有优势,不需要做什么过多的准备。他打算面试的时候面试官问什么,他一一如实作答就可以了,能否录用主要看面试官对自己的综合评价。

（二）任务实施

1. 准备活动

（1）如果你是面试官，你会认可他们的表现吗？你认为三位同学为这次面试准备的自我介绍各自存在哪些问题？请逐条列出来。

- _____
- _____
- _____
- _____
-

（2）你的名字我来猜。五个同学为一组，轮流介绍组内任意一位同学，在不说出姓名的前提下，请全班同学来猜猜他是谁。要求在介绍的时候抓住这位同学身上的特点，语言准确、简洁、生动、形象。

你和小组同学的这个游戏玩得怎么样？如果猜错了，请反思一下猜错的原因是什么；如果猜对了，请想想自己用了什么方法。

我运用的方法是：

1. _____ 　2. _____ 　3. _____

🔖 **小贴士：**

◎自我介绍前，一定要做好充分的心理准备。要准确地评估自己，对自己想干什么、能干什么，要有一个清楚的了解。同时，也要考虑公司提供的岗位是否有利于自身的发展。

◎面试前，要做好相应的材料准备。面试材料一般包括求职信、个人简历、毕业生情况推荐表等。对需要笔谈沟通的聋生，可以将自我介绍放在求职信的正文主体部分，让面试官较为全面地了解基本情况。

◎自我介绍时，首先要跟面试主考官打招呼、道谢，这是最起码的礼貌。如"各位面试官好，感谢给我这次机会，我是三号应聘者，下面我先向诸位考官做个简单的自我介绍……"

◎主题要鲜明。一般来说，应该按照招聘方的要求来组织介绍材料，围绕中心说话。对材料的组织要合理，详略得当、重点突出。介绍个人的爱好、特长时要与应聘的岗位相匹配，切忌泛泛而谈。可以适当引用老师、朋友的评价来佐证自己的优势。

◎自我介绍的语言应该简洁明了、用词准确、概括有力，语气真诚坦率。可以使用重复、强调等手段来凸显你的与众不同之处或优势，力争给面试官留下深刻印象。

◎自我介绍过程中，应与面试官保持目光交流，面带微笑，坦诚自信。

2.重点活动

根据以下招聘启事，写一则自我介绍。

招聘启事

杭州快食客餐饮有限公司因业务发展需要，现招聘后厨配菜工、西点师、中点师若干。招聘条件如下：

1.品行端正、身体健康（有健康证）、吃苦耐劳、无不良嗜好，年龄在23～30岁之间，男女不限；

2.大专以上学历者或具有相关工作经历三年以上；

3.身体残疾(听力残疾、肢体残疾)者优先考虑。

面试时间:2021 年 10 月 15 日

面试地点:3 号楼 205 室

联系电话:0571—80000008

联系人:陈经理

地址:杭州市××区××路××号

杭州快食客餐饮有限公司

2021 年 10 月 10 日

小贴士:

◎自我介绍要求

(1)开头应用一句话简要介绍自己的姓名、出生日期、毕业院校、所学专业等基本信息。

(2)内容上可围绕两点展开:一是性格优势,性格上应突出虽身为残疾人,但身残志坚、吃苦耐劳的特点,可举例或引用他人评价来佐证。二是专业优势,在校期间的获奖经历或参加过某些大型厨艺展示活动,坚持以事实说话。

(3)时间一般以 3 分钟以内为宜,写作字数控制在一页 A4纸以内。

面试中的你问我答

面试官在听(看)完你的自我介绍后,一般会针对你的专业、身体状况、技能水平等做出各类提问,然后根据你的临场发挥决定你的去留。这些信息也可能会从刚才你的自我介绍中挖掘出来,因此自我介绍与面试问答是前后相关的,大家需要事先做一

些准备。杭州快食客餐饮有限公司在听了三位同学的自我介绍后，提出了几个问题，请思考如何作答。

五人为一个小组，其中四人为面试官，一人为应聘者。总面试时间 5 分钟，要求应聘人先做 1～2 分钟自我介绍，面试官提问 3～4 分钟。一轮面试结束后，面试官和应聘者互相轮换，使每一位同学都有机会能被面试。

(1)你在我公司工作的动力是什么？

(2)你有过和听人合作的经历吗？

(3)你刚才说了自己专业方面的优势，请具体谈谈你在学校期间学习了哪些专业技能。

(4)我公司属于餐饮行业，逢年过节和某些特殊时段客流量会比较大，你是否愿意服从公司安排加班？

(5)你喜欢玩手机吗，你平时在学校上学会经常玩手机吗？

(6)如果你在我公司西点房工作，你认为如何穿戴比较合宜？

(7)你认为配菜工这个岗位最需要的职业态度是什么？

(8)你希望每月得到多少薪水？

小贴士：

◎面试中的你问我答

(1)抓住要点。要认真倾听问题，从面试官的问题中快速解读出提问的意图，然后用言简意赅的语言，有顺序、有条理地作答。

(2)抵抗压力。有些问题可能不太友好，面试官是想测试你

的心理素质,也即承受能力、抗压能力,要学会绕开陷阱,换个角度从容作答。

(3)虚实结合。当问到"薪水类""岗位晋升类""工作动力类"问题时,面试官主要是想测试面试者的职业预期,切忌回答过于具体,要虚实结合,答案要留有空间。

(4)残健融合。出于管理需要,公司比较在意残疾员工是否能与健全员工合作共事,和睦相处。平时在校学习或参加社团活动时应注意与听人合作,积累经验,增强与听人合作的能力。

3.探讨分享

五人为一小组,谈谈这次学习活动带给你的收获。每组派一个代表上讲台发言。

4.延伸活动

(1)与案例中的傅昕悦、王涛、刘洋三位同学面谈,提一些建议,帮助他们完善此次应聘的自我介绍。

(2)阅读下面两则案例,想一想,以下两则面试中的自我介绍给了你哪些启发?

案例一:

下面是某家工艺品总公司招聘业务员的一则对话。[1]

面试官:我公司主要是经营有地方特色或民族特色的工艺品,如北京的景泰蓝、景德镇的陶瓷和湖州的抽纱等。这次主要招聘能开拓海内外湖州抽纱业务的业务员。现

---

① 张岩松,孟顺英,樊桂林.人际沟通与语言艺术[M].北京:清华大学出版社,2010:228.

在,请你介绍一下自己的情况。

求职者:我叫李伟,今年 24 岁,是浙江湖州人。今年毕业于湖州市商业学校,读市场营销专业。我一直生活在湖州,小时候就经常帮妈妈和奶奶做抽纱活,对于传统的抽纱工艺可以说是比较了解的。在商业学校学习的三年时间中,我掌握了营销方面的专业知识,这是我将来搞好业务的资本。我的口才较好,曾参加省属中专学校的求职口才竞赛,得了二等奖,并且还具备一定的英语口语能力。我这个人的特点是头脑灵活、反应快,平时喜欢看报纸,对国内外的经济发展动态很感兴趣,喜欢从事具有挑战性的工作。

案例二:
以下是中文系学生小刘应聘报社记者的自我介绍。①

某大学中文系学生小刘,毕业后到报社应聘记者,面对着上百个新闻专业出身的应聘者,可以说小刘并没有什么优势。但小刘对此早有准备,她对面试官介绍自己时是这样说的:"我叫刘晓明,山西人,毕业于山西师范大学中文系。虽然我不是新闻专业的,但我对记者这个职业十分感兴趣。在大学期间我就是学校校报的记者。4 年间,进行了许多次较为重大的校内外采访,积累了一定的采访经验,再加上我的中文功底,我相信我可以胜任贵报的工作。这是我在大学期间发表过的报道稿,请各位编辑领导批评

---

① 张岩松,孟顺英,樊桂林.人际沟通与语言艺术[M].北京:清华大学出版社,2010:228.

指正。"

　　面试官看过小刘的报道材料后,觉得她眼光独到、语言有新意,各方面都较为满意。结果小刘击败了众多的竞争者,不久就收到了录用通知。

三、学习评估

学习并填写学习评估表 3-10 和表 3-11。

表 3-10　学习评估(一)

我的学习收获	
我的不足	
我对自己的改进建议	

表 3-11　学习评估(二)

评估内容	表现程度
1.面试前,我会做好充分的心理准备,对自己的优缺点有一个客观的认识。	☆☆☆☆☆
2.面试前,我能准确地评估自己,我知道自己想做什么、能做什么,对我所要面试的公司有一个大致的了解。	☆☆☆☆☆
3.我会在面试前做好相应的材料准备,随身携带求职信、个人简历、毕业生情况推荐表等。	☆☆☆☆☆
4.我会用手语或笔谈的方式主动和面试官打招呼。	☆☆☆☆☆
5.自我介绍时,我会努力按照招聘方的要求来组织介绍材料,介绍个人的爱好、特长时能与应聘的岗位相匹配。	☆☆☆☆☆

评估内容	表现程度
6.自我介绍时,我会努力做到语言简洁明了、用词准确、概括有力,语气真诚坦率。	☆☆☆☆☆
7.用口语自我介绍时,我会使用重复、强调等手段来凸显我的与众不同之处或优势,力争给考官留下深刻印象。	☆☆☆☆☆
8.自我介绍时,我会与考官保持目光交流,做到面带微笑,坦诚自信。	☆☆☆☆☆
9.自我介绍过程中,如果考官向我提问,我会认真倾听问题,从考官的问题中快速解读出提问的意图,抓住要点,用言简意赅的语言有顺序、有条理地作答。	☆☆☆☆☆
10.自我介绍过程中,遇到有些可能不太友好的问题,我尽量调整好自己的情绪,换个角度从容作答。	☆☆☆☆☆
11.面对"薪水类""岗位晋升类""工作动力类"问题,我不会回答得过于具体,侧重陈述我的工作。	☆☆☆☆☆
12.如果面试官问我"是否有与和听人合作的经历"这类的问题,我尽量给出肯定回答,然后列举实例来证明自己与听人合作共事的能力。	☆☆☆☆☆

第五节　教学设计五:如何回应批评

一、设计思路

批评是对错误和缺点提出意见,带有否定性和贬斥性。如

果没有良好的心理素质,不能正确认识和对待形形色色的批评,就会产生逆反心理,形成不良情绪,甚至出现抵触行为。然而"忠言逆耳利于行",恰如其分的批评,能让我们及时发现问题,纠正客观存在的缺点和错误,走向成功。没有人能够避免批评,如何面对批评是我们每个人的人生必修课。

作为父母眼中的子女、老师眼中的学生、职场中的新人,聋生常常会面对来自他人的批评。在教育聋生的过程中,笔者有时会当面批评他们,聋生虽口不能言,但从他们的表情中能解读出当下的某些情绪:冷淡、抵触、敌意、恼怒、自卑、沮丧……批评带来的情绪往往是消极、负面的。面对批评,他们大多数时候会以沉默应对,但内心并不一定认可批评者的意见。要想从批评中获益,成长为更好的自己,就需要具备正确面对批评的心态、掌握批评过程中的言语沟通方法。因此,笔者觉得,对于马上要步入职场的聋生,有必要给他们补上这一课,让他们知道如何面对批评,并能在生活、工作中恰当地处理批评意见,能使自己从批评中获益。

基于这样的思考,笔者做了如下设计:

【课前准备】

教学课件、教案、小视频、图片、学习单。

【任务要求】

1.知晓批评的概念,能区分建设性的批评和敌意性的批评。

2.能以积极、端正的态度对待批评,避免找借口、反驳、推卸责任等情况。

3.能掌握批评时的听话要领,过滤无关信息,获取有价值的意见。

4.能运用积极表达法回应批评,对批评做出必要的言语回应。

【教学重点和难点】

1.能掌握批评时的听话要领,过滤无关信息,获取有价值的意见。

2.被批评时,能做出必要的言语回应。

【教学方法】

活动法、讲授法、情境模拟法、多媒体演示法。

【教学时间】

全课共 2 学时,共 1 讲,约 80 分钟完成。

二、教学内容

(一)故事导入

山中小寺住着两个和尚。一个和尚逢人便称赞,从不与人发生口角,人称善口和尚。另一个和尚则逢人便专挑别人的毛病,并因此常与人发生争执,人称恶口和尚。后来两个和尚同一天死去,他们见到了佛。

佛说:"将恶口和尚封为罗汉继续修行;将善口和尚送至地狱忏悔。"善口和尚道:"佛,我一生与人为善,从未骂过世人,为何将我送至地狱,我不知道我要忏悔什么。"佛说:"你只知行善,

殊不知你行之善并非真善,实为恶善,被你称赞之人大都进入迷惘,自以为是、不思进取,以致误入歧途。被恶口和尚骂过的人都知道了自己的不足,明白了自己的不完善处,从而改过自新,最终走上了善道。"

(二)任务实施

1.准备活动

(1)看完这个故事,你的体会是:

如果给你一个选择,你愿意选择成为恶口和尚还是善口和尚,为什么?

_____

如果你是恶口和尚,你想对佛说点什么吗?

_____

(2)回忆一次过去自己被批评的情形,你的表现如何,在与自己相似的情形后打钩。

A 面对批评,最直接、最自然的反应就是拒绝承认它,否定它的存在。　　　　　　　　　　　　　　(　　)

B 对别人大吐苦水:"我从未做过,没有粗俗无礼,也没有任性而为或惹其他人生气,为什么他们会这样看我?"(　　)

C 对批评自己的人大吼大叫,并且不满批评自己的内容,用情绪化的言辞宣泄自己的不满,如"为什么你不……"或"你敢说我懒惰? 凭你也配!"　　　　　　　　　　(　　)

D 感觉自己受了委屈,心理不平衡,但还是耐心地听/看对方把话说完,努力让自己冷静下来。　　　　(　　)

E 认真听取他人对自己的批评意见,提出自己的理由、解释

自己的行为、证明自己的看法。　　　　　　　　（　　）

F 认真听取他人对自己的批评意见,如果别人对自己的批评是善意的、有参考价值的,会承认自己的错误,并考虑接纳他的意见,向对方表示诚挚的感谢。　　　　　　（　　）

G 认真听取他人对自己的批评意见,如果别人对自己的批评是有参考价值的,会尽可能地按照他的意见进行改正,向他请教找到解决问题的方法,表明自己改正错误的决心和勇气。

　　　　　　　　　　　　　　　　　　　　（　　）

H 以上都不是,我的表现是 _____

小贴士:

◎区别建设性的批评和敌意性的试图操纵你的批评。多数批评是好意的,对你提出批评的人想帮助你把工作做得更好,尝试着接受这些批评,但要忽视那些讽刺、挖苦、过分夸大的敌意性的评价。

◎在接受批评时,注意倾听并保证你完全理解了对方话语的意思,在交谈中保持与对方视线接触,保持放松的姿势,避免与对方有身体上的冲突。

◎如果你感到自己受到了不公平的批评,在做出愤怒的反击之前,留出一段时间,在心里从 1 数到 10,这会使你以一种平静、理智的方式做出反应。

◎听完批评后,可以试着向对方提出无威胁性的问题,阐述自己对批评者所讲内容的理解,确保你真正理解了对方的意思。

◎以积极的态度对待批评,避免对自己行为的过分解释或

辩护。

◎一旦理解了批评、认识到了自己的错误就要努力改正。

◎私下里积极与对方讨论可能出现的问题,并寻找问题的解决方式。

2.重点活动

难得迟到

聋人刘鹏从特殊教育学院毕业后,在一家公司从事电商客服工作。他很珍惜这份工作,工作一年来,上班从未迟到,有时候客户比较多,他也会主动加班。那天晚上他又加班了,第二天早上手机没电,闹钟没有提示震动音,他睡过了头。等他八点半醒来,给手机充上电,才看到了部门主管李敬昨晚发来的微信:明天上午八点半在3楼102会议室开会,公司领导要过来参加,切勿迟到。

以下是他和主管李敬的微信聊天记录:

刘鹏:我昨天晚上加班加到很晚,手机没电了,不好意思,今天的会要迟到了。

李主管:部门8个人都到了,就差你1个。这么重要的会,昨天就通知了,你没有看到吗?

刘鹏:我没有看到。

李主管:那你今天上午的会不用来参加了。

刘鹏:嗯嗯。

李主管:"嗯嗯"是啥意思,你还有理了?和领导、客户都不要回复"嗯嗯",这是最基本的沟通礼仪,我讲过的。有时候你的一个细节就会损失一张订单或一个客户,明白吗?

你好好反省一下你自己为什么会迟到吧!

　　刘鹏(生气、委屈):我昨晚加班加到这么晚你知道吗? 我手机没电了我能怎么办? 我不是故意的! 再说我又不是天天迟到!

面对主管李敬的批评,刘鹏显然很委屈,他在微信里把自己的想法一股脑儿地倒了出来。请你站在刘鹏的角度分析一下,他的微信回应属于被批评后的哪种反应类型,存在哪些问题,应该如何改正。讨论并填写表 3-12。

表 3-12　批评讨论表

反应类型	序号	存在的问题	修改建议	其他
	1			
	2			
	3			
	4			
	5			

小贴士:被批评后的几种反应 [1]

◎马上认错型:被批评后马上认错,这样不至于被批评得太惨。做这种反应的人其内心想法首先是逃避惩罚。马上认错的态度没有错,但也应该在以后的工作中认识到错误,积极自我反

---

　　① 职场心理|被上司批评后,马上认错是一种什么心理? [EB/OL]. (2020-08-01)[2021-12-03]. https://zhuanlan.zhihu.com/p/165283269。

省。如果屡次犯错，然后积极认错，却没有反省，往往会给领导留下非常负面的印象。

◎找借口型：出于工作原因被领导批评，找借口是很常见的一种应对行为。如果这个借口是实际存在的客观原因，往往会缓解领导对反应人的苛责情绪。但如果"借口"真的是借口，这样的应对行为反而会给领导留下非常负面的印象。

◎推卸责任型：推卸责任的反应行为实际上也是找借口的一种。被批评后找借口将责任推到旁人身上的心理是想将矛头转向别人，从而来避免自己受到责骂，这种做法是个人心理不成熟的表现。

◎反驳型：毫不留情地反驳来自领导的批评意见，这种反应与上面的三种截然相反。反驳是一种攻击行为，认为领导的批评站不住脚，不愿意低头。这种直接与领导产生冲突对抗的做法，往往会对自己的职业发展造成阻碍。

李主管，我想对你说

经过冷静反思之后，刘鹏认为这次迟到是一次偶发事件，自己并未故意迟到。李主管就事说事，对自己没有主观偏见。面对李主管的批评，自己当时的回应给李主管造成了误会，而后面的辩解言辞过于激烈了。这种辩解式的回应和反驳差不多，让本来就处在气头上的李主管更加恼怒，最后受伤的还是自己。他想找机会跟李主管沟通一下，挽回自己在李主管心目中的形象。那么，如何应对才能让自己损失最小，让领导满意呢？

现在请你与同学合作,一位扮演聋人刘鹏,一位扮演主管李敬,两人合作进行情景模拟,用笔谈或微信沟通方式面对面交流。模拟结束后,和你的同伴回顾一下,刚才的交流有效果吗?有哪些收获呢?

刘鹏:＿＿＿＿＿＿＿＿＿＿＿＿＿＿＿＿＿＿＿＿＿＿

李敬:＿＿＿＿＿＿＿＿＿＿＿＿＿＿＿＿＿＿＿＿＿＿

小贴士:被批评者的言语回应①

◎先用"对不起"让领导冷静下来。

领导批评你的时候,大部分情况下是带有一定情绪的,心理上也可能有些激动。此时,我们首先要做的是让领导冷静下来。只有冷静下来了,才有下一步沟通和解决问题的可能。使用"对不起"为开头,不仅是承认错误的表示,还可以让领导先冷静下来。

◎承认领导的批评是正确的。

如果工作上确实有错,那么承认错误是理所当然的。我们可以说:"领导,我这次工作确实有问题,没做好。"然后提出弥补方案。但是,如果我们在工作上没有错误也需要承认吗?我们也需要承认,承认领导对自己的批评教育是一种关爱、一种帮助,而不是承认自己犯错了。我们可以先说"领导,您说得对",然后视情况向领导说明实情。

---

① https://baijiahao.baidu.com/s? id＝1598900770375506294&wfr＝spider&for＝pc.

◎必要时做客观、冷静的解释。

当你有想法想表达时,恰当运用自我陈述。比如,领导的话让你觉得不舒服,你可以用"你说的……让我感到有些委屈,我其实是这样想的……"保持冷静表达。但过多的解释会让领导觉得你在辩解开脱。

◎告诉领导你接下来会怎么做。

领导批评下属最终是希望看到下属行为的变化。所以你应该把沟通的重点放在自己接下来准备怎么做上,如"好的,我马上就去修改这个方案""好的,我马上去和客户对接""好的,我下次一定会注意的"。如果听完批评意见后,你还不太明白领导的想法,不要畏惧向领导提出你的疑问,可以复述领导的话以便明白领导要表达的意思,确保你真正理解领导的意图。

◎注意面部表情和肢体语言的配合。

学会微笑。微笑可以使我们更轻松,营造一个相对宽松的氛围,或许会让领导缓和批评你的态度,使事情朝着积极、缓和的方向发展。目光要专注地看着领导,表示你在认真听取他的意见,眼神游离则暗示你的心不在焉。可带上笔记本、笔,随时记录领导说话时的重点,显示谦虚、坦诚的态度。

3.探讨分享

五人一个小组,谈谈这次学习活动带给你的收获。请每组各派一个代表上讲台发言。

4.延伸活动

(1)阅读下面三则典故,谈一谈你有什么启发。

典故一:老子在《道德经》中讲:"圣人不病,以其病病。夫唯

病病,是以不病。"意思是说,圣人能够承认过错并改正,所以才没有过错。这类人不仅能够虚心接受他人批评,更难能可贵的是他们能做到立行立改。

典故二:中国历史上,唐太宗可谓虚心纳谏的典型代表。唐太宗李世民对魏徵提出的或中肯、或睿智、或偏颇、或错误的意见建议全面包容和正确对待,这是造就"贞观之治"的一个重要原因。

典故三:在革命及建设时期,毛主席曾多次给谢觉哉、林伯渠、郭沫若等同志去信,希望他们看到他的缺点错误时,一定不要客气,要随时予以指正。

(2)善于倾听批评意见的人始终保持"言者无罪,闻者足戒"的开放胸襟,始终践行"有则改之,无则加勉"的应对原则。请分析下面案例,从蔡桓公的角度分析其病亡的原因。

扁鹊见蔡桓公①

扁鹊见蔡桓公,立有间,扁鹊曰:"君有疾在腠理,不治将恐深。"桓侯曰:"寡人无疾。"扁鹊出,桓侯曰:"医之好治不病以为功!"

居十日,扁鹊复见,曰:"君之病在肌肤,不治将益深。"桓侯不应。扁鹊出,桓侯又不悦。

居十日,扁鹊复见,曰:"君之病在肠胃,不治将益深。"桓侯又不应。扁鹊出,桓侯又不悦。

---

① 王先慎.韩非子·喻老[M]//诸子集成·第五册·卷七.北京:中华书局,1954:119.

居十口，扁鹊望桓侯而还走。桓侯故使人问之，扁鹊曰："疾在腠理，汤熨之所及也；在肌肤，针石之所及也；在肠胃，火齐之所及也；在骨髓，司命之所属，无奈何也。今在骨髓，臣是以无请也。"

居五日，桓侯体痛，使人索扁鹊，已逃秦矣。桓侯遂死。

三、学习评估

学习并填写学习评估表 3-13 和表 3-14。

表 3-13　学习评估（一）

我的学习收获	
我的不足	
我对自己的改进建议	

表 3-14　学习评估（二）

评估内容	表现程度
1. 我能区分建设性的批评和敌意性的批评。	☆☆☆☆☆
2. 当领导批评我时，如果我产生了愤怒、敌对的情绪，我会有意识地运用默数数字等方法控制自己的情绪。	☆☆☆☆☆
3. 当领导批评我时，我会耐心听/看他讲完。	☆☆☆☆☆
4. 当领导批评我时，我会注意自己的表情，目光保持交流，做到态度诚恳、谦虚。	☆☆☆☆☆
5. 当领导批评我时，我会用随身携带的纸笔记录要点，保证能完全理解对方话语的意思。	☆☆☆☆☆

续表

评估内容	表现程度
6.如果不理解领导批评话语的意思,我会复述对方的话以便理解他要表达的意图。	☆☆☆☆☆
7.领导批评我的过程中,我会用"对不起"让领导冷静下来。	☆☆☆☆☆
8.我会先承认领导的批评是正确的,然后拿出弥补方案或视情况向领导说明实情。	☆☆☆☆☆
9.我会以积极的态度对待批评,避免对自己行为的过分解释或辩护。	☆☆☆☆☆
10.我会把批评沟通的重点放在自己接下来准备怎么做上。	☆☆☆☆☆
11.一旦理解了批评、认识到了自己的错误就要努力改正。	☆☆☆☆☆
12.我会私下积极请教批评我的领导我可能出现的问题,并寻找问题的解决方式。	☆☆☆☆☆

第六节　教学设计六:说明

一、设计思路

记叙、说明、议论、描写、抒情是五种基本表达方式,适应不同的交际对象和交际目的。2016 年新版的《聋校义务教育课程标准》对聋生在第三学段(7~9 年级)的写作教学做了如下规定:

1.懂得写作是为了自我表达和与人交流。

2.养成留心观察周围事物的习惯,有意识地丰富自己的见闻,积累写作素材。

3.能写简单的纪实作文和想象作文,努力做到中心明确,内容具体,感情真实,语句通顺。根据内容表达的需要,分段表述。学写读书笔记,学写常见应用文。

4.学习修改自己的习作。正确使用常用的标点符号。

5.课内写作每学年不少于 16 次。在 40 分钟之内完成 300 字以上的短文。

就课程标准看,聋校义务教育阶段课程标准对聋生的要求主要是学习如何写记叙文。相对而言,记叙是他们最容易掌握的表达方式,记录自己的生活,写自己的所闻所感,这对聋生来说比较容易把握。可是到了高等教育阶段,聋生的写作表达方式还是比较单一,习惯以记叙为主。面对不同的交际对象和交际目的,叙述这样一种单一的表述方式不能满足所有的交际需求。当聋生对某个事件、人物发表见解,以表明自己的观点和态度时,他们需要用"议论"的方式来表达;当他们需要抒发内心情感时,显然要用到"抒情"方式;当他们要学会把事物生动、逼真、传神地刻画出来的时候,需要掌握多种描写手法;当需要把事物的形状、性质、特征、成因、关系、功用等解说清楚时,他们要学会用多种"说明"的方法。现实生活中,很难说哪种表达方式最常用,哪种表达方式最需要。

聋生能否写出说明性、议论性的文字? 答案是肯定的,可以写,也应该写。步入职场,他们需要解读规范性的操作说明,需要阐释自己的设计理念,需要按提示一步步完成制作过程,需要

学会分享自己对某一事物的认识。以说明为例。说明这种表达方式是他们生活、工作中需要掌握的,其重要性并不亚于记叙。因此,笔者决定补充关于"说明"的写作知识,设计交际情境,训练他们用"说明"这种表达方式来进行笔谈交际的能力。

【课前准备】

教学课件、教案、小视频、图片、学习单。

【任务要求】

1.知晓说明的定义、作用,知道在哪些场合下需要使用说明的表达方式。

2.能针对不同的说明对象,有意识地选用合适的说明方法。

3.能针对不同的说明对象,安排好说明的顺序。

4.能结合说明对象的特点,用简明、生动的语言把对象介绍清楚。

【教学重点和难点】

1.能针对不同的说明对象,有意识地选用合适的说明方法。

2.能针对不同的说明对象,安排好说明的顺序。

【教学方法】

活动法、讲授法、情境模拟法、多媒体演示法。

【教学时间】

全课共 2 学时,共 1 讲,约 80 分钟完成。

二、教学内容

(一)情境导入

聋人诗悦大学期间就读于茶艺与茶文化专业,大学毕业后,她在一家电商公司从事茶叶销售客服工作。公司常年销售的茶叶有铁观音、金骏眉、普洱茶、洞庭碧螺春、信阳毛尖、西湖龙井、大佛龙井、大红袍、黄山毛峰、祁门红茶、六安瓜片以及各色花茶等数十种之多。就同一种茶叶而言,因其等级、克数、包装样式有别,价格也有所不同。当顾客向她咨询时,她需要给予及时、专业的回复,以帮助顾客买到需要的茶叶。男性顾客和女性顾客的喜好不同,年轻人和年长者对茶叶也会有不同的偏好,如何才能快速定位顾客需求,向顾客推荐符合需求的那一款呢?

(二)任务实施

1. 准备活动

(1)假如你是诗悦,有一位顾客初次进店,向你询问买哪款茶叶更适合自己时,你会怎么推荐呢?

A 用说明方式:用平实、简洁的语言向顾客介绍几款茶叶的色、香、味等特点;

B 用抒情方式:结合自己喝茶的体验夸赞店里的某款茶叶,以感染客户;

C 用论述方式:强调喝茶对身体的几个好处;

D 用描写方式:用比喻、夸张等方式生动描绘某一款茶叶在色、香、味方面的特点。

(2)经过大致了解之后,一位女性顾客看中了店里的一款西湖龙井茶,她想向诗悦询问这款龙井茶的详细信息,诗悦该如何介绍呢?

A 用说明方式:介绍这款西湖龙井的产地、制作工艺、包装种类、采摘时间、包装方式、茶叶等级和口感等具体信息;

B 用抒情方式:夸赞这款茶叶物美价廉、性价比极高,非常值得入手;

C 用议论方式:给出其他顾客对这款茶的好评,以说服顾客;

D 用描写方式:用比喻、类比等方式生动描绘某一款茶叶在色、香、味方面的特点。

小贴士:

◎叶圣陶先生在《文章例话》中曾说过,"说明文说明一种道理,作者的态度是非常冷静的。道理本该怎样,作者把它说清楚了就算完事,其间掺不进个人的感情呀、绘声绘色地描摹呀这一套"。[1] 也就是说,它的解说不是随心所欲的,必须依据事物本身所具有的性质特征做出阐释。说明这种表达方式的基本特点为:准确、严密、平实。说明的特点是"说",具有一定的知识性,术语表述要准确;真实准确的数据可以让语言有说服力。表示

---

[1]　叶圣陶.文章例话[M].上海:生活·读书·新知三联书店,2013.

时间、空间、数量、范围、程度、特征、性质、程序等,都要求准确无误。

◎说明的主要作用在于解说事物、阐明事理,它通过对实体事物的解说,或对抽象道理的阐释,使人们对事物的形态、构造、性质、种类、成因、功能、关系或对事理的概念、特点、来源、演变、异同等有所认识,从而获得有关的知识。实验报告、产品说明、商品介绍、某些科学现象及事物的介绍等,主要用说明这种方式来表达。

◎阐释事理要从事物的内在联系上进行说明;介绍工艺流程时,要按顺序介绍其制作步骤,因此说明性语言对语言的逻辑性要求是比较强的。当然,为了把事物的特点说得更加生动形象,增强启发性和感染力,说明也可以与趣味性、文艺性结合起来,与记叙、描写等表达方式结合起来,做到生动、形象。

2.重点活动

活动一:我来说一说

经过一段时间的工作,诗悦发现,店里销量最好的是铁观音,平时来店里询问这种茶的顾客也最多。为了能够给顾客提供专业、周到的讲解,她想运用自己的专业知识,对铁观音茶的主要品类、品质特征、等级标准、保健功能、储存方法等做详细的梳理。假如你是诗悦,请你参考表 3-15 上列的知识清单,从表 3-15 所列的说明要点中选择一项,试着说一说,并填写下表。

表 3-15　说明注意事项

说明对象：铁观音茶

序号	说明要点	说明顺序	说明方法	注意事项
1	主要品类			
2	品质特征			
3	等级标准			
4	保健功能			
5	储存方法			

活动二：我来给您泡一杯

诗悦发现很多网店都会自拍短视频，视频配上文字解说，能给顾客直观、形象的视觉体验，吸引顾客下单。为了能够招徕更多的顾客，诗悦决定为这款铁观音拍几段短视频，用循环滚动播放的方式展示在店里，给店里增加点人气。拍摄短视频首先要完成脚本的制作，想一想，假如你是诗悦，你会选取什么内容来撰写脚本呢？

表 3-16 是诗悦选取的两个解说要点，请你参考学习单上列的知识清单，选择其中一项或自拟一项，完成视频脚本的制作并填写表 3-16。

表 3-16　说明注意事项

说明对象:铁观音茶				
序号	说明要点	说明顺序	说明方法	注意事项
1	加工工序			
2	冲泡方法			
3				

小贴士:

◎说明的顺序

常见的说明顺序有时间顺序、空间顺序、逻辑顺序。采用什么顺序,主要取决于作者所说明对象的特点。说明事物的发展变化,采用时间顺序容易表达清楚。比如介绍事物的起源、演变,多是按照时间的先后顺序来安排。写建筑物的结构,离开空间顺序难以让读者看明白。比如介绍景物、建筑,多是根据地理环境、方位布局来安排。空间顺序要特别注意弄清空间的位置,注意事物的表里、大小、上下、前后、左右、东南西北等位置和方向。逻辑顺序常以推理过程来表现,说明事理用逻辑顺序,便于体现事理的内部联系,比如介绍"一年为什么会有四季""天为什么会下雨"。

◎说明的方法①②

主要有：举例子、引资料、做比较、列数字、分类别、打比方、摹状貌、下定义、做诠释、列图表、做假设等11种。说明时，要根据说明对象的特点和说明目的，选用最佳方法。

（1）举例子——具体、明晰、真实

举出实际事例来说明事物，使所要说明的事物具体化，以便读者理解，这种说明方法叫举例子。运用举例子的说明方法说明事物或事理，一要注意例子的代表性，二要注意例子的适量性。其作用是使文章表达的意思更明确，读者更能理解，具体地说明了说明对象的特点。

例句：云能预示天气。比如，在新疆地区，出现云就代表将要下雨。——《看云识天气》

（2）引资料——更充实具体、更具说服力

为了使说明的内容更充实具体、更具说服力，可以引用一些文献资料、诗词、俗语、名人名言等。引用的范围很广，可以是经典著作、名家名言、公式定律、典故谚语等。其作用是使文章更具说服力，体现说明文语言的准确性。如引用古诗可以使语言更具诗情画意，引用故事可以增添语言的趣味性。

例句：唐朝的张嘉贞说它"制造奇特，人不知其所以为"。——《中国石拱桥》

---

① 陈雪峰.关于几个说明方法的辨析[J].中学语文，2017(28)：78—80.

② https://baike.baidu.com/item/％E8％AF％B4％E6％98％8E％E6％96％B9％E6％B3％95/2137682? fr＝aladdin.

（3）做比较　　鲜明、突出、具体

做比较是将两种类别相同或不同的事物、现象加以比较来说明事物特征的说明方法。说明某些抽象的或者是人们比较陌生的事物，可以用具体的或者大家已经熟悉的事物和它比较，使读者通过比较得到具体而鲜明的印象。事物的特征也往往在比较中显现出来。在做比较的时候，可以是同类相比，也可以是异类相比，可以对事物进行"横比"，也可以对事物进行"纵比"。

例句：永定河发水时，来势很猛，以前两岸河堤常被冲毁，但是这座桥却从没出过事，足见它的坚固。——《中国石拱桥》

（4）列数字——准确、严谨、具体

为了使所要说明的事物具体化，还可以采用列数字的方法，以便读者理解。需要注意的是，引用较多的数字，一定要准确无误，不准确的数字绝对不能用，即使是估计的数字也要有可靠的根据，并力求近似。用列数字的方法进行说明，既能准确客观地反映事实情况，又有较强的说服力，更体现了说明的准确性。

例句：赵州桥非常雄伟，全长 50.82 米，两端宽 9.6 米，中部略窄，宽 9 米……——《中国石拱桥》

（5）分类别——条理、层次清晰，直观明了

说明事物的特征，往往从单方面不易说清楚，可以根据形状、性质、成因、功用等属性的异同，把事物分成若干类，然后依照类别逐一加以说明。这种说明方法，叫分类别。其作用是使说明条理清晰，层次清晰，说明对象一目了然。清晰地说明事物的特点，使文章更具有说服力。

例句:按屏的建造材料及其装饰的华丽程度,分为金屏、银屏、锦屏、画屏、石屏、木屏、竹屏等,因而在艺术上有雅俗之别,同时也显露了使用人不同的经济与文化水平。——《说"屏"》

(6)打比方——生动、形象、具体

利用两种不同事物之间的相似之处做比较,以突出事物的形状特点,增强说明的形象性和生动性的说明方法叫作打比方。打比方的说明方法,同修辞格上的比喻还有联想是一致的。不同的是,比喻修辞有明喻、暗喻和借喻,而说明多用明喻和暗喻,借喻则不宜使用。其作用是生动形象地说明了说明对象的特点,使说明更通俗易懂。

例句:石拱桥的桥洞成弧形,就像虹。——《中国石拱桥》

(7)摹状貌——更形象、具体

为了使被说明对象更形象、具体,可以进行状貌摹写。

例句:这些石刻狮子,有的母子相抱,有的交头接耳,有的像倾听水声,有的像注视行人,千态万状,惟妙惟肖。——《中国石拱桥》

(8)下定义——准确揭示事物的本质

用简明的语言、科学的术语对某一概念的本质特征做规定性的说明叫下定义。下定义能准确揭示事物的本质。

例句:统筹方法,是一种安排工作进程的数学方法。——《统筹方法》

(9)做诠释——通俗易懂

从一个侧面,对事物的某一个特点做些一般性的解释叫作诠释。其作用是使读者在阅读时明白、理解抽象的字词。

例句:大拱的两肩上,各有两个小拱。这个创造性的设计,不但节约了石料,减轻了桥身的重量,而且在河水暴涨的时候,还可以增加桥洞的过水量,减轻洪水对桥身的冲击。同时,拱上加拱,桥身也更美观。——《中国石拱桥》

(10)列图表——更直截了当

为了把十分复杂的事物说清楚,可以采用图表法,来弥补单用文字表达的欠缺,对某些事物的解说更直截了当。其作用是使人看了一目了然,条理清晰,直接地说明了说明对象的特点。

(11)做假设——增强说服力

做假设是用假设的想法表示出将来会出现的情况,其作用是用假设的环境来预设将来可能要出现的状况。

例句:我们只有一个地球,如果它被破坏了,我们别无去处。——《只有一个地球》

3.探讨分享

四人一个小组,合作完成表3-17。请每组各派一个代表上讲台做汇报发言。

表3-17　说明注意事项

表达方式:说明	
语言表达要求	
说明的顺序	
说明的方法	

4.延伸活动

面向你的客户,结合自己所学专业完成的成果或制作的作

品,运用本次课所学到的说明的顺序、说明的方法、说明的语言表达要求等知识,完成对该成果或作品的推广介绍。

(1)完成一份书面产品介绍,着重介绍产品的性能、特点、功用等。

(2)完成一个 3 分钟内的产品视频拍摄,着重介绍产品的生产、制作流程或使用步骤。

三、学习评估

学习并填写学习评估表 3-18 和表 3-19。

表 3-18 学习评估(一)

我的学习收获	
我的不足	
我对自己的改进建议	

表 3-19 学习评估(二)

评估内容	表现程度
1.我知道说明的对象从大的范围分可以分为实体类、抽象事理类、工艺流程类三类。	☆☆☆☆☆
2.我能分辨不同说明方法之间的区别并能举例说明。	☆☆☆☆☆
3.我能针对不同的说明对象,有意识地选用合适的说明方法。	☆☆☆☆☆
4.我能针对不同的说明对象,安排好说明的顺序。	☆☆☆☆☆
5.说明对象时,我善于抓住该对象的特点。	☆☆☆☆☆

续表

评估内容	表现程度
6.我能把握"说明"语言表达的要求,用简明的语言把对象介绍清楚。	☆☆☆☆☆
7.说明过程中,我会针对听众(观众)的需求有意识地调整我的说明策略。比如,当我的客户(受众)有疑问时,我会尝试换一种方式或详细说明的方法,把对象解说清楚。	☆☆☆☆☆
8.我会注意说明的详略,以突出我要说明的重点。	☆☆☆☆☆
9.我会综合运用笔谈、肢体语言、面部表情等把要说明的对象解说清楚。	☆☆☆☆☆
10.说明过程中,我会有意识地运用其他表达方式,来把对象说得贴切、生动。	☆☆☆☆☆

第七节　教学设计七:转述

一、设计思路

记叙文写作是《聋校义务教育课程标准(2016年版)》要求聋生掌握的文体类型,标准要求聋生"能写简单的纪实作文和想象作文,努力做到中心明确,内容具体,感情真实,语句通顺。根据内容表达的需要,分段表述"。转述是记叙文写作常见的表达方式,转述是把别人说的话说给另外的人听,也就是转达别人说的话。在书面语写作中,则要求把人物对话的内容(直接陈述)转

写为第三者陈述(间接引用他人的话),这对缺乏汉语交际体验的聋生来说存在一定的学习困难。因为手语和汉语是两种不同的语言,具有不同的语法特点。在人称表达方面,手语是通过说话人身体位置的变化来表现人称的变化,而汉语则通过代词来指称,人称代词的使用是聋生学习汉语的难点之一。① 有研究表明,聋生作文中存在着叙述视角指代不清、转换无序、视角与身份混杂的问题,汉语表达能力越弱的学生,作文中手语的痕迹就越明显。②

步入职场,笔谈交际中聋生会遇到许多需要"转述"的交际场合。就转述对象看,上级的话转述给同事,下级的话转述给上级,需要注意场合、谦敬得当;就转述内容看,小到转述同事的一句留言、一则通知,大到转述新闻报道、转述会议要点、转述活动方案、转述领导讲话,都需要注意遣词、把握语体、用词准确。

基于上述思考,笔者决定给聋生补上这一课。

【课前准备】

教学课件、教案、小视频、图片、学习单。

【任务要求】

1.知晓转述的概念,知道在哪些场合下需要使用转述的表达方式。

---

① 张帆.认知视角下聋人学生汉语习得与教学研究[M].杭州:浙江大学出版社,2019.
② 张颖杰.自然手语对聋生汉语写作中叙述视角的影响[J].北京联合大学学报,2017(01):35－40.

2.能区分自己与说话人、受话人三者的关系,正确使用人称代词。

3.能掌握转述的一般方法,包括人称代词的变化、标点符号的正确使用、语气的转换等。

4.能抓住转述重点,针对不同的对象,注意语气和用词,选用恰当的转述方式。

【教学重点和难点】

1.能掌握转述的一般方法,包括人称代词的变化、标点符号的正确使用、语气的转换等。

2.能抓住转述重点,针对不同的对象,注意语气和用词,选用恰当的转述方式。

【教学方法】

活动法、讲授法、情境模拟法、多媒体演示法。

【教学时间】

全课共 2 学时,共 1 讲,约 80 分钟完成。

二、教学内容

(一)情境导入

聋人启琳在一家数字媒体设计公司上班,工作中常常会收到一张张"截图",同事把项目经理安排的工作或交代的事项用截取聊天记录的方式转发给她。启琳抱怨说,截图里面有和工作任务不相关的内容,她看得费时费力,还不一定能准确领会意

图,有时还不得不再去问同事,导致延误工作,甚至影响自己的工作情绪。

同学们,学习、生活中你们有没有遇到过类似的情形?请大家站在启琳的角度想一想,如果你是她的同事,怎么做才能做到有效沟通呢?

小贴士:

◎转述不是简单的"截图"。转述是把别人说的话说给另外的人听,也就是转达别人说的话。在书面语笔谈中,则要求把人物对话的内容(直接陈述)转写为第三者陈述(间接引用他人的话)。

◎职场交际中,很多时候都需要转述:上级的话转述给同事,下级的话转述给上级,同事 A 请同事 B 转告同事 C,这都是转述。就转述内容看,小到转述同事的一句留言、一则通知,大到转述新闻报道、转述会议要点、转述活动方案,都需要注意遣词、语体恰当,简洁明确地把内容要点陈述出来。

(二)重点活动

活动一:一句话转述

要学会转述,首先要掌握转述的一般方法,人称代词的变化、标点符号的正确使用、语气的转换是大家需要重点练习的。请用第三人称转述表 3-20 中的句子,把句子改成转述句。

表 3-20　句子转述

序号	句子转述
1	王经理对启琳说:"这件事情,你冤枉了同事小赵。"
	改为转述句:
2	同事小张对我说:"今天上午我要参加一个会议,中午你不要等我吃饭了。"
	改为转述句:
3	同事小方对我说:"这活都是你自己找的,我怎么帮得了你的忙?"
	改为转述句:
4	王经理对启琳说:"昨天你到哪里去了? 为什么没来上班? 我找了你一整天。"
	改为转述句:
5	总经理对我说:"我今天晚上还要改一个方案,你送来的材料先放这里,有问题我会联系你。"
	改为转述句:
6	公司主管严厉地对赵敏说:"你这个项目的设计思路有问题,你怎么没有按照我的思路去做?"
	改为转述句:
7	工会主席笑着对赵敏说:"公司组织产品创意大赛,你们部门推荐了你参加,你怎么也得拿个名次吧?"
	改为转述句:

序号	句子转述
8	赵敏对总经理说:"这款产品的形象设计是我们组连续加了一个星期的班做出来的,您看这次是否比上次有所进步?"
	改为转述句:
9	同事小赵对部门张经理说:"您都加了好几天班了,我们都觉得您太辛苦了!"
	改为转述句:
10	那位同事想了想,认真地说:"我们哪里有什么取巧的方法,还不是和你们一样都是埋头苦干做出来的!"
	改为转述句:

小贴士:

◎直接陈述句改为转述句的基本要求:

(1)修改直接陈述句中的标点符号,先把双引号去掉,然后把冒号改成逗号。

(2)修改直接陈述句中的第一人称,如果在句子里出现第一人称,把第一人称改成第三人称,如我(们)—他/她(们)。

(3)如果直接陈述句中有第二人称"你",需要修改第二人称,把第二人称改成第一人称。

(4)当转述句中出现一些人物时,不能单单修改人称,还要把人称修改成指代的人物,以免出现混淆不清的情况。

活动二:情境转述新体验

通 知

文化体育系全体学生:

本周五(12 月 28 日)下午两点,学院教务处将召开线上家长会,听取家长对在我校就读学生目前专业的看法,以及对学校课程安排、子女未来择业就业等问题的意见、建议。

温馨提示:

(1)请家长在手机端或电脑端提前五分钟登录腾讯会议。

(2)其他家长发言时,话筒保持静音状态。

(3)有书面建议或意见也可以提前准备好材料,会后发给本班班主任。

学校的发展需要您的支持,请大家积极参与!

学院教务处

12 月 23 日

假如你是文化体育系的一名学生,请你把这则通知转述给你的父母。

🛠 小贴士:

◎ 表达得体,不改原意。转述是对信息进行传达,发出信息者、接受信息者、转达信息者三者之间,要分清究竟是谁说了什么,转述时不能"照葫芦画瓢",而要在不改变原意的前提下因时变化、因人变化,使用准确、得体的语言说出意思。

◎ 看准对象,掌握分寸。即"对什么人说什么话",要从对象的年龄、职业、思想、性格等不同特点出发,写或者说恰当的话。

同一个意思,对不同的人,就应有不同的说法;同一个内容,对不同的对象,说话的重点也应有不同。

◎ 适应场合,巧妙用语。场合有种种不同,或悲伤,或欢乐;或正式,或随意;或紧张忙乱,或轻松愉快;等等。不同场合用语不同,总体氛围对说话内容有制约,要根据具体的场合选择恰当的、符合气氛的语言。

活动三:转述任务大挑战

任务背景与要求:

启琳参加了公司的一次项目论证会,会议安排了音书翻译,启琳在会上的主要职责是对照音书做好会议记录。项目张主管和项目团队成员小陈、小李、小巩和其他项目组成员小方、小彭参加了本次会议,但是作为项目主创之一的小丁因为家里临时有事,未能到会。会议结束后,张主管要求启琳将这次会议上每个人的意见以及他的建议都如实转述给小丁,以便他跟进项目,以下是这次会议的会议纪要,请你尝试完成这次转述。

会议纪要:

时间:2022 年 1 月 10 日

地点:公司三楼 210 会议室

与会人员:(略)

记录人:启琳

项目组小陈:我代表项目组向大家分享一下这次产品设计的主要思路(略)。

项目张主管:每个人就小陈介绍的设计思路提下看法。

项目组小李：我主要负责产品前期的市场需求调研，了解了设计对象的目的、功能、用途、规格、设计依据及有关的技术参数、经济指标等方面的内容。

项目组小巩：我调查了资料和各种信息，在小李、小陈的协作下，绘制出产品的构思草图、预想图及效果图。

其他组小方：建议在产品设计方案中对产品表面材料、加工工艺、面饰工艺、质感的表现、色调的处理等做一些必要的补充说明。

其他组小彭：建议在产品设计方案补充该产品新工艺或新材料的使用情况。

项目张主管：你们现在提供的产品效果图缺乏新工艺、新材料的使用，说明你们对现有产品或可供借鉴产品的造型、色彩、材质掌握得不够全面。你们回去需要和项目主创小丁好好沟通一下，把不同地区消费者对产品款式的喜恶情况、市场需求、销售与用户反馈的情况再做梳理，对产品进行更精准的定位。下次汇报，需要把产品设计的独特创新之处全面地向与会者做详细介绍。

小贴士：

◎ 读懂情境，明确转述的主要内容。

◎ 通读材料，认真分析转述的内容，提取信息要点，包括时间、地点、人物、事件等基本信息。

◎ 抓住转述重点，即转变人称（称呼），转变时间和地点，所以听话者既要理清自己与说话人、受话人二者的关系，又要分清

听话的时间、场合与传话的时间、场合。

◎ 表达简明得体。不重要的信息删除即可,要抓住信息要点,言简意赅;注意说话双方的身份,用语的文明礼貌等;涉及造型、材质、工艺、英文信息、专业名词等术语时,需结合实际,准确转述。

（三）探讨分享

四人一个小组,谈谈这次学习活动带给你的收获。请每组各派一个代表上讲台发言。

（四）延伸活动

1. 把下面这段文字用第三人称转述出来:

我捧着一本《嫦娥奔月》,细细品味这美丽的传说,被中华文化的博大精深所陶醉,微微闭上了双眼——"欢迎到月球散步"。我忽然听到耳边有人传来一个声音。

"啊?"我条件反射地颤了一下,环顾四周,四周并无一人,竟不知啥时来到了空虚缥缈的月球上空!

"尊敬的客人,我叫嫦娥,是月宫上的一员,欢迎你的到来。您貌似我的乡人,敢问您可是中国人?"那位自称是嫦娥的人说道。

"你……是嫦娥? ……哦! 是的,我是中国人,你真的是嫦娥吗?"我不敢相信地问。

"是的,也许你不敢相信,因为我是个传说中的人物,我是中国古代一段美好的神话。你可能认为我并不存在,但我确实是嫦娥,同时也是中国非物质文化遗产的重要组成

部分。"

"哦,我很高兴遇到你,请问我们能否见见?"我总感觉像是自己在自言自语似的,我非常希望见见传说中的人物,毕竟如此良机,千载难求。

"好的,我就在你的上空。"

"哦?"我抬头一看,映入眼帘的极其出乎我的意料,我看到的不是我想象中的嫦娥,而是一只"铁鸟",它展开一双"翅膀",好似要展翅高飞。

"这……是你吗?"我不敢相信地指着"铁鸟"问。

"是的。其实我就是一个人造月球卫星,现在已经是21世纪了,伴随着时间的流逝,我与昔日固然有所不同。我的名字又略有变化,我现在叫'嫦娥五号'。我不仅是中国非物质文化遗产的重要组成部分、一段古老而美丽的传说,也是中国今天的科技象征!"

2. 课外阅读短篇小说叶圣陶《多收了三五斗》、老舍《买彩票》、林海音《城南旧事》,用第三人称选取其中一则故事转述给同学。要求:梳理故事情节,抓住内容重点,合理使用人称代词,把故事转写成600字左右的文章。

三、学习评估

学习并填写学习评估表 3-21 和表 3-22。

表 3-21　学习评估(一)

我的学习收获	
我的不足	
我对自己的改进建议	

表 3-22　学习评估(二)

评估内容	表现程度
1.我知道在哪些场合下需要使用转述的表达方式。	☆☆☆☆☆
2.我能区分自己与说话人、受话人三者的关系,正确使用人称代词。	☆☆☆☆☆
3.我能使用转述的一般方法,包括人称代词的变化、标点符号的正确使用、语气的转换等。	☆☆☆☆☆
4.与听人沟通时,我能快速抓住讨论重点,为转述做好准备。	☆☆☆☆☆
5.转述中出现一些人物时,我会把人称修改成指代的人物,避免出现混淆不清的情况。	☆☆☆☆☆
6.我针对不同的对象,注意语气和用词,选用恰当的转述方式,比如注意说话双方的身份、用语的文明礼貌等。	☆☆☆☆☆
7.涉及克数、刻度、英文信息、专业名词等术语时,我能做到如实转述,力求准确无误。	☆☆☆☆☆
8.转述较长的内容时,我会通读材料,从中提取信息要点,包括时间、地点、人物、事件等基本信息。	☆☆☆☆☆
9.转述时,我会努力做到语言简明得体、言简意赅。	☆☆☆☆☆
10.阅读文本过程中,我会有意识地进行转述强化训练。	☆☆☆☆☆

第八节　教学设计八：请教

一、设计思路

"请教"是一个敬辞，指请求他人指教。"请"有表示对他人尊重的意思。孔子云："三人行，必有我师焉。"这句话蕴含着深刻的道理，每个人都应学会不耻下问，虚心向他人请教问题。我们生于世，立于世，一定会有自己不熟悉的领域，也有自己不擅长的技能，为了充实、提高自己，必须学会向身边的人请教。如果明明不知道答案，却不懂装懂的话，只能浅尝辄止、止步不前。对于初入职场的聋生来说，在向他人请教方面存在一定的困难，有些聋生不知道该如何开头，不知道怎样搭话与提问，因此学习如何向他人请教是他们的职场必修课之一。

请教分为两种场合，一种是当面请教，一种是用在线沟通工具请教。当面请教比较正式，需要提前与对方约定时间、地点，用列提纲的方法提前梳理要请教的问题。在线请教则相对随意一些，可以就某个问题、某个细节做一些咨询，期待对方的回复。在线请教是聋生目前采用较多的一种方式。但不论哪种方式，作为一种希望获得别人指教的交际行为，态度一定要谦虚、语气一定要诚恳，要把握好请教的礼仪，而这正是聋生日常交际行为中比较欠缺的。此外，请教还要学会找对时机、找准要请教的对

象。对请教的问题不仅要表述得简练,还要有条理,请教过程中如果还有疑问,学会追问,要把自己不懂的问题弄懂弄清。

基于这样的思考,笔者做了如下设计:

【课前准备】

教学课件、教案、小视频、图片、学习单。

【任务要求】

1.知晓请教的概念,通过案例引入,明白使用"请教"一词的语境要求。

2.引导聋生回顾过去请教老师的情形,让聋生意识到自己在请教过程中可能存在的问题。

3.通过练习和角色扮演,让聋生懂得请教时不仅要把问题和困难说清楚,还要学会得体表达。

4.通过案例研讨让聋生学会在请教过程中自我追问、及时反馈、主动理解与钻研等沟通技巧。

5.积累敬辞和谦辞的常用表达法,请教过程中学会使用敬辞和谦辞。

【教学重点和难点】

1.通过练习和角色扮演,让聋生懂得请教时不仅要把问题和困难说清楚,还要学会得体表达。

2.通过案例研讨让聋生学会在请教过程中自我追问、及时反馈、主动理解与钻研等沟通技巧。

【教学方法】

活动法、讲授法、情境模拟法、多媒体演示法。

【教学时间】

全课共 2 学时,共 1 讲,约 80 分钟完成。

二、教学内容

(一)案例导入

2006 年 11 月 9 日,香港中文大学陈煊之博士在华中师范大学做学术报告。报告完毕后,陈博士让同学们提问题。有位同学说:"我有一个很简单的问题想请教一下陈教授……"大家听了都笑了。陈教授过一会儿也善意地说:"这似乎有点讽刺的意味啊。"当然双方都毫无恶意,大家都明白彼此的真实意图。一会儿又有一位同学说道:"我有两个很深奥的问题……"大家听了又都笑了。一会儿陈教授微笑着说:"我明白你的意思了,你一定是有自己深奥独到的看法了。"这一切都是在融洽氛围中进行的,陈博士的回应给现场增添了一些幽默的气氛。①

(二)任务实施

1. 准备活动

(1)看完这个案例,请思考:

第一位同学说:"我有一个很简单的问题想请教一下陈教授……"为什么大家听了都笑了呢?

---

① 冯文贺.究竟该怎样"请教"[J].语文教学与研究,2007(6):63.

第二位同学说:"我有两个很深奥的问题……"为什么大家听了又笑了呢?

究竟该怎样"请教"问题呢,这个"请教问题的话"该怎么说呢?

----

(2)回忆过去自己请教老师的情形,你的表现如何? 如果有相似情形,请在句子后面打钩。

A 我习惯在网上向老师请教问题,因为是在网上提问,所以我不会在意自己是用真实姓名还是网名。　　　　　(　　)

B 在网上提问,我习惯用"在吗?"一词来开场,和老师打招呼。　　　　　　　　　　　　　　　　　　(　　)

C 有时候我会描述不清楚自己的问题,向老师请教时,需要老师来帮助我一步步来弄清楚我到底想问什么。(　　)

D 有时候我提的问题其实也挺简单的,上百度就能自己解决。　　　　　　　　　　　　　　　　　　(　　)

E 如果我在群里向老师提出一个问题,他没有及时回复的话,我会催促他,请他快点回复我。　　　　　　(　　)

F 向老师请教之后,我常常会忘了说"谢谢"。　　(　　)

🛠 小贴士:①

◎向他人请教问题,不论在线上还是线下,都应该学会得体

----

① 　AlbenXie. 如何请教别人[EB/OL]. (2017-09-08)[2021-11-17].
https://blog.csdn.net/AlbenXie/article/details/77871118.

地自我介绍,让对方知道你是谁。合适的自我介绍非常重要,它代表着一种尊重和平等。对方帮你解答问题时,即使他完全不求回报,也希望知道他到底帮助的是谁。提问者的名字、毕业学校、工作单位,以及他的问题,都会给被请教的人带来记忆。

◎"在吗?",以这种方式打招呼的提问者,通常令被请教者感受非常差。因为这意味着他看到了必须回答"在",回答了之后,还必须立即响应请教者后续的问题。如果线上请教问题,可以用留言的方式解决。把自己的问题写下来,如果被请教者看到了,他有时间时自然会回答。

◎向他人提问请教的时候,不仅要把问题描述得简洁、清楚,还要力求把问题问得准确。向他人请教提问之前,可以尝试用"剥洋葱"的方法先向自己提问,一步步地问自己问题,一层一层剥开,找到困惑自己的核心所在,然后再去请教他人。对自己不明白的地方,可以上网查找相关资料,尝试自行解决。实在解决不了的地方,再向他人求助,以节省彼此的时间。

◎"催促"是一种很不礼貌的行为,任何人都没有义务在你留言的第一时间就予以回复,切勿使用"你在吗""请回复""老师你没有看到吗"这类句子催促对方。请教时应用谦虚的态度耐心等待。

◎"谢谢"是最基本的社交礼仪。"你好""谢谢""对不起"这些日常交际中的常用语在网上交际时同样要遵守。当得到别人的帮助时,道一声"谢谢"是发自内心的尊重,也是有教养的体现。步入职场后,请别人吃顿饭、发个红包也是谢意的表达方

式,可以根据实际情况灵活采用。

2. 重点活动

活动一:我想报个名

粽叶飘香迎端午,助威声里裹粽忙。浙江嘉兴端午民俗文化节"五芳斋杯"裹粽大赛是端午节日里的一个精彩项目。据班主任何老师介绍,这次大赛将于 6 月 12 日在嘉兴国际会展中心举行。就读于中西面点工艺专业的你跃跃欲试,想参加这个项目考验一下自己的专业能力,同时也想结识一些业内的朋友。但对参赛的一些细节问题,你还有不明白的地方。请先罗列出你要问的问题,填写在表 3-23 中,然后找何老师请教。

表 3-23　请教问题

序号	问什么?	怎么问?	提示
1			
2			(1)提问要具体;
3			(2)语气要得体; (3)开头要问好;
4			(4)致谢不可少。
5			

给你留个言

你去何老师办公室找他,刚好何老师不在。你打算给他留言,你可以在微信中向他询问相关问题,也可以编辑一条短信,发短信向他请教。请你将编辑好的内容填写在下面的横线上,然后与同桌两两搭档,一位扮演何老师,一位扮演你自己,展开对话活动。

————————————————————————

————————————————————————

————————————————————————

小贴士：

◎要在别人方便的时候请教；

◎请教别人时要有礼貌；

◎遇到不清楚的地方及时追问。

活动二：我该怎么问

下面的案例来自程序员 Alben Xie 的亲身经历，他在个人博客"闲时茶话"里分享了这样一件事[①]：

> 有人在群里面问：有谁知道怎么更新 Mac 的"Numbers"吗？我以为他是一个 Mac 新手，于是我说：打开 Mac 的应用商店，在"Updates"里面找到"Numbers"，然后点"update"按钮。

> 结果他说："我知道，但是我为什么点了没有反应呢？"我这个时候才发现，他其实是想问为什么应用商店响应慢。于是我推荐他设置了一些加速下载的域名系统。

结合这个案例，请思考，这位在群里提问的人，他提的问题准确吗？应该怎样才能把问题或想法表达清楚呢？

————————————————————

① AlbenXie. 如何请教别人［EB/OL］.（2017-09-08）［2021-12-15］. https://blog.csdn.net/AlbenXie/article/details/77871118.

_____

_____

_____

学会自我追问

电子商务专业的聋人小陶发现前两天网店里有个单品搜索量涨了一倍，他很诧异，也搞不清为啥涨了，就去问项目经理。项目经理没有马上告诉他，而是问了几个问题。

第一个问题：访客的公式是什么？

小陶说，访客＝展现量×点击率。

第二个问题：那是展现量还是点击率涨了？

小陶说，展现量涨了，因为点击率是相对稳定的，不可能翻倍。

第三个问题：展现量涨的原因是什么？

小陶说，关键词排名高了。

第四个问题：什么导致排名高了？

小陶说，权重高了。

第五个问题：什么维度可以提高权重？

小陶……

几个问题问下来，小陶找到了搜索流量涨的原因，同时也学会了解决问题的逻辑。

项目经理直接告诉小陶问题的答案了吗？这个案例给了你怎样的启示？

_____

小贴士：

◎学会自我追问：它会帮助你找到问题的核心所在。

◎学会及时反馈：当对方说出自己的观点后，若你仍有不太理解的地方时，则应立即进行反馈与探讨。

◎应进行理解与钻研：若别人的观点过于高深，你在别人讲述时可以拿个本子记录下来，一来便于之后进行仔细的回顾与理解，二来可以帮助你提高理解能力与思考能力，三来可以让你体会到不同角度看问题的乐趣。

3.探讨分享

五人一个小组，谈谈这次学习活动带给你的收获。请每组各派一个代表上讲台发言。

4.延伸活动

(1)"请教"是一种文化。古往今来，有很多人因为善于请教而成为智者，其中有我国古代著名的思想家、教育家孔子，唐代大诗人白居易，北宋哲学家、文学家杨时，近代著名京剧表演艺术家梅兰芳等，他们都是善于请教的典范。请大家课后搜集他们的相关事例，学习他们敏而好学、虚心请教、向美而行的可贵品质。

(2)清代学者刘开认为"君子之学必好问"，好学一定要勤问，问不择人必有得。不论是贤于己者、不如己者、等于己者，只要勤问皆有所得。请大家阅读清代学者刘开的《问说》，逐句翻译全文，读后与同学交流感受。

问说①

清　刘开

君子之学必好问。问与学，相辅而行者也。非学无以致疑，非问无以广识；好学而不勤问，非真能好学者也。理明矣，而或不达于事；识其大矣，而或不知其细，舍问，其奚决焉？

贤于己者，问焉以破其疑，所谓"就有道而正"也。不如己者，问焉以求一得，所谓"以能问于不能，以多问于寡"也。等于己者，问焉以资切磋，所谓交相问难，审问而明辨之也。《书》不云乎？"好问则裕。"孟子论"求放心"，而并称曰"学问之道"，学即继以问也。子思言"尊德性"，而归于"道问学"，问且先于学也。

是己而非人，俗之同病。学有未达，强以为知；理有未安，妄以臆度。如是，则终身几无可问之事。贤于己者，忌之而不愿问焉；不如己者，轻之而不屑问焉；等于己者，狎之而不甘问焉，如是，则天下几无可问之人。

智者千虑，必有一失。圣人所不知，未必不为愚人之所知也；愚人之所能，未必非圣人之所不能也。理无专在，而学无止境也，然则问可少耶？《周礼》，外朝以询万民，国之政事尚问及庶人，是故贵可以问贱，贤可以问不肖，而老可以问幼，唯道之所成而已矣。

---

① 刘开.刘孟涂集·文集[M]//续修《四库全书》编委会.续修四库全书(第1510册).上海：上海古籍出版社，2002：330—331.

孔文了不耻下问，夫了贤之。古人以问为美德，而并不见其有可耻也，后之君子反争以问为耻，然则古人所深耻者，后世且行之而不以为耻者多矣，悲夫！

（3）中国是历史悠久的礼仪之邦，汉语中有许多敬辞和谦辞。敬辞，即表示对别人敬重的词语；谦辞，则是自己表示谦恭的词语。千百年来，中国人在人际交往中使用了许多敬辞和谦辞，这充分体现了我们中华礼仪之邦的特点，使用敬辞和谦辞还可体现一个人的文化修养，请大家学习下面这则关于敬辞谦辞使用的小短文，根据要求填空。

敬辞与谦辞

称谓中的谦敬词语可归纳为"家大舍小令外人"一句话，意思即对别人称自己的长辈和年长的平辈时冠以"家"，如家父（家严）、家母（家慈）、家叔、家兄等；对别人称比自己小的家人时则冠以"舍"，如舍弟、舍妹、舍侄等；称别人家中的人，则冠以"令"表示敬重，如令堂、令尊、令郎、令爱等。

除"家""舍""令"外，谦辞还有"小"（小女，称自己的女儿）、"拙"（如拙见，称自己的见解）、"鄙"（鄙见，称自己的意见）、"寒"（寒舍，称自己的家）等等。常见的敬辞还有"贵"（贵庚，称别人年龄）、"大"（大作，称对方的作品）、"高"（高见，称对方的见解）、"拜"（拜托，托人办事）等等。

正式场合请教他人时，要学会准确使用敬辞与谦辞，得体地称呼对方。表3-24中的敬辞与谦辞，你会使用吗？不会的可以请教同学或老师，也可以上网查阅相关资料。

表 3-24　敬辞与谦辞

我来试着说一说	
初次见面说"久仰"	称人之家说"　　"
好久不见说"　　"	称己之家说"寒舍"
请人批评说"指教"	赞人见解说"　　"
称己见解说"拙见"	称人父亲说"　　"
麻烦别人说"　　"	称己父亲说"家父"
求给方便说"借光"	称人母亲说"　　"
托人办事说"　　"	称己母亲说"家母"
看望别人说"拜访"	称人儿子说"　　"
请人勿送说"　　"	称己儿子说"犬子"
未及远迎说"失迎"	称人女儿说"　　"
等候客人说"　　"	称己女儿说"小女"
无暇陪客说"失陪"	向人祝贺说"　　"
陪伴朋友说"　　"	求人看稿说"斧正"
问人干吗说"贵干"	求人解答用"　　"
问人姓氏说"　　"	请人指点用"赐教"
欢迎购买说"惠顾"	看望别人用"　　"
贵宾来到说"　　"	宾客来到用"光临"
请人告诉说"见告"	欢迎询问说"　　"
归还原物叫"奉还"	谢人爱护说"错爱"
对方来信叫"　　"	称人爱护说"　　"
老人年龄叫"高寿"	称人赠予说"惠赠"
请人原谅说"　　"	请人保存说"　　"

续表

我来试着说一说	
祝人健康说"保重"	请人收礼说"笑纳"
求人帮忙说"　　"	归还原物说"　　"
向人提问说"请教"	

三、学习评估

学习并填写学习评估表 3-25 和表 3-26。

表 3-25　学习评估(一)

我的学习收获	
我的不足	
我对自己的改进建议	

表 3-26　学习评估(二)

评估内容	表现程度
1.我知道"请教"的概念,当工作中遇到困难时,我会主动请教他人。	☆☆☆☆☆
2.我能通过自我追问了解问题的症结所在,为请教他人奠定基础。	☆☆☆☆☆
3.请教别人时,我会把问题和困难说清楚,表达尽量做到有条理。	☆☆☆☆☆
4.我会耐心倾听,有礼貌地向他人请教。	☆☆☆☆☆
5.当有不清楚的地方时,我会及时追问。	☆☆☆☆☆

评估内容	表现程度
6.如果别人的观点过于高深,在别人讲述时,我会拿个本子记录下来,便于仔细回顾和进一步询问。	☆☆☆☆☆
7.当他人为我答疑解惑时,我会及时地道一声"谢谢"。	☆☆☆☆☆
8.正式场合请教他人时,我能准确使用敬辞与谦辞,得体地称呼对方。	☆☆☆☆☆
9.我搜集了孔子、杨时、梅兰芳等善于请教的事例,学习了他们敏而好学、虚心请教、向美而行的可贵品质。	☆☆☆☆☆
10.我借助字典翻译了刘开的《问说》,深刻领会了"君子之学必好问",好学一定要勤问,问不择人必有得的求学态度。	☆☆☆☆☆

第四章　课堂实录篇

　　立足功能性交际,选取说服、拒绝、道歉、建议、推销五个交际点实施课堂教学,本章即为该五个交际训练项目的课堂教学实录。五个教学实录遵循第三章的教学设计思路,在简要介绍设计背景之后,将重点放在教学过程的陈述上,课后进行了教学反思。通过"这一次"沟通交际训练来帮助聋生掌握"这一类"具有相同或相似功能的交际任务的交际规则、要求、方法始终是笔者的着力点,因此该五个教学案例都非常强调交际策略的学习和运用。第三章的八个教学设计和第四章的五个教学案例相结合,是笔者与团队成员面向大学阶段聋生语文沟通与交际课程内容开发和教学实践探索做出的尝试,希望通过上述沟通与交际训练,切实提高他们的言语沟通能力,为他们顺利就业和终身发展奠定基础。

　　值得一提的是,教学过程中,有些聋生虽然能把自己的想法说出来或写下来,但语言表达的完整性、连贯性、得体性上还有不少欠缺。笔者在整理课堂实录时,对表述有问题的语句做了一一修正,同时也向聋生做了反馈。学会地道的汉语表达非一朝一夕之功,不是光靠课堂训练就能养成的,还需要在言语交际

实践中积累汉语语感,一步步提升汉语应用能力。为了保护聋人同学隐私,本章中出现的学生姓名同样做了化名处理。

第一节　课堂实录一:学会说服

一、设计背景

出于听力损失的缘故,聋生在课堂上更习惯被动地"听"、安静地看老师"讲",而不太愿意与老师互动,他们很少主动思考、提出问题、用批判反思的眼光梳理老师传授的知识。多年的思维习惯带到职场中,聋生习惯于"接纳"同事的观点而不太愿意主动去说服别人。有一位会口语的聋生曾向笔者倾诉:"我们从小就学会了听父母的话。他们会告诉我们躲避危险,掌握保护自己的能力;教我们为人立信的品德,尊重社会的规则。进入校园,我们学会了听老师的话。老师会教我们学习各种知识,充盈我们的大脑,增长我们的智慧。当我们走入社会大家庭,我们还需要向各个领域的前辈学习,学习他们的经验,听从他们的教导,降低自己走弯路的概率,努力贡献自己的社会价值。绝大多数时候,我们都非常听话,十分容易被说服,尊重并向我们心中的权威妥协。"——的确,与听生相比,聋生显得更"乖"。用手语或笔谈的方式主动去说服听人,这在聋生的日常交际体验中是非常缺乏的。

其实，"说服"在日常交际中是一种非常重要的沟通能力。无论是破除别人的某种偏见，还是让别人采纳自己的意见，说服都是必不可少的手段。学习说服会涉及我们与人交往时的相处方式。当我们懂得一些说服技巧，那么我们就懂得察言观色，高情商地跟别人沟通，而不是只按照自己的喜好去做事和说话。正如林肯所说："在预备说服一个人的时候，我会花三分之一的时间来思考自己以及要说的话，花三分之一的时间来思考对方以及他会说什么话。"这种思考，就是人际交往的方法和技巧。要想提升聋生在人际交往中的主动性，学习说服这种沟通技能就显得非常重要了。

基于上述思考，笔者为聋生开展了职场情境下以"学会主动说服他人"为主题的教学活动。全课共 4 学时，共 2 讲，约 160 分钟完成。

二、教学过程

（一）情境导入

当我们从学校跨向社会，几乎无时无刻不在与其他人打交道。工作中遇到困难，我们需要向听人同事求助；小组开会讨论的时候，我们需要发表自己的看法，提出自己的建议；当自己的想法和听人同事产生冲突时，我们需要主动去说服同事……这种种交际行为背后，都需要我们具备"说服"这一沟通能力。具备"说服"他人的能力，可以让我们在职场交际中游刃有余，提升自己在人际交往中的主动性。

今天我们要来认识的一位聋人是胡锦新,他从浙江特殊教育职业学院数字媒体艺术设计专业毕业后,在杭州一家广告制作公司从事平面设计工作,在这家公司工作已经一年有余了。我和他微信联系,了解了一些他与听人同事打交道的过程。让我们一起来看看,当听人找胡锦新沟通的时候,小新心里在想什么呢,他又是如何回应的呢。今天的课,就请大家也来当一回"小新",一起来体验一下他与听人的沟通。

(二)任务实施

1.准备活动:有效说服的心理准备

师:俗话说"知己知彼,百战不殆"。要说服一个人,应该做好充分的心理准备,以便在最短时间内,找到说服别人的切入点。如果小新打算说服同事采纳自己的意见或观点,他需要做些什么准备工作呢?

生 A:要"知己"还要"知彼"吧。

师:是的,那怎样才能做到"知己知彼"呢? 我们先从"知己"的角度想一想,小新和大家一样是聋人,聋人想要去说服听人,首先会遇到什么问题?

生 B:沟通问题,沟通不方便,听人没有耐心看聋人打手语。

生 C:一般情况下,我不太愿意主动找听人沟通,很少和听人沟通。

生 D:我觉得我们还不够自信吧。

生 E:可以用微信沟通。

师:大家刚才讲到了两个问题:一个是沟通方式,一个是沟通心理。确实,因为手语沟通不方便,我们需要用笔谈的方式和

听人进行书面沟通,不像平时聋人之间打手语来得那么方便快捷,但现在微信、QQ这类即时通信工具给我们开辟了新的沟通渠道,很大程度上帮我们消除了聋听之间的沟通方式障碍。沟通心理是阻隔我们与听人沟通的重要因素,因为耳聋,因为我们的"与众不同",我们成为社会大家庭中的"少数派"或者说"弱势群体",所以当与听人发生观点交锋或思想碰撞的时候,我们很少会主动站出来捍卫自己的立场。刚才有位同学说自己还不够"自信",想要表达的就是这个意思。

生 F:我们和听人沟通时,应该自信一些。

师:假设小新准备去说服同事,他应该怎样才能表现出自己的自信呢?有谁能上讲台来和老师演一演?现在老师我就是小新的听人同事。

(同学之间相互对视,没有人愿意主动站起来。)

师:想要说服别人,正如你想要跟别人谈判,切勿鲁莽,但也不能躲在背后,连说话都不好意思。考验大家的时候到了,来吧,勇敢地走向讲台!

生 G:老师,我来试试吧。

(快速走向讲台,微笑地看着老师,脸上有一点不好意思。)

师:大家说说,他的肢体语言表现得怎样?面部表情、动作姿态?

生 H:整体感觉还可以吧,要去说服听人,还可以表现得更自信一点。

生 I:我觉得他还没有准备好,既然是打算去说服对方,应该带手机或者带好纸笔,目光应该注视着老师。

师:你能勇敢地走出来,面向老师,说明你已经战胜自己的怯场心理了,这一点非常值得肯定。老师为你点赞！如果你能表现得更大方、自信一些就更好了。要说服别人,给人的感觉一定是非常自信、大方,胸有成竹,如果显得有些怯懦、自卑,你说的话再有道理,别人也不愿意听你的。

(同学们都点头表示同意。)

师:也就是应该有一个"气场"。说服力强的人会给人一种很值得信任的感觉。有了这样的魄力,再加上观察入微的细心,又敢于发表自己的意见去影响别人,这样的人就会充满说服力了。接下来,我们同桌同学两两一组扮演一下。注意深呼吸、微笑、眼神专注、面部表情大方、自然。

(同桌之间相互演示,教师在教室里巡视、指导。)

师:刚才我们从"知己"的角度出发,从沟通方式和沟通心理两方面为"说服"这一交际行为做了准备。接下来,我们再来想一想,如果从"知彼"也就是了解对方的角度,我们还应该做什么准备呢?

生 J:我觉得应该先想一想,如果我去说服听人同事,他会怎么回应我。

生 K:还是应该把事情讲清楚,说服要以事实为依据。

生 L:说服的时候不仅要以理服人,还要以情感人。

师:大家讲到的几个点都有一定道理,老师再做一些补充。从"知彼"的角度思考,掌握对方的一些具体信息,就能够在最短的时间内,找到说服别人的切入点。一是了解对方的性格。不同性格的人,对于意见的接受方式也会有所不同。每个人在对

待说服的敏感程度上，有高有低。有些人容易被说服，可能是他的性格偏向柔弱、内敛，而有些性格比较强硬的人，就算说再多的好话也很难被说服。所以说服之前，一定要了解对方的个性。二是了解对方的想法。每个人的想法在不同的时间都是不一样的。一个人当下之所以会坚持一种想法，肯定有他自己的理由。只要你找到对方坚持这个想法背后的原因，了解他背后的"苦衷"，就能够说出一些针对性的话语来说服他了。三是了解对方的情绪。当对方情绪不好的时候，你麻烦对方帮忙，对方未必会搭理你。相反，如果对方处于一个非常积极的情绪状态，那么请求对方帮个小忙什么的，就很容易了。这就是了解对方情绪的作用。

生 M：我明白了，在说服之前，要了解说服对象的个性和当时的想法、情绪，这对于说服的成功会起到重要作用。

2.重点活动：有效说服的五种策略

师：经过刚才的讨论，我们已经做好了说服听人的心理准备，既要克服自己的怯懦心理和嫌麻烦心理，又要积极主动地去了解听人的想法，多渠道地获取信息。接下来，我们进入实践操作环节，老师将跟大家分享一下小新在工作中遇到的案例，看看如何帮助他更好地与听人同事沟通。

（出示 PPT1）

（背景：小新和同事小赵一个项目组，小赵会经常将自己的任务推给小新去完成。）

小赵总是说：小新，这份方案，你来完成它更合适吧。

小新内心的想法：这是领导分派给你的工作，我不想帮你这个忙。

师：小赵觉得自己来单位工作已经有三年了，论资历和经验都比小新丰富，之前叫小新帮他做事，小新也都答应了。所以这次又想让小新替他完成一项工作。小新心里的真实想法是他不想帮小赵做这件事，他该怎样说出自己的想法，说服小赵呢？

生 A：不行，这事儿我做不了，还是你自己做吧。

生 B：好的，但是我觉得你比我更有经验，你更适合做这项工作。

师：你们觉得这两个说法怎么样？

生 C：都比较直接。

师：是的，这样说虽然表明了自己的态度，但过于直接了，没有尝试去了解小赵的动机，如果当着其他同事的面直接拒绝，会使小赵面子上过不去，两个人之间也可能产生不愉快。

师：很多人都知道，说服他人一个有效的方法是"Yes and"：先表达认同，再展开说建议。但实际情况是，很多人都把它理解成了"Yes but"：只是表面认同，但马上又开始挑对方的错。结果往往适得其反，让你的认同显得特别敷衍。正确的方式应该是：不要纠结于对方的哪些观点自己不同意，只要在对话中表明自己的看法就可以了。大家再想想，用老师给的提示，应该怎么去说服同事呢？

生 D:是否可以这样说:"好的,我觉得我需要你的协助,在你的指导下一起完成,好吗?"

生 E:是否可以这样说:"好的,完成这份方案对我来说应该是一个很好的锻炼机会,我到单位时间不长,如果以你为主,我配合你一起来做,这样可以更出色地完成这项工作。"

师:两位同学的说法都运用了"Yes and"的说服技巧,回答得很好,但是没有遵从小新内心的真实想法。想一想,能否用"Yes and"的说服技巧,同时把小新的真实想法表达出来?

生 F:老师,我有一个点子。可以找一个和小赵单独相处的机会,告诉小赵"好的,我很乐意帮你这个忙,同时我自己手头还有以下几项工作需要立刻完成,如果等我完成我手头的工作再腾出时间来帮你的忙,我怕会耽搁你的这项工作"。这样就给了小赵选择的空间,也在暗示他小新最近很忙,不方便帮他。

师:大家觉得这位同学的说法怎么样?

生 G:这样说挺好的,既表明了自己的态度,也说明了原因,让小赵听了比较容易接受。

师:很好,这样的说法既表达了内心的想法,时机选择也比较恰当,给足了小赵面子,小赵容易接受,而且不会造成彼此的尴尬和交流上的不舒服。大家想一想,从这个案例中你们收获了什么呢?

生 H:首先,自己有想法要勇敢说出来,不要憋在心里。要学会和听人同事平等相处。

生 I:与听人沟通的时候不能像聋人之间打手语聊天那样直接,要学会委婉地表达。

生 J：时机的选择很重要。说服同事可以找一个和他单独相处的场合。

生 K：我知道了说服要用"Yes and"而不是"Yes but"的表达方式，同样的意思怎么说很重要，这一点非常考验我们的表达能力，需要在以后的交际中多多思考，学会应用。

（出示 PPT2）

（背景：项目经理在一次部门会议上夸奖小新。）

项目经理说：小新，你的 PPT 制作能力不错，上次你做的 PPT 给部门汇报增色不少，这次的项目小结的 PPT 任务就交给你了！

小新的想法：真的吗？虽然我来上班没多久，但听您说起来，我的 PPT 制作能力确实好像还可以……

师：这个案例里，小新被项目经理说服了吗？

生（一起回应）：应该是说服了，小新认同项目经理的说法。

师：那么，项目经理是怎么说服小新的呢？

生 A：夸奖。

生 B：肯定小新上次的努力。

师：是的，说服的第二个方法是希望对方怎样做，就把"标签"贴给他。大家拿笔记一记。你希望对方怎样做，与其直接给建议，不如先给他贴上这种特质的"标签"，再提出与标签相符的要求，这样能有效提升说服的效率。比如，你希望老板接受一个大胆的新方案，就可以先说"我知道你是敢于创新的人"，再细说方案的内容，对方会更容易接受。

生 B:我知道了,经理为了让小新多干活,就给小新贴上"会做 PPT"的标签啊!他比小新同事小赵的说法要高明多了!(众生笑)

师:"贴标签"也要基于实事求是的原则哦。当然,有时候为了说服下属或同事,激发对方的工作积极性,也可以用适当夸张的方法来肯定他的工作能力,让他更好地参与到项目中来,激发整个团队的活力。

生 C:那么,工作场合中我们可以给同事贴怎样的标签呢?

师:大家脑力激荡一下,想一想该怎么说?

生 D:我知道你是胆大心细的人……

生 E:我知道你是勤勉努力的人……

生 F:我知道你是团结协作的人……

生 G:我知道你是不怕吃苦的人……

师:刚才大家说得都挺好,看来你们很有当领导的潜质啊!(众生大笑)大家别忘了,贴标签要基于事实,贴完标签之后应该紧接着说说工作要求或工作内容,让对方明白接下来要做什么。

(出示 PPT3 与 PPT4)

(背景:同事小赵完成了一个广告海报的设计,请小新帮忙看看并提意见。小赵刚完成作品自我感觉挺好,心里有些许得意。)

小新:喂,小赵,你不能这样设计吧,这不符合客户的要求。

小赵有些恼怒地说:有本事你来试试看,我跟这个客户反复沟通过多次,客户的需求难道你比我更清楚吗?

（背景：王经理把整个项目的实施方案在会上和项目组全体成员进行沟通、征求意见。小新觉得这个方案不够周全，就在会上直截了当地提出反对意见。）

小新：王经理，我觉得这样做我们很可能失败！

王经理（面露不悦）：那你倒说说看，应该如何做？

师：如果你和同事一起工作的时候，同事直接否定了你的想法，你心里感觉怎样？

生 A：很不开心。

生 B：感觉没面子。

生 C：伤自尊。

师：相信大家感觉都差不多。小新这样去和同事、领导沟通显然不行，那么，应该怎么说才能说服同事或领导呢？

生 D：告诉他理由。

师：如果说了理由，同事不认可这个理由呢？

生 E：那这次沟通就失败了，小新没有说服他采纳自己的观点。

师：说服他人采纳自己的观点，我们习惯性地会想到"观点＋理由"的方法，但这种方法不一定有效。在这个案例中，要避免使用"禁止"，而是从正面提出建议或给出解决方案。这一条很重要，大家拿笔记下来。

师：人脑会有意强化具体的行为，忽略这句话本身传达的观点到底是"允许"还是"不许"。比如，人们看到"禁止践踏草坪"，往往更容易记住"践踏草坪"这个动作，而自动忽略了前面的"禁

止",有可能更容易去踩草坪。因此想要说服别人,不要用"禁止""不许"这样负面的字眼,而是从正面提建议。举个例子,如果你想提高例会的出勤率,指出大部分员工都出席了会议,就比公开批评很多人缺席要有效得多。又如上面这个案例,小新向王经理提出了项目隐患却不给解决方法,经理很可能压根不承认这个隐患的存在。这也是很多禁止类的广告没有效果的原因。人们对危害天然就怀有恐惧,本能会倾向否认、抵触它,只有解决方法才可能化解这种情绪。想要提醒别人现有做法的危害,务必要一起给出解决的方法。

(众生点头表示认可。)

师:接下来,我们再来举几个例子,大家想想应该怎么表达。如果你想劝说同学不要天天点外卖当午饭,你会怎么说? 如果你想劝说同学不要每天晚上熬夜玩网络游戏,你会怎么说? 如果你想劝说同学早上不要睡懒觉,你会怎么说?

生 F:在学校吃午饭,学校的饭菜比较卫生,营养也有保证。

生 G:少玩一些网络游戏,省下的时间用在学习上,这样学习成绩才上得去,才对得起自己和辛苦养育我们的父母。

生 H:早上早起和同学们一起去操场跑步、锻炼身体,不仅可以呼吸新鲜空气,还可以给一天的学习生活都带来好心情。

师:大家都很聪明,真是活学活用啊,很快就领悟了这种用法。

(出示 PPT5)

（中午吃饭时小新路过一家面包店。）

店员 1：这款新式蓝莓面包是我们店里的必点招牌，四个只要100 元。

小新的想法：价格好贵啊！100 元的面包？

店员 2：这款新式蓝莓面包是我们店里的必点招牌，味道不错，您可以尝尝。

小新的想法：尝尝看再说，好吃的话买一个。

师：这个案例是大家日常生活中也常会遇到的，你们觉得店员 1 和店员 2 哪种促销手段更好？

生 A：当然是店员 2，试吃的办法比较好。

生 B：店员 2，买水果、面包常会有免费试吃。

师：隐藏在试吃手段背后的是一种怎样的促销策略呢？

（同学们陷入思考。）

生 C：先尝后买吧。

师：对应到沟通过程中，觉得对方可能会拒绝你，你可以怎么样？

生 D：我从先尝后买想到，如果愿意试吃，那么顾客也许愿意购买。比照与听人同事的沟通，可以先提出一个小的要求，看看对方能否同意？

师：对，这就是说服策略中的分步骤提出要求，或者说"先得寸，再进尺"，大家拿笔记一记。销售中常用的策略是试用。也就是潜在消费者如果不愿意购买你的服务，那么你可以先询问对方是否愿意尝试 10 分钟的试用服务，这样消费者就更容易接

受。对应到沟通过程,如果觉得对方可能会拒绝你,可以分步骤提出要求:先说一个微不足道的小要求,等对方同意之后,再提出真正的要求。或者把一个大的工作目标细分为几个小的阶段性工作任务,如果能一项一项地完成小的工作任务,那么离大目标的实现也就不远了。

生E:我知道了,如果第一个案例中同事小赵要请小新帮忙,他可以选取这个工作任务中的某一个简单的小细节请小新提点建议或出个主意,这种举手之劳不会花费小新太多的时间精力,小新一般不会拒绝。有了这个开头,也许后面的沟通合作就更容易被小新接受了。

师:你的思路很灵活,能把这个方法举一反三地运用到前面的案例中去,大家一起为你点赞!还有一种情况,如果你试用了某个品牌的商品,当时不一定马上下单,但当你需要购买同类商品的时候,我相信你们一定会想起这个品牌。

生F:老师,你是说商家为我们提供了一些服务或一些好处,所以我们会记得它。对吗?

师:对呀。为说服对象提供一些好处也是常用的说服策略。人天然会觉得如果接受了他人的好处,就有义务回报对方。其中一种回报,就是按照对方说的做。说服的技巧就在这里:有意制造条件,让对方觉得你给他提供了好处,需要想办法来回报。这些好处不一定是物质上的,可能只是一封赞美的邮件、一声鼓励,就会让对方更听得进你说的话。

(几位同学若有所思地点头。)

生G:好吧,原来生活中的促销蕴藏着这么多的说服策略

啊！我们以后如果做与专业有关的销售工作,也可以使用这些方法!

师:没错,使用哪种说服策略要考虑具体的交际语境。我们继续来看这则交际案例。

(出示PPT6)

(背景:公司来了新同事小李,恰好和小新一个项目组。小李好学上进,主动向小新请教。)

小李:小新,做这幅海报Photoshop、Illustrator、CorelDRAW这三款软件哪个更合适?

小新1:我一直用Photoshop这款修图工具。

小新2:我身边有90%的同事都在用Illustrator这款软件。

小新3:我最近用CorelDRAW比较多,身边有90%的同事都在用这款软件,修图效果确实不错。

师:针对小李的提问,小新提供了三种不同的回答,你们觉得哪种回答有说服力,能够说动小李?

生A:第三种。

师:为什么第三种回答最有说服力呢? 请大家把这三种回答做一个比较。

生B:第三种说得最具体。

生C:第一种太简单了,只给了答案,没有说明原因。

生D:第二种回答没有正面回答问题,只说了大部分同事都在用哪款软件,没有说自己习惯用哪款,而小李问的是小新个人的使用偏好。

师：大家发言都很积极，都在动脑筋思考。这三种回答确实是第三种回答最全面也最有说服力。第一种回答没有给出原因，显得很单薄。我们说，要想说服别人，不管有没有原因，都要表现得有原因。"因为"这个词的力量，你想都想不到。人在很多时候，会来不及对一件事进行具体分析，只要给他一个理由，不管这个理由有多离谱，都可能会被接受。有人做过这样一个实验：一个人想要插队打印，如果直接说，只有60％的人会同意；但如果说"我可以插一下队吗，我就复印1份，很快就好"，人们答应的概率竟然上升到了93％。所以，不要忽视"事出有因"的力量。大家再想一想，第二种回答"答非所问"，为什么也能产生一定的说服力呢？

生E：第二种回答应该是利用了人们的从众心理吧。当我们不知道该如何做的时候，我们常会向身边的人学习。

师：学习身边其他人怎么做，也就是"从众"的力量，会在说服他人时发挥显著的作用。而且这个"其他人"越明确，说服的效果会越好。举个例子：酒店只需告知房客"有95％的顾客都会重复使用毛巾"，毛巾的利用率就会显著提高。所以，如果你想让别人接受你的意见，可以告诉他"你看别人都是这么做的"，如果这个"别人"是他认识的朋友，效果就更好了。

生F：从众心理可以运用到人际沟通的"说服"策略中，我们学到了。

师：是啊，大家不要小看"从众"的力量。第三种回答和第二种相比，它不仅巧妙地利用了人们的从众心理，还给出了非常明确的答案，就是自己喜欢用哪一款。

生 G：作为新人的小李迫切想要向同事取经，小新不仅告诉他自己的使用偏好，同时也告诉他其他同事也在用这款，这就是一个非常明确的完整的答案。

师：第三种答案带有强烈的推荐性甚至暗示性，能满足小李的心理需求，也就很容易说服小李了。

3.巩固拓展

师：下面我们一起来回顾一下，这次课老师和大家分享的人际沟通中说服的五个策略，谁能来概括说一说？同学之间可以相互补充。

生 A：知己知彼、百战不殆。

生 B：是"Yes and"不是"Yes but"，当意见冲突的时候，不要纠结于对方的哪些观点自己不同意，只要在对话中表明自己的看法就可以了。

生 C："贴标签"：先给他贴上这种特质的标签，再提出与标签相符的要求。

生 D：避免使用"禁止"，而是从正面提出建议或给出解决方案。

生 E："先得寸，再进尺"，分步骤提要求。

生 F：利用从众心理陈述理由。

师：这次课我们一开始还讨论了说服的心理准备，知己知彼才能百战不殆啊！刚才五位同学都准确回答了说服的具体策略。我们一起来看PPT：

（出示 PPT7）

有效说服的五个"策略"

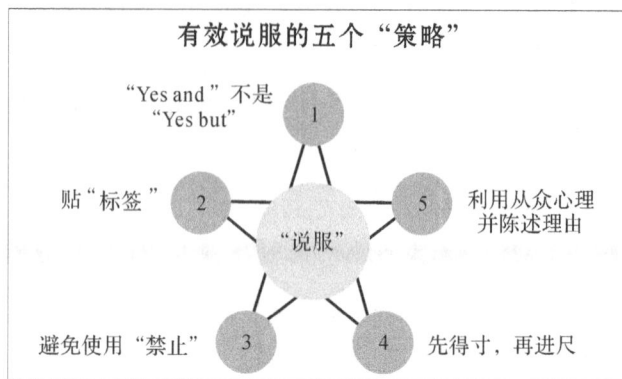

师：接下来进入我们的小组活动环节。我们一起来探讨分享一下，四人一个小组，谈谈这次学习活动带给你的收获。讨论结束后，请每组各派一个代表上讲台发言。

（同学间相互讨论，教师在教室里巡视、指导。）

生 A：平时和同学交流，只要把自己心里想说的简单、直接地用手语打出来就可以了，但是和听人沟通却有那么多的讲究，我觉得我需要跨出这一步，多主动和听人同学聊天，在实践中运用这些策略与方法。

生 B：说服的五个策略都是建立在"知己知彼"的基础上的，聋人工作中要说服听人，首先要端正自己的心态，积极、大方、主动，争取在职场上有自己的"话语权"。

生 C：每一次沟通都不容易，我想起了老师您之前说的话，沟通绝不仅仅是用纸、笔或口头方式，沟通更是人和人之间思想、信息、情感的传递过程，每一次沟通都需要用心去做。

生 D:今天课堂上讲的五个策略与我们的日常沟通习惯很不一样。平时我们要说服别人的时候,会按照"你不应该……应该……"这样的思路去说,策略三"避免使用'禁止'"让我知道,换个角度告诉对方应该怎么做,说服的效果会更好。

生 E:我们小组觉得这次课的收获非常大,它不仅让我们学习了职场沟通中的方法,还引发了我们更深层次的思考:要想学会说服别人,一定要研究对方的心理,我们发现,隐藏在这些说服技巧后面的分别是人们的爱面子心理、报答心理、从众心理,喜欢听好话也是一种交际心理。(众生笑)

师:掌握了说服的基本沟通方法后,接下来我们要进入到拓展实训环节。老师先给大家分享一个乔布斯说服下属的经典案例,请大家思考,这个案例给了你们什么启发。

(展示 PPT8)

在苹果公司推出麦金塔计算机(Macintosh,简称 Mac)的前夕,所有员工都在拼命加班赶进度。一开始测试的时候,计算机的开机速度需要好几分钟,乔布斯连连摇头,觉得太慢了,必须再快点。然而工程师肯尼恩和他的团队已经经过了几个星期的不眠不休努力改进了,筋疲力尽的他摇头表示,现在的已经是极限了。

此时乔布斯知道肯尼恩已经听不进道理了,就开始了他的说服:"如果开机速度再快十秒,就能拯救十个人的命,你做不做?"看着肯尼恩迷茫的眼神,乔布斯继续解释说:"以后至少有五百万人每天都在使用麦金塔计算机,假设我们努力节省十秒的开机时间,十秒乘以五百万人就等于每天省下五千万秒,一年下来就三亿多分钟,这相当于十个人的一生啊!为了这十条人命,大家再努力减十秒吧!"虽然肯尼恩理智上觉得已经到达极限了,但是受到了乔布斯"现实扭曲力场"的故事激励,于是又和团队拼命地优化,最后成功地将开机时间整整缩短了二十八秒!

生 F:乔布斯是领导,领导要求下属工作,下属肯定会听从。但乔布斯没有用命令式的口吻,而是谆谆教导、循循善诱,激发了工程师和团队的战斗力,加快了计算机的开机速度。

生 G:对的,如果用强迫的方式威胁别人去做事,尽管别人也会去做,但这不是说服,能够让别人发自内心去做一件事,这才能称得上说服。

师:"谆谆教导、循循善诱"这两个词用得很有意思,能再具体说说吗?

生 H:乔布斯用了对比的方法,把开机速度和人命做对比,两者其实在现实中毫无关联。

师:乔布斯运用这种"具象化"的类比,把冰冷的数字转换成直观可得的心理感受,激发了团队的同理心,进而产生了强有力的说服人的力量。

生 I:用类比的方法激发同理心,我们又学到了一种说服策略。

师:是的,其实说服的策略有很多,要结合具体的交际场合、针对不同的说服对象灵活运用。生活是比课堂更宽广的知识海洋,大家要善于在生活实践中积累交际经验,不断丰富自己的交际知识,提高交际能力。同一个案例我们要学会从不同的角度去解读。刚才我们挖掘出了这个案例运用的说服策略。给大家三分钟,请大家开动脑筋想一想,从说服的角度去解剖乔布斯的说服步骤,你们能解读到哪些有价值的信息?

(同学们在座位上思考、讨论,老师在教室里巡视。)

生 J:乔布斯刚开始说的那句话"如果开机速度再快十秒,就能拯救十个人的命,你做不做"特别吸引人眼球,他的下属一下子就被吸引住了。所以,说服别人,第一句话怎么说很关键吧。

师:的确,这句话勾起了肯尼恩的兴趣,让他的注意力集中在乔布斯接下来要说的话上面。有了这个铺垫之后,当乔布斯把想说的话说出来之后,肯尼恩自然明白他的说服目的了。最糟糕的方式,就是直接告诉别人"我要说服你","我要让你接受我的意见",这样反而会引起对方的逆反心理,更难说服。把你的动机隐藏起来,然后勾起对方的兴趣,润物细无声地影响对方,这才是最好的说服。

生 K:乔布斯紧接着具体解释自己的观点,其中"为了这十条人命,大家再努力减十秒吧!"这句话震撼人心,我真的被他说服了。

师:乔布斯用类比的方法,非常清楚、有力地表明了自己的

观点,让冷冰冰的数字一下子与拯救人的生命关联了起来。这是第二步,明确表达你的观点。为了让对方能够更容易被你的话语说服,你需要引用一些修辞手法、实例或者是故事来加深说服对象的印象。因为修辞方式和事例故事不仅能够让别人对你的观点有一个具体的画面感,还能让抽象晦涩的道理变得通俗易懂。

生 L:看来说服的步骤并不复杂,乔布斯说服下属这则案例,乔布斯先用设问方式开场,再陈述观点和理由。能说服人不在于说了多少,而在于是否说到了点子上。

师:是啊!老师再补充一个案例:乔布斯当年想邀请百事可乐总裁约翰·斯卡利到苹果担任总裁,但刚开始斯卡利拒绝了。乔布斯就是以此说出了至今仍然被视为最好的销售广告词:"你究竟是想一辈子卖糖水,还是希望获得改变世界的机会?"动之以情、晓之以理就是这样一种说服方式。"动之以情"之所以放在面前,就是因为情感力量比理智力量更能影响到人的心理。

总之,说服是人际沟通中的一门学问、一项艺术,它来自生活、服务于生活,希望大家做生活的有心人,在日常沟通中积累说服经验,争取人人都能成为职场达人。

三、学习评估

学习并填写学习评估表 4-1 和表 4-2。

表 4-1　学习评估(一)

我的学习收获	
我的不足	
我对自己的改进建议	

表 4-2　学习评估(二)

评估内容	表现程度
1.当我准备去说服听人时,我会调整好自己的情绪状态,让自己显得自信大方。	☆☆☆☆☆
2.我会带上纸笔等工具,为说服听人做好沟通准备。	☆☆☆☆☆
3.我知道说服别人要做到知己知彼,所以我会花一些时间提前了解对方的性格、想法和情绪。	☆☆☆☆☆
4.准备说服对方之前,我会多渠道地搜集一些相关信息。	☆☆☆☆☆
5.我会运用"Yes and"技巧去说服对方。	☆☆☆☆☆
6.我会运用"贴标签"的方法去说服对方。	☆☆☆☆☆
7.说服对方时,我会避免直接使用"禁止""不许"等字眼,而是给对方正面的建议。	☆☆☆☆☆
8.我会运用"先得寸,再进尺"的方法说服对方。	☆☆☆☆☆
9.我运用人们的"从众心理"陈述理由去说服对方。	☆☆☆☆☆
10.我会用类比的方法激发对方的同理心,从而说服对方。	☆☆☆☆☆

四、教学反思

学会说服对聋生而言其实是一个挺难的课题,但又是他们人生的必修课。现实生活中一次成功的说服交际既涉及双方的

心理，又关涉说服策略的具体使用，以及说服的场合因素，还需要用得体的言语方式表达出来，而这些恰恰都是聋生非常欠缺的。本次课笔者先从帮助打消聋生说服心理顾虑入手，通过"知己知彼、百战不殆"的模拟训练，为有效说服做好心理准备。由于大家都是同班同学，彼此比较熟悉，所以当一位同学愿意主动走上讲台来示范时，笔者给予了高度肯定。但很显然，他们都没有做好说服前真正的心理准备，所以笔者通过示范、同桌合作扮演等活动，让他们先行体验，快速"热身"，为后面的交际策略教学做铺垫。相对于"知己"来说，"知彼"是更难的，如何才能做到"知彼"？要深入了解被说服对象的个性、心理以及其当下的情绪状态，这些都不是那么容易的事儿。因此笔者觉得光靠课上的讲解还不够，还需要提醒聋生做生活的有心人，在日常生活中积累与他人交往的经验，争取在最短的时间内，找准说服他人的切入点。

本次课的重点是五种说服策略的学习。其实说服他人的策略有很多，但课上不可能把各种方法都不加拣选地传授给聋生。为了上好这次课，笔者查阅了大量资料，一边整理资料，一边提炼总结。所谓的"教学相长"也许就在于此吧。教学设计的难点在于如何把说服的策略转化为聋生能理解、能接受的案例，然后具体生动地呈现给他们，让他们能从笔者精心设计的一个个案例中自己体会、总结出说服的策略来。笔者先设计了一个职场新人胡锦新的形象，他和笔者的授课对象一样也是聋人，学习同样的专业，用这个人物来拉近本次教学内容与同学们的距离，然后用小新在职场中遇到的需要说服的各种任务来串联起整个交

际情境，从实际教学效果来看，这样的教学设计还是比较成功的。大部分聋生在学习中没有排斥感和畏难情绪，能跟着笔者的教学节奏，主动参与到交际场景中来。

在巩固拓展环节，笔者引入了乔布斯的案例做补充，目的也是想提醒聋生：说服的策略还有很多，需要结合具体问题具体使用。理论是灰色的，而实践之树常绿，语言习得更是如此，要结合具体的问题做具体分析。乔布斯的类比法、设问法在这次说服交际中起到了很好的效果，师生之间的互动也让我们领略了乔布斯的机智，欣赏了他巧妙的沟通艺术。

最后，依循第三章教学设计的思路，笔者还是设计了学习评估环节，目的是通过学习评估来让聋生做自我检测，在检测中巩固学习成果，反思存在的不足。学习评估表 4-2 对本次教学重点做了系统梳理，既可供聋生在课后自我评估环节使用，还可以作为一份资料供他们巩固复习。

这次课虽然结束了，但怎样把"说服"这一项沟通交际技能更好地传授给聋生这一使命还远未结束。特别是对于少部分重度耳聋、书面表达能力较弱、不能完全跟上课堂节奏的同学，还需要放慢节奏，多多留意他们的表现，让他们体验到学习的获得感和愉悦感。

第二节　课堂实录二：学会拒绝

一、设计背景

很多人都觉得开口拒绝别人是一件很为难的事，听人如此，聋人也一样。当我们请求别人帮忙的时候，害怕被人拒绝；当别人要求我们帮忙时，有时候尽管心里不太愿意，却不知该如何拒绝。虽然每个人对待每件事都有接受或者拒绝的权力，但做出决定都伴随着附加的后果。作为语文老师，我们可以告诉聋生这个社会聋听平等，不要压抑内心的想法，要张扬自己的个性、追逐自由、拥抱快乐，每个人都有拒绝的权力；但是在现实层面，一个常常拒绝他人的人会让人感觉特立独行，不够世故圆滑，更何况是一位聋人，如果他在工作中总是拒绝同事，只会让自己变得孤立无援。

面对不同交际情境下别人的请求或要求，聋生需要具备判断是否"拒绝"的认知能力。学会拒绝就意味着维护自己的心理边界，捍卫自己的立场，具备良好的心理素质是学会拒绝的前提。如果决定要拒绝别人，还要掌握一定的交际技巧，得体地表达自己的诉求，使拒绝的言语表达清晰有效。手语可视化的特点决定了聋生之间的手语交流需要用直观、易懂的方式表明自己的态度，但是听人之间的交际则不然，东方传统文化影响下的

"拒绝"强调维护双方的面子"委婉"表达,如何让聋生委婉地表达自己的诉求又不影响与听人的关系,这是非常考验聋生的交际能力的。

基于上述思考,笔者为聋生开展了以"学会拒绝别人"为主题的教学活动。全课共 4 学时,共 2 讲,约 160 分钟完成。

二、教学过程

(一)情境导入

师:课前老师用问卷星在班里发起了一个关于"拒绝"的小调查,我们一起来看一下调查结果:

(PPT1:关于"拒绝"的问卷调查)

关于"拒绝"的问卷调查		
同学们,你遇到过下面的情况吗?请根据实际情况在相应选项下打"√"。		
题目	选项	统计结果
当听人向你提出不合理的要求或你无法接受的要求时:		
1.你想说"不"却一直纠结不知如何开口。	是(　)否(　)	是(65%)否(35%)
2.你拒绝了听人,他(她)很不高兴。	是(　)否(　)	是(58%)否(42%)
当你向听人提出一个请求的时候:		
3.你遭到了听人的拒绝,你觉得他对你不够友好。	是(　)否(　)	是(75%)否(25%)
4.你遭到了听人的拒绝,你感到很受伤。	是(　)否(　)	是(43%)否(57%)

师:大家从这个调查结果中发现了什么?在日常交际中,有65％的同学面对听人的请求时,不知道如何拒绝;58％的同学觉得自己拒绝了听人后,听人会不高兴。第一道题反映出大家对拒绝听人存在一定的心理顾虑,第二题说明大家在拒绝听人时,方式方法可能存在问题。反过来看,当你们向听人提出请求时,你们也害怕被拒绝,如果被拒绝了,有43％的同学认为自己没面子、感到委屈甚至内心受到伤害。看来,我们需要学习拒绝这种日常交际中常用的沟通手段,让自己在未来的职场中与听人建立良好的人际关系,争取游刃有余地沟通。

老师和大家分享一件最近发生在自己身上的事情。学院组织高职"三位一体"单独招生考试,前两天接到通知,老师要担任考试面试小组成员,如果被抽中的话还将担任本次招生考试的评委。老师有一位很要好的同学,和我是快二十年的老朋友了,昨天她突然联系我,说自己的女儿报名参加了这次学院组织的"三位一体"考试,希望可以得到我的帮助。大家都知道,作为考试评委,必须遵守工作规定,严守工作纪律,不能对个别考生予以特别照顾。但如果义正词严地断然拒绝,势必会伤害我和她的友情。换位思考,可怜天下父母心,为人父母总希望自己的孩子逢考必过、逢考必胜。那么,怎么拒绝才能得到她的理解呢?大家看,我遇到了一个"拒绝的难题"。

生 A:直接告诉她,这是考试纪律,谁都不能违反。

生 B:告诉她:"老朋友,我帮不上这个忙。"

师:这样说会不会太直接了?

生 C:骗你的同学,说你不是评委。

师:这是善意的谎言啊。(生笑)

(二)任务实施

1.准备活动:情景表演

师:相信大家在日常生活中也和老师一样遇到过拒绝的难题。老师将生活中的拒绝情形做了一个归纳统计,大致可分为如下七种。

(PPT2:生活中拒绝他人的情形)

序号	情形
1	拒绝不合理的要求
2	拒绝不当言行
3	拒绝不当职责
4	拒绝讨厌鬼
5	拒绝坏点子
6	拒绝浪费你时间的人
7	拒绝不可能完成的任务

师:针对上面的七种情形,我们来看这样一个真实案例,请两位同学上讲台来扮演一下,模拟当时的情景。

(PPT3:面点实训案例)

案例:上面点实训课的时候,老师要求我们分小组完成钳花包的制作,思朗按照老师教的操作指令,一步一步认真地跟着做,碧琪却在边上袖手旁观。

第一组(生 A/生 B)

生 B(扮演碧琪):思朗,等下钳花包做好了,分给我几个吧。

生 A(扮演思朗):碧琪,你的钳花包要你自己做哦。

生 B(扮演碧琪):(有些恼怒)思朗,我们是同个小组的,这么简单的小事,你都不帮我?

生 A(扮演思朗):(为难的神情)嗯,好吧。

师:老师还提供了另外一个案例,请一位同学和老师来合作,我们一起来模拟当时的情景。

第二组(师/生 C)

(PPT4:手语大赛案例)

背景:一年一度的手语朗诵大赛又开始了,含笑的手语标准、动作优美、富有韵律,每年她都被班主任推荐代表班级参加这个比赛。这个学期她当选为学生会生活部部长,工作任务比较重,再加上手语比赛备赛和她的专升本备试有冲突,她越来越不想参加这个比赛了。

师(扮演班主任):含笑,老师看到你微信里的留言,参加手语比赛对你是一次很好的锻炼机会,也是为班级争光的好机会。老师知道你这段时间确实很辛苦,同时准备两项重要任务对你的意志力是很大的考验,但老师相信你一定能克服困难、战胜自己的!

生 C(扮演含笑):(不好意思)老师,我……

2.重点活动一:心理体验

师:我们从刚才两组同学的扮演中看到,面对拒绝这一难题时,大家都会表现得不知如何是好。要想帮助思朗和含笑解决

这道难题,我们要先从人际交往的心理分析入手,帮助他们解开心结,然后才能选择适当的方式拒绝。现在,让我们先来分析一下,为什么思朗和含笑觉得难以回绝。

生A:思朗怕碧琪不开心。

生B:思朗怕得罪碧琪。

师:愧疚心理。

生C:含笑觉得班主任说得有一定道理,她内心很纠结吧。

生D:我觉得含笑已经想清楚了,她今年不想再参加这个比赛了。但班主任毕竟是班主任,就像以后工作中要拒绝公司领导的要求是很困难的。(众生笑)

师:有压力,怕得罪权威心理。

师:刚才同学们都发表了自己的看法,老师把它归纳为愧疚心理和怕得罪权威心理。如果我们拒绝别人了,我们是不是心里很有压力,甚至还会有一种愧疚感,觉得自己对不起老师或同学?

(大部分同学点点头。)

师:其实,当你觉得为难的时候,可能对方已经突破你的"心理边界"了。

众生问:老师,什么是"心理边界"?

师:心理边界也称为"个人边界"(personal boundaries),是指我们建起来的身体的、情感的、精神的界限,用来保护我们不受他人的操纵、利用和侵犯。边界很像是我们所说的底线和原则,让我们知道我们可以接受什么,我们不能接受什么,以及当

别人越过这些界限时自己该如何应对。①

生 E:老师,你说的这个话题我们很感兴趣,原来人际交往中的"拒绝"还和我们当时的心理状态有关啊。那么,怎样的个人边界是健康的,怎样的个人边界是不健康的?

师:不健康的个人边界容易对他人的情绪和行为负责。或是期待他人对自己的情绪和行为负责,拥有不健康个人边界的人,经常将他人的需求和感受看得比自己的更重要,且会有以下表现。② 我们一起来看 PPT:

(PPT5:不健康心理边界的表现)

- 拒绝别人的要求时,会感到心情不好或愧疚;
- 被人刻薄对待时,只会忍气吞声;
- 为了讨好别人,放弃自身信念;
- 通过别人的评价定义自己;
- 时常想要拯救别人,为他们包办和解决问题。

师:大家可以回顾一下自己和他人的交往经历,是否曾经有过类似的心理体验?

(部分同学点点头。)

生 F:和聋人交往的时候,心里感觉放松一些。但主动和听人交往的时候,会觉得有压力,一般不太会拒绝听人的要求。

---

① 怎样有效拒绝别人[EB/OL].(2022-6-21)[2022-10-23].https://www.zhihu.com/question/23191124/answer/354244453.

② 怎样有效拒绝别人[EB/OL].(2022-6-21)[2022-10-23].https://www.zhihu.com/question/23191124/answer/354244453.

师:你觉得你和听人交流时处在不对等的地位吗?

(生 F 点点头。)

师:健康的心理边界是对自己的行为和情绪负责,而不是对别人的行为和情绪负责。健康的心理边界让我们能够承受我们的选择所带来的后果,而且,还可以确保我们让别人也能为他们自己的行为负责,不越界侵犯我们。它具有如下特质:清晰的、保护性的、坚固但灵活的、为自我建立的。见 PPT6。

(PPT6:健康的心理边界)

- 对自己的行为和情绪负责,而不是对别人的行为和情绪负责;
- 清晰的、保护性的、坚固但灵活的、为自我建立的;
- 能够承受我们的选择所带来的后果。

生 G:明白了。在人际交往中,我们首先要明确自己的心理边界,如果别人的请求、要求利用或者操纵了我们的心理,突破了我们的心理底线,那么我们应该提醒自己,要学会拒绝他人。如果别人的请求、要求在我们的心理承受范围之内,我们应该力所能及地帮助他人。

师:没错。每一个人都应该对自己的人生负责。联系刚才的两个情景,大家从心理分析入手,商量一下,怎样帮助思朗和含笑呢?

生 H 和生 I:我们来帮思朗同学吧:"思朗,你不想拒绝碧琪,是不是因为你怕破坏和碧琪的同学关系?你害怕和她发生冲突、惹恼她吗?其实,一味地顺从别人并不能在与人相处中帮

助你,反而会让其他同学觉得你很软弱,很容易顺从。面对不合理的要求,你要学会说'不'。"

师:无原则地帮助别人做事情,对方可能会依赖你,而不去自己学会处理自己的问题。你给予别人的短期帮助,实际上阻碍了别人的自我成长。

生 J 和生 K:我们来帮含笑同学吧:"含笑,你不敢拒绝班主任,是吗? 你害怕在班主任面前破坏自己积极奋进的形象,怕班主任对你失望? 甚至是怕班主任今后有类似的机会就不再考虑你? 其实,这些原因全都是误解。如果你把这次不愿意参加手语比赛的原因和班主任解释清楚了,他肯定能理解你的,老师不可能强迫你一定要去参加某个比赛。再说,老师也可以选派班里其他同学参加啊! 你还是尽早把自己的想法和老师说清楚吧。"

师:说"不"是含笑的权利,毕竟含笑也有自己优先选择的事务和空间,她有她自身的发展需求。当个人利益和老师的想法发生冲突时,怎样平静、坦诚、清晰地表达自己的观点、想法,得到老师的理解,这就显得很重要了。

3.重点活动二:角色体验

师:看来大家都是心理医生,都很热心,纷纷帮思朗和含笑出谋划策。通过刚才的心理体验活动,相信我们今后不会那么害怕拒绝了,是吗?(有些同学点头微笑)但是,确立健康的心理边界并不等于学会拒绝了,我们还需要学会恰当、得体地把自己的想法、观点说出来。现在我们一起来想想办法,看看怎么说比较合适。

（PPT7：我们一起来想办法）

- 如果你是思朗，你会怎么说？既能达到自己的目的，又能让碧琪坦然接受呢？
- 如果你是含笑，你会怎么说？既能婉拒班主任的要求，又不给班主任留下不好的印象呢？

生A：碧琪，对不起，我不能帮你。

师：直接拒绝。

生B：假设我是思朗，我会说"我不能帮你做钳花包，被老师发现的话，我没什么关系，但你可能会被老师批评"。

师：换位思考，站在碧琪的角度来说。

生C：假设我是思朗，我会说"如果我帮你做了钳花包，你就失去练习的机会了。自己做的才有成就感，你还是自己动手吧"。

师：把拒绝的原因说清楚了。

生D：假设我是思朗，我会说"碧琪，你上次做的奶黄包比我还好哦，我相信你这次一定能做出精美的钳花包"。

师：用鼓励的方法。

生E：假设我是含笑，我会说"老师，我知道你很想让我参加这次手语朗诵比赛，但这次我想退出了，我今年担任了学生会生活部部长，同时还要准备专升本的考试，时间精力都顾不过来"。

师：向老师解释清楚原因。

生F：假设我是含笑，我会说"老师，我认真考虑了您的建议，

经过反复思考,我决定放弃这次比赛机会。这个比赛我已经参加过两届了,班里还有几位手语打得比较好的同学,是否可以从他们中选拔一位呢?"

师:提供合理建议。

生 G:假设我是含笑,我会说"老师,我知道这次手语比赛的机会很宝贵,您也很器重我,希望我为班级争夺荣誉。但是手语比赛和专升本考试的备考时间冲突了,以我目前的时间精力,我只能选一样。您知道,专升本考试对我个人今后的发展至关重要。我想听听您的意见,您看我是全力备战手语比赛呢,还是放弃这次比赛全力备战专升本考试?"

师:用设问来委婉拒绝。

师:刚才大家用了很多方法来委婉拒绝,和"直接拒绝法"相比,委婉拒绝显得更含蓄一些。其实,这两种拒绝方法各有各的使用场合,不同的交际场合我们需要灵活选用。直接拒绝是一种很有效的策略,但同时也是一种伤害情感的言语行为,因此它出现的语境条件十分有限。当说话人的权势、地位比听话人高时,比较容易出现直接拒绝,如父母对子女、老板对下属、长官对士兵等;当交际双方处于平等地位时,也容易出现直接拒绝的现象。刚才有位同学就用直接拒绝法拒绝了碧琪。反之,委婉拒绝则往往会提供一定的原因或进行解释,以求得对方的理解,这样说话人的拒绝就更具有可接受性,同时也可给对方留有一定的面子,这样的言语行为往往更容易达到说话人所期待的效果,尤其是当权势、地位较高的说话人提出请求、建议等驱使性的言语行为,听话人进行拒绝时,提供拒绝的理由或进行合理性解释

尤为重要。[①] 含笑和班主任的沟通中,如果含笑直接拒绝班主任说"不,我不参加"就不太合适了。

(众生点头。)

师:请大家拿出学习单,结合老师的点评,自己尝试着来概括一下,刚才使用了哪些委婉拒绝策略。

(生讨论、完成学习单,老师巡视教室、指导。)

师:接下来,我们一起来看 PPT,老师把大家的想法做了一个归纳。

(PPT8:委婉拒绝的主要策略)

- 提供原因或借口,或表示歉意并提供原因;
- 提供建议;
- 提供原因或借口,再提供建议;
- 用鼓励来委婉拒绝;
- 劝说对方放弃某一行为;
- 转移话题,回避对方的请求;
- 通过反问、批评或设问来表示委婉拒绝。

4.重点活动三:名人案例

师:刚才我们通过练习归纳了日常交际中拒绝的主要策略,接下来老师给大家分享几个名人案例,他们在遭遇拒绝的难题时,都表现出非凡的智慧。特别值得一提的是,他们的语言表达

---

① 冉永平.语用学:现象与分析[M].北京:北京大学出版社,2019:95－96.

都很机智。其中,你最佩服谁或喜欢谁,为什么?

(PPT9:美国罗斯福总统"巧"拒绝)

> 罗斯福在就任总统之前,曾在海军担任要职。有一次,他的一位好朋友向他打听海军在一个小岛上建立潜艇基地的计划。罗斯福神秘地向四周看了看,压低声音问道:"你能保密吗?""当然能!"朋友十分肯定。"那么,"罗斯福微笑着说,"我也能。"

(PPT10:作家钱钟书"巧"拒绝)

> 著名作家钱钟书先生非常幽默,常常妙语连珠。有一次,在婉转拒绝一位英国女士慕名求见时说:"假如吃了鸡蛋已觉得不错,何必要认识那下蛋的母鸡呢?"又一次,在谢绝了一笔高额酬金时,他莞尔一笑说:"我都姓了一辈子'钱'了,难道还迷信钱吗?"

(PPT11:马克·吐温"巧"拒绝)

> 一次,美国著名作家马克·吐温在邻居家发现一本书深深吸引了他,他问邻居是否可以借阅。邻居说:"欢迎您随时来读,只要您在这里看。您知道,我有个规矩:我的书不能离开这个房子。"几个星期后,邻居来向马克·吐温借除草机,马克·吐温说:"当然可以,但是按我的规矩,你得在我家里的草坪上使用它。"

生 A:我最喜欢马克·吐温,因为他能讲道理。

师:(笑)他是怎么讲道理的?

生 A:你得在我家里的草坪上使用它。

师:邻居说了他的规矩"我的书不能离开这个房子",这其实就是拒绝马克·吐温,于是马克·吐温用同样的方法把这句话"回敬"给了邻居。

生 B:马克·吐温说得很有趣,可以借,但是得在他家草坪上用。

师:对,马克·吐温没有针锋相对地正面回击,而是非常客气地把邻居的话又转送了回去,显得既儒雅又不失风度。

生 C:老师,我喜欢罗斯福的回答。

师:嗯。PPT9 讲了罗斯福和朋友之间的一个小故事,故事的结果是罗斯福化解了难题,没有泄露秘密。他用了什么方法?

生 D:委婉拒绝法。

师:能结合句子再具体说说吗?

生 D:他没有直接拒绝回答朋友的问题,让朋友难堪,而是运用了幽默睿智的方式巧妙回应了好友的好奇提问。

师:"幽默睿智"这个词说得很好,罗斯福非常机智,能再具体一点儿吗?

生 E:我觉得是设问吧。

师:是的,用设问法,以退为进,达到拒绝的目的,大家要拿笔记一记。

生 F:老师,我最欣赏钱钟书先生的回答。

师:钱钟书先生确实非常幽默。从这段话中,我们看看,钱钟书是怎么巧妙拒绝的呢?

生 G:我觉得是反问吧。

师：能不能再具体一点，从语义上思考，"吃了鸡蛋已觉得不错"和"认识那下蛋的母鸡"有什么关联？

（学生陷入了思考。）

师：有一种说理方法，就是由两个对象的某些相同或相似的性质，推断它们在其他性质上也有可能相同或相似，这种方法叫作类比。类比是一种主观的不充分的似真推理。钱钟书先生在第一个反问句里就是运用类比方法巧妙地拒绝了对方。

生 H：还有后面一句，姓"钱"和迷信"钱"两个字一样，但是在不同的句子里表达的意思不一样。

师：这就是汉语里常用的一种修辞手法——"同音字"。钱钟书先生用同音字的方法婉拒了高额酬金。

师：通过刚才的名人案例，我们发现，拒绝不仅需要诚心，也需要一些智慧，拒绝是一门艺术，这些名家的回答值得我们细细品味。下面老师再给大家分享两个案例，希望能给大家带来更多的启发。

（PPT12：罗西尼"巧"拒绝）

罗西尼被誉为19世纪上半叶意大利歌剧作曲家三杰之一。他生于1792年2月29日，这年正好是闰年，所以罗西尼的生日只能四年过一次。可他从不以此为憾，反而很高兴，这样省去了年年要过生日的麻烦。一次，朋友们筹集了两万法郎，想修建一座纪念碑，庆祝他72岁的生日。罗西尼听了，微笑着说："把这笔钱送给我吧，我自己站在那里好了！"

（PPT13：萧伯纳"巧"拒绝）

一个漂亮的女演员给英国文豪萧伯纳写了一封求爱信："如果我们结婚，生下的孩子能有你的头脑、我的外表，那该多好啊！"萧伯纳回信说道："您说得对极了！但是如果这孩子继承了我的相貌和你的才华，那该怎么办呢？"

5. 实践活动：出谋划策

师：名人有名人的烦恼，普通人也有普通人的难题。名人有名人的智慧，我们普通人也有我们的方法和智慧。课前老师征集了部分同学最近遇到的拒绝难题，下面我们就来帮助同学出谋划策，解决他们遇到的难题吧。

师：我们先来看看王波同学写的。

（PPT14：王波的难题）

新冠肺炎疫情常态化管理后，同学们都想约上三五好友周末去校园外走走。才走了十多分钟，一路上就遇到了好几个推销商品和各种服务的，有健身房健身、火锅店新开特惠、快递优惠服务、考试培训、品牌服装打折促销等等。王波觉得有点烦，还没好好开始逛逛呢，他和同学的手上已经各拿了好几张推销海报和促销卡片了。

生 A：我听不清促销员说什么，我远远地看到有人站在路边给行人递广告，我就会下意识地走开。因为我不需要。（众生笑）

师：看来很多同学都采用了这个办法，回避与促销员的正面

沟通。

生B:是啊,但有时候路上灯光比较暗,迎面走来看不太清楚,还是会接到这种广告。

师:当你和同学聊得正起劲,这时候突然促销员出现在你面前,他跟你说些什么,你该怎么正面拒绝呢?

生C:我会把眼睛看向别处,一边摇头一边摆手。

师:用肢体语言表示拒绝,这是个好办法。想一想,拒绝的时候,你的面部表情会是怎样的?

生D:冷冷的。

师:让促销员感受到你内心的抵触?

生D:是的。

师:人的面部表情是人内心世界的"显示屏",可以向对方传递自己丰富而复杂的心理活动,温柔、冷酷、憎恨、欢喜、胆怯等各种内心活动都可以通过眉眼、嘴巴、面部肌肉的变化表现出来。这方面大家可能比老师有更强的表现力!你们打手语时的"眉飞色舞"有时候甚至比手语还传递出更多更丰富的信息。(生笑)拒绝促销员的时候,大家觉得是不是也要讲礼貌呢?

生E:要讲礼貌吧,人与人之间应该互相尊重。

师:所以,微笑着摆手拒绝,会不会更得体,显得更有修养呢?

(众生点头称"是"。)

生F:老师,要是我想看看促销海报怎么办,毕竟有些促销信息写得挺诱人的,你知道,我对美食一直有兴趣。

师:那就不属于我们今天讨论的话题了,要是碰到你感兴趣

的,你就欣然接受吧。接下来我们看看付杰同学写的。

(PPT15:付杰的难题)

> 　　这件事是我帮同学写的,她要我不要透露她的真实姓名。她爸爸妈妈都在浙江打工,早早结婚,后来生了她和弟弟。去年回家过年,她妈妈在四处张罗着帮她相亲,妈妈对她说:"趁着我们做父母的都还年轻,你早点谈恋爱,毕了业就回来结婚,我们可以早点帮你带孩子。"她知道妈妈担心她是聋人,怕她在外面跟听人接触吃亏,而且早点结婚,她妈妈早点帮她带孩子,免得年纪大了带不动。她很烦,现在还不想谈恋爱,更不愿随随便便就把自己嫁了。该怎么样才能拒绝妈妈的"好意"呢?

生 G:妈妈,我不想谈恋爱,我觉得自己还小,还要好好学习。

师:嗯,你给出了拒绝的理由。

生 H:妈妈,谈恋爱很浪费时间,我现在还是学生,我打算多考几张证书,先找到工作再说吧。

师:你拒绝的理由更充分,还给出了建议。

生 I:阿妈,你跟阿爸是几岁谈恋爱的?是不是也是早早谈恋爱、早早地就生下我和弟弟?你当年一边打工一边把我们养大吃了那么多苦,难道你现在还要继续这样的生活吗?

师:换位思考,用反问方式委婉拒绝。

生 J:妈妈,请相信你的女儿吧,她现在已经是一名大学生了,她有自己的独立思考和判断能力,她在学校会保护好自己

的。小鸟长人了终究要向蓝天展翅飞翔,你也不可能护着她一辈子吧!

师:以理服人、以情感人,用类比的方式宽妈妈的心。

生 K:骗她妈妈"我已经有男朋友了"。

师:这是"火上浇油"啊,妈妈肯定不放心。

生 L:妈妈,结婚就是为了生孩子吗? 我不赞成你的想法,我的婚姻要我自己做主。

师:先设问再亮明观点。妈妈是你长辈,和妈妈沟通的时候,建议更委婉一些。

生 M:妈妈,我们学校的陈老师是一位聋人,他和一位聋人姑娘结婚已经五年了,生活得很幸福。聋人和听人结婚不一定幸福,聋人和聋人结婚也不一定不幸福,关键是要找到自己心爱的人。我现在还没有遇到那个"他"呢!

师:摆事实、举例子委婉拒绝。

生 N:妈妈,你是担心我结婚生孩子了没人照顾是吗? 如果我结婚了,我会为以后的生活做好充分的思想准备,如果我生了一个健康的宝宝,我的孩子既会手语又会口语不也挺好吗?

师:用劝慰的方式委婉拒绝。看来大家已经能灵活运用多种方法,将心比心、换位思考,初步学会委婉拒绝的方法啦。老师由衷地替你们感到高兴! 拒绝别人的时候,我们要学会耐心倾听,要注意自己的表情体态,要懂得换位思考,站在对方的角度想问题,采用多种策略合理拒绝。这样,拒绝才会更加有效,沟通也才更加顺畅。

三、学习评估

师:请每位同学课后填写学习评估表 4-3 和表 4-4,对本次学习活动做一个小结。

表 4-3 学习评估(一)

我的学习收获	
我的不足	
我对自己的改进建议	

表 4-4 学习评估(二)①

评估内容	表现程度
1.我能准确捕捉与评估说话者的动机与目的。	☆☆☆☆☆
2.我能根据情况恰当地拒绝对方的请求。	☆☆☆☆☆
3.我能够承受我的选择带来的后果。	☆☆☆☆☆
4.被人刻薄对待时,我会坚定表明自己的立场和态度。	☆☆☆☆☆
5.我能清晰流畅、理性坚决地表达拒绝的态度。	☆☆☆☆☆
6.我能用肢体语言表达拒绝的态度。	☆☆☆☆☆
7.我能合乎逻辑地陈述拒绝的理由。	☆☆☆☆☆
8.我能保证我拒绝的理由是有说服力的。	☆☆☆☆☆
9.我能用举例子、类比、设问、反问等方式委婉地陈述自己的观点。	☆☆☆☆☆
10.我能尽量给出有帮助的建议。	☆☆☆☆☆

---

① 张强.口语交际[M].上海:上海教育出版社,2019:33,56.

四、教学反思

这个专题通过"情境导入—任务实施—学习评估"三个环节实施了教学活动，其中第二部分"任务实施"是教学活动主体，具体分为"心理体验—角色扮演—名人案例—出谋划策"四个步骤推进教学。教学设计之初，笔者有过犹豫，要不要讲"心理体验"这一部分的内容？如果不讲，课堂会相对轻松、简单，只要教会聋生一些拒绝的策略、方法就可以了。但是运用某种言语策略背后一定有某种交际动机，如果不清楚自己该不该拒绝，或者不敢拒绝，那么教授这些言语表达方式就成了"无本之木、无源之水"。经过反复考虑，笔者决定还是保留了"心理体验"部分的教学内容。

从教学实践看，"心理体验"活动对聋生而言具有一定的难度，有部分聋生能积极参与课堂，把自己面对他人的请求、要求或建议时的心理感受、想法说出来，但是有许多聋生对是否需要"拒绝"，也就是是否跨越了自己的心理边界这一问题不能给出正面的回应。正如一位聋生所说"和聋人交往的时候，心里感觉放松一些，但主动和听人交往的时候，会觉得有压力，一般不太会拒绝听人的要求"。学会拒绝听人的要求或建议，合理表达自身诉求只靠这一次课远远不够，需要他们在今后的交往实践中去尝试、去锻炼。"心理边界"理论知识部分的讲授是课堂教学的难点，如何把这部分深入浅出地和聋生讲明白，能让他们确立健康的"心理边界"，是笔者还要继续努力的。可能还需要多举

一些例子，便于他们理解、接受。

　　手语可视化的特点决定了聋生之间的手语交流需要用直观、易懂的方式表明自己的态度，但是听人之间的交际则不然，东方传统文化影响下的"拒绝"强调维护双方的面子"委婉"表达。如何让聋生委婉地表达自己的诉求，学会委婉拒绝，这是课堂教学的重点。从学生反馈来看，这部分教学效果还不错。笔者在课前精心设计了几个交际场景，思朗和碧琪之间的矛盾、含笑与老师之间的故事都来源于他们的生活，让他们觉得比较亲切，他们想帮助自己的身边人思朗与含笑，激发了他们的"对话欲"。实践活动"出谋划策"中的两个案例也取材于他们的生活，其中"女生被催婚"是笔者担任班主任时处理过的真实事情，放到沟通与交际"拒绝"这个主题中比较贴切。"出谋划策"环节中聋生在课堂上踊跃发言的积极性是笔者没有想到的。也许在"角色扮演"环节已经体验了"拒绝"的一些策略方法，到了"出谋划策"环节他们都有很想拿出来用一用的想法，听力损失程度重的同学把答案写在钉钉群里发上来，会口语的同学则主动站起来说，大家都很乐意把自己的答案说出来，期待老师的点评。如果能激发他们的交际欲望，并能运用委婉拒绝的一些言语表达方式，笔者觉得这次课的教学任务就基本完成了。当然，在教学深浅度的把握上、教师教学用语的简洁明了上，还应再继续下功夫。沟通与交际课的主体应该是聋生，只有把课堂主动权交给他们，让他们多"说"，让他们成为交际活动的主动参与者、实践者，教学才会有成效，这是笔者要继续坚持下去的。

第三节　课堂实录三:道歉

一、设计背景

　　无论是生活中还是职场上,与人交往时,难免出现说错话、做错事,毕竟"人非圣贤,孰能无过"。那么出现这样的情况后,我们该如何挽回局面呢? 如果我们能真诚地向对方道歉,往往能把大事化小,小事化了。道歉是人际交往的必修课。汉语"道歉"在手语中有对应的词汇,如图 4-1 所示[①]。

　　这个手语在《国家通用手语词典》中有"抱歉""对不起""道歉""赔礼"四种基本释义,也就是说这四个汉语词在手语中统一用这一个手势动作来表示,两者存在多对一的关系。这就给聋生带来了一定的学习困难,与听人沟通时,聋生需要掌握不同语境下选用这些汉语词得体表达歉意的汉语交际能力,除了掌握这些基本词外,他们还需要学习与道歉相关的其他词汇、句式。更重要的是,跟别人道歉时,还要讲究一定的技巧和方法。此外,还要学习配合相应的肢体语言,做到发自内心真诚地向他人道歉。

---

　　① 中国聋人协会,国家手语和盲文研究中心. 国家通用手语词典[M]. 北京:华夏出版社,2019:44.

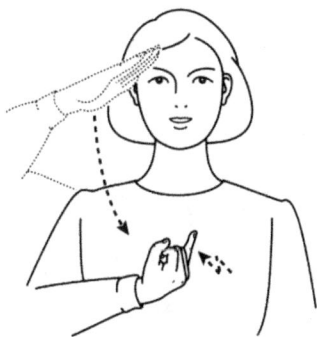

图 4-1　手语"道歉"

在这次课前,笔者曾经询问过班上的聋人同学,是否有过主动向听人道歉的经历。结果有一半多的同学表示没有。在这一半多同学中,又有一半多的同学表示,他们平时很少主动与听人接触,自然也就缺乏向听人道歉这一言语行为的交际体验了。而聋生之间日常生活中如果有点小误会、小摩擦,用图 4-1 这个手势动作来表示一下歉意就过去了。因此,有必要为聋生开设以"学会道歉"为主题的沟通交际课,让他们意识到"道歉"在职场交际中的重要性,学会协调、维护自身与听人之间的关系,让自己在职场沟通中游刃有余。

基于上述思考,笔者为聋生开展了以"学会道歉"为主题的教学活动。全课共 4 学时,共 2 讲,约 160 分钟完成。

二、教学过程

(一)情境导入

师:日常生活中,需要道歉的事情很多,大到不小心损坏别人的重要物品,出言不逊伤了别人的自尊心,甚至一时性起和别人打架;小到打断别人的谈话,干扰别人的工作,约会迟到了,公共汽车上踩了人家的脚等等,这都是难免的。这些场合都需要我们学会向他人道歉。道歉是我们为自己的过错承担责任,也是对他人的一种精神补偿。请大家回忆一下,最近一次道歉是发生在什么时候,为何道歉?

生 A:好像很久没有道歉了。

生 B:昨天在食堂排队打饭,踩到前面同学的脚。(生笑)

生 C:有一次不小心把同学的梳子弄断了。

生 D:几个月前,我问同学借钱,没有及时归还。

生 E:前两天,我在校园里一边走路一边低头看手机,不小心撞到了盲人同学。

师:很好,很多同学都分享了自己的道歉经历,看来大家对道歉这种交际行为已经有一些体验了。但大家分享的道歉行为大都局限在聋人同学内部,和听人交往有过道歉的经历吗?

(很多学生摇头表示"没有"。)

师:看来我们很有必要来学习一下如何向听人道歉,特别是在今后职场工作中,如果发生矛盾了,要学会向听人说声对不起,学会调和自己与听人同事的关系。

(二)任务实施

1. 准备活动:你会主动道歉吗?

师:我们先来看一下,以下两种场合,你会主动道歉吗?

(PPT1:场景一)

场景一

　　你急匆匆赶到单位,负责考勤的同事说你迟到了,要扣你今天的考勤分。可你的手机显示是 8:30,正好是公司规定的准点上班的时间,你认为自己并没有迟到,和同事争执了起来。你觉得这位同事故意刁难你,控制不住自己心头的怒火,用手语骂了他几句脏话。

(PPT2:场景二)

场景二

　　你是一家电器特约维修中心的维修人员,一次为客户维修电冰箱时,由于事前检查不够全面,在修理过程中发现,除了跟客户说过的故障之外,还有一个元件也存在故障需要更换。你跟客户说明原因,但客户却不愿为此增加费用。你面露不悦之色,心想:大不了这单生意不做了。

　　生 A:我觉得场景一不需要道歉,自己没有迟到,为什么要向同事道歉呢?

　　生 B:我认同 A 的说法,首先要分清谁对谁错,再来决定是谁需要道歉吧。

生 C:我觉得场景一中的"我"有不对的地方,是否迟到可以和同事好好解释,骂人就不对了。

生 D:场景一中的"我"应该要道歉,为自己的失礼向同事表示歉意。

师:大家"公说公有理、婆说婆有理",站在自己的立场上想问题,似乎都有一定道理。持不需要道歉的观点的同学认为,"真理在自己这一边",从摆事实的角度看,自己没有迟到所以不用道歉。认为需要道歉的同学则觉得"骂人"是一种不文明的行为,应该就这种行为本身向同事道个歉。老师赞成 C、D 两位同学的观点,场景一中的"我"需要向同事道歉,因为他与同事就是否迟到这一事情产生了争执,骂了同事,他需要就骂人行为本身向同事道歉。

生 E:我认为电器维修员需要向客户道歉,因为他事前检查不够全面,导致事后又要客户增加维修费用。

生 F:我觉得场景二中的电器维修员不用道歉,道歉是承认自己做错了事,表达内心的愧疚。现在客户不愿承担因更换元件而增加的费用,维修员应该去说服他,而不是向他道歉。

生 G:我觉得 E 和 F 两位同学都有道理,我有点被弄糊涂了。

师:道歉的功能有很多,承认自己做错了某事向别人道歉,这是比较常用的一种。有时为了实现交际目的而道歉,为了表示礼貌或开启话题也可以用"对不起"来开场。老师再给大家举两个生活中常见的例子。出行路上,你想知道自己乘坐的车是否开往目的地体育馆,这时候你会怎样向他人发起问话?在和朋友一起开心地共进晚餐时,你忽然来了一阵猛烈的咳嗽,你会

和朋友说什么?

生 H:不好意思,打搅了,请问这趟车是否开往体育馆?

师:是啊,大家发现了吗,有时候我们道歉并不一定是向对方承认自己做错了事,而是发话人发起问话的一种方式,通过说声"不好意思""对不起"引起对方的注意,赢得对方的配合,从而实现自己的交际目的,汉语中的这种道歉和手语中表示"自责"之意的道歉意思不一样。

生 I:老师,如果我和他人共进晚餐,忽然咳嗽,我可以说:"不好意思,我刚才咳嗽了一阵。"

师:协调交际双方的关系,这是道歉的又一重要功能。如果发话者不道歉,另一方就会对他产生不好的看法,影响他们将来的关系。说声"不好意思"在这个场景中既是有礼貌、有教养的表现,又具有维护人际关系的功能。① 我们再回过头思考一下,场景二中的电器维修员是否需要向客户道歉?

生 J:老师,我明白了,维修员应该向客户道个歉,通过道歉,他可以赢得客户的配合,得到客户的理解,让客户愿意承担更换元件的费用,从而顺利完成维修任务。

生 K:也许更换一个元件不需要费太多的钱,但却关系到这台冰箱是否能修好,维修员主动向客户道个歉,让客户消消气,事情就能办成了。

师:两位同学都积极动脑筋,运用老师刚才讲的知识来解决

---

① 杜学增.中英(英语国家)文化习俗比较[M].北京:外语教学与研究出版社,1998.

问题,老师为你们点赞!在某些交际场合,道歉就具有这样强大的功能,能缓和气氛、化解矛盾,实现交际目的。刚才F同学认为,维修员不需要道歉,他需要"说服"客户承担更换部件的费用,大家想一想,在这样的交际语境下,"说服"与"道歉",哪种沟通效果更好?

众生一起回答:道歉!

2.重点活动一:"抱歉"怎么说出口?

师:请大家拿出学习单,两两一组讨论以下交际场景,完成下面这份"如何说'抱歉'"的交际练习。

(PPT3:如何说"抱歉")

如何说"抱歉"	
交际场景	如何说"抱歉"
1.同事正在忙手头的事儿,你想打断他一下,向他请教一个问题。	这时候,我会说:
2.项目小组通知下午三点碰头开会,你因为手头的事情耽搁了几分钟,迟到了。	这时候,我会说:
3.晚上7点,大家都在聚精会神地加班,你因为感冒在办公室大声打了几个喷嚏。	这时候,我会说:
4.为了庆祝项目的顺利推进,你的领导请你和几个同事周末吃一顿大餐,你因为家里有事去不了。	这时候,我会说:

续表

交际场景	如何说"抱歉"
5. 上班路上你弄丢了员工卡,需要去后勤部门补办一张,你给后勤人员留言。	这时候,我会说:
6. 同事为了出席一个重要活动,想问你借一套衣服,你不想借给他。	这时候,我会说:
7. 答应这周末陪朋友出去逛街,可是你忘了这件事,周末失约了。	这时候,我会说:
8.	
9.	
10.	

师:我们请第一小组七位同学来接龙回答吧。

生 A:对不起,打扰一下,我想向你请教一个问题。

生 B:抱歉,我迟到了。

生 C:不好意思,我感冒了。

生 D:领导,让您破费了。

生 E:我的卡丢了,需要补办,给你添麻烦了。

生 F:对不起,这套衣服我不能借给你。

生 G:真不好意思,我把这事儿给忘了。

师:从大的方面看,道歉的方式可以分为两种,一种是直接道歉,就是发话人向受话人明确表达歉意,如"我向你道歉""对不起""请你原谅"。这种方式我们平时使用得比较多。这可能

和大家的手语表达习惯有关。大家用手语道歉时,通常使用这个高频词,打法是"一手五指并拢,掌心向下,贴于前额一侧,如军人行军礼状,然后伸小指,向胸部点几下"。这个手语词是表示向人道歉并自责的意思(教师同时打手语示范)。聋人之间用这个手语词来道歉,歉意的表达简单、直接。

但用汉语书面语与听人笔谈交际的过程中,一般情况下,我们会在道歉的同时对自己的行为做出解释、附加补偿手段以及承认是自己的责任等,让道歉显得真诚、自然,更有说服力。刚才七位同学的回答,A、C、E 三位同学在表达歉意的同时,还根据汉语的表达要求做出了解释。其中 A、C 两位同学先致歉再陈述理由,E 同学先陈述理由再致歉,两种方式都是可以的。请大家思考一下,根据老师的提示,对 B、D、F、G 四位同学的答案再做一些补充。请第二小组六位同学继续接龙补充完善答案。

生 H:抱歉,我迟到了,让大家久等了。

生 I:抱歉,我迟到了,被手头工作耽误了几分钟。

生 J:谢谢领导,让您破费了。

生 K:真不好意思,我把这事儿给忘了。下周陪你去行吗?

生 L:对不起,这套衣服我最近要用,要不你问小李借借看?

生 M:对不起,这套衣服我最近要用,我还有一套类似的,你需要的话我明天带过来?

师:经过这样的修改,我们再来读一读、体会一下,修改后的道歉是否能让对方更容易接受呢?K、L 和 M 三位同学为自己的道歉给出了替补方案,对自己的行为做出补偿,这样的道歉比刚才的"对不起,这套衣服我不能借给你"和"真不好意思,我把

这事儿给忘了"更恰当、更容易获得对方的认同。请大家根据刚才的提示,课后补充完成练习单上第 8~10 题的练习。

3.重点活动二:道歉的五个步骤

师:刚才我们进行了如何说"抱歉"的交际练习,掌握了道歉的几种言语表达方法。我们知道,手语和汉语在表达歉意时是有区别的,聋人与听人笔谈沟通,需要遵从汉语的表达习惯。接下来,老师给大家介绍国外一位畅销书作家,他对道歉这种言语行为进行了深入研究,总结出了道歉的五个步骤。我们一起来阅读学习单中的资料,他的道歉五步骤会给我们带来新的启发。

道歉的五个步骤①

1.表达歉意:"对不起"

当你发现自己的行为出错了,第一步要做的就是实实在在地跟对方道一声对不起,这能让对方逐步放下戒备心,也能稍稍缓和目前剑拔弩张的态势。一般来说,如果对方认为你的道歉是真诚的,很大程度上都会选择原谅。

2.承认过错:"我错了"

自尊心的牵制让人难以认错,认错又可能意味着要承担责任。素养高的人,从不会找借口逃避责任,因为他们深知勇于道歉会得到别人的尊重和理解。

---

① 如何学会沟通——人际交往中如何道歉[EB/OL].(2020-05-30)[2022-10-09].https://zhuanlan.zhihu.com/p/144715886.

3.真诚悔改:"我会努力不再做这样的事"

道歉后最忌讳的就是知错不悔改。一次明知故犯会让之前的工作毁于一旦,失信的人很难得到他人的信任。

4.弥补过失:"我能做些什么来弥补你?"

口头上的道歉可能无法完全让对方的怒气消退,因为他们内心所要的是你做出实际行动来表达歉意,行动永远比套话更重要。你因为资料查找出错向团队同事道歉,而他最希望的是你做出行动来弥补过错,比如重新搜寻正确资料,替同事分担工作量。

5.请求饶恕:"请你原谅我,好吗?"

在这一系列表达中,第四点要贯穿其中,让被冒犯方时刻感受到你在乞求原谅,这能稳住对方的情绪。说不定,他还会感觉不好意思:你都这么真诚地请求原谅了,我再继续置气就显得太小气和得理不饶人了。

师:这位畅销书作家的名字叫盖瑞·查普曼。他在《道歉的五种语言》中提出了著名的道歉五步理论,非常细致地将道歉这种言语行为进行分解,遵循道歉的内在逻辑,把"道歉"分解为五个递进的步骤。请一位同学先来概括一下这五个步骤。

生 A:五个步骤依次是:第一,表达歉意:"对不起"。第二,承认过错:"我错了"。第三,真诚悔改:"我会努力不再做这样的事"。第四,弥补过失:"我能做些什么来弥补你?"第五,请求饶恕:"请你原谅我,好吗?"

师:这五个步骤是缺一不可的吗?

生 B 和 D:是。

生 C 和 E：不是。

师：理论源于实践，这五个步骤为我们提供了道歉的言说思路，但交际实践中是否要亦步亦趋地完全按照这五个步骤来道歉，就不一定了，应该要根据实际情况灵活选用。下面，我们结合刚才 PPT1 和 PPT2 中提出的两个交际场景，运用道歉五步骤，说一说如何道歉。大家可以先思考一下。

生 F：老师，我来试试看吧。我会这么说："对不起，我刚才不该和你争论。我是八点半准时到的，但我想下次我会争取早一点到单位。刚才我有点激动，可能冒犯了你，请你原谅我，好吗？"

师：道歉的思路比较清晰，句子说得很完整。

生 G：老师，我会这么说："不好意思，我刚才有点失礼了。下次检修时我应该更仔细些，把问题查找得更全面些。"

师：两位同学都是先表达歉意，然后承认过错，使用了道歉五步骤中的第一步和第二步两个步骤。紧接着，F 同学跨过第三、四步，用第五步来表达请求谅解之意；G 同学则按照第三、四步继续推进，表明自己真诚悔改和弥补过失之意。两种方法都可以尝试，大家课后可以再尝试一下其他表达。

生 H：老师，我的答案已经发到语文钉钉群了。场景二的道歉，我是这样写的："对不起，对维修过程中给您带来的困扰我深表歉意。造成现在这样的原因是我前面工作有疏漏，没有全面排查冰箱故障，是我一时大意，请您原谅。您看这样可以吗，您来承担电器元件的成本费，这部分修理费我给您免了，我尽快帮您把冰箱修好。"

生 I:我在 H 同学的答案后面还加了几句话,"如果你认可这个方案的话,我还可以为您进一步做些免费服务,包括免费清洗冰箱、除尘、上油各一次。您看如何?"

(众生笑。)

师:如果我是这位客户,H 和 I 两位同学的努力已经把我感化了。H 同学按照第一至第四个步骤,有条有理地把道歉的整个过程都说清楚了。道歉态度诚恳、解释耐心,又做了适度补偿,既不让顾客多支出,也不致公司利益受损。这样的道歉容易使顾客与自己的目标达成一致。I 同学在第四个步骤上做了创新发挥,还提供增量服务,这是老师也没有想到的。

生 J:老师,我还可以提供更多维修资讯或新产品性能介绍,最后请顾客"多多包涵""见谅",把第五个步骤补上。我相信我这么诚心地道歉,一定能感化这位顾客的。

师:(笑)真是"三个臭皮匠顶个诸葛亮"啊!刚才大家积极发言,思维的火花在交流中碰撞,相信每位同学都收获满满!

4.拓展活动一:名人怎么道歉?

师:通过刚才的练习,我们不仅掌握了道歉五步骤,而且对如何灵活运用这五个步骤进行道歉有了自己的心得体会。接下来老师给大家分享三个名人案例,看看他们是如何道歉、化解交际中的困境的。特别值得一提的是,他们的语言表达都各有特色。其中你最佩服谁或喜欢谁,为什么?等会儿我们请第三小组同学来回答。

(PPT4:宋庆龄致歉)

宋庆龄致歉

一天，宋庆龄去看望小演员们，她微笑着劝陈海根："孩子，瞧，你的脖子有些脏，去洗洗吧！"过了一会儿，宋庆龄转过头，看见陈海根还站在那里，脸涨得通红。

大家鼓足勇气说："他的脖子不是脏，是黑。""您冤枉他了。"宋庆龄愣住了，连忙蹲下，拉住陈海根的手，诚恳地说："孩子，我搞错了，请你原谅我！"陈海根急忙摇头："不能怪您，应该怪我的脖子，怎么洗也洗不白。"宋庆龄爱抚地说："好孩子，谢谢你安慰我。是我错了，我应该向你道歉，请你原谅我。"孩子们都被宋庆龄的道歉感动了。

（PPT5：华盛顿致歉）

华盛顿致歉

一次，华盛顿与佩恩展开激烈争辩，佩恩觉得受了侮辱，将华盛顿打倒在地。华盛顿忍痛站起，却没有反击。第二天，华盛顿邀请佩恩到一家酒馆见面。

佩恩做好决斗准备，带着手枪前去赴约。然而，华盛顿见他进来，忙起身迎接，笑道："昨天是我不对，不该说那些话。不过，你的行动已让我遭受了惩罚。如果你同意，让我们把不愉快通通忘掉，彼此握手。我相信你不会反对。"

佩恩紧紧握住华盛顿的手，很有感触："我将会成为你永久的追随者和崇拜者。"后来，佩恩果真成了华盛顿最忠诚的朋友之一。

（PPT6：奥巴马致歉）

奥巴马致歉

在一次电视访谈"脱口秀"节目中，美国总统奥巴马告诉主持人，自己一直在练习保龄球，不过球艺十分糟糕，接着，他自嘲球艺就像是参加"特殊奥运会"。他的谈话引起轩然大波，遭到众人的强烈指责与反对。

随后，奥巴马自知失言，他马上打电话给"特奥会"主席希里弗："对不起，我为我之前说的话郑重致歉，为了弥补我的过失，我想邀请'特奥会'选手到白宫做客，让他们谈谈自己的成长之路，好吗？"奥巴马的真诚致歉取得了民众的谅解，于是人们原谅了奥巴马的错误。

生 A：我比较欣赏宋庆龄的道歉，她误认为陈海根的脖子"有些脏"，暗示其不讲卫生，结果伤害了陈海根的自尊。但是接下来她的表现非常让我敬佩，她不仅"蹲"下来，还"拉"住陈海根的手，"诚恳"地向他道歉。

师：肢体语言也在传递无声的歉意。

生 B：我比较欣赏宋庆龄的道歉，她夸陈海根是"好孩子"，而且向他道歉了两次。

师：对一个孩子，用两次道歉来表达诚意。

生 C：华盛顿不计前嫌，主动向佩恩道歉，他的大度令我敬佩。

生 D：华盛顿把政敌佩恩当成朋友，他的道歉就像在和一个

老朋友聊天,语气非常平和,化解了道歉的尴尬气氛。

师:宰相肚里能撑船,气量大的人往往能得到他人的尊重和谅解。

生E:我欣赏奥巴马。奥巴马非常聪明,他选择了立即道歉。因为时间拖得越久,道歉就越难以启齿,有时甚至追悔莫及。从奥巴马的这个事例中,我体会到,发现自己的过错时,应立即向对方说声"对不起",这才是道歉的最好时机。

生F:我也认为奥巴马非常聪明,他非常巧妙地选择了一个有公众影响力的道歉对象——"特奥会"主席希里弗,如果能求得他的谅解,那么必然能求得大多数特奥会运动员的原谅。

师:老师也来补充一条吧。奥巴马为失言"道歉",又邀请"特奥会"选手做客白宫,似乎是"小题大做",其实这是他得到原谅的必要条件,也是缓解愧疚之情的必由之路。诚恳而及时的道歉无损于国家总统的形象,反而彰显了奥巴马的人格魅力。

5.拓展活动二:直击社会热点事件中的"道歉"

师:当代社会,价值取向多元化和网络舆论环境的复杂化使得很多公众人物处理一些热点事件时,需要向公众道歉。以明星为例,他们需要为假唱、闯红灯、酒驾、涉毒、出轨等触犯法律、违背公序良俗的事道歉[①]。接下来老师给大家分享一个社会公众人物的道歉案例,看看他是如何为自己的行为道歉的,你们认可他的道歉吗,社会公众是否接纳、认可他的道歉?

---

① https://www.thepaper.cn/newsDetail_forward_11568493.

（PPT7 一位职业学校校长的致歉）①

　　事件背景:2021 年 4 月底,一篇"熟蛋返生孵小鸡"的论文引发网络关注。该论文全称为《熟鸡蛋变成生鸡蛋(鸡蛋返生)——孵化雏鸡的实验报告》,由河南省郑州市春霖职业培训学校校长发表于《写真地理》杂志。论文描述称,"在该校导师指导下,学生通过超心理意识能量方法,使煮熟的鸡蛋变成生鸡蛋,并将返生后的鸡蛋孵化成小鸡,而且已成功返生 40多枚"。该论文引发多方关注,新华网、央视网、中国青年网、新华每日电讯、《北京日报》等在各大媒体纷纷发声,表示要对该事情进行全面深入调查。

　　面对媒体质询,该论文作者、河南省郑州市春霖职业培训学校校长接受视频采访,她表示事情发展到现在,她觉得非常愧疚,觉得试验不够严谨就公开发表。她从内心觉得非常对不起大家,给公众带来了困扰。她在镜头前哭诉:我长这么大从来没有说过假话,肯定是……你们大家可能认为不够严谨,可能是我发的有点那个啥,我只是把他们三十年前做的现象我重新又做了一下而已,我仅仅就是这样子,我个人做了一个这个而已。(哭)我几十岁的人了,我能去撒谎吗?

　　师:这位道歉者是一位职业培训学校的校长,就其发表《熟鸡蛋变成生鸡蛋》论文一事道歉。大家畅所欲言,谈谈自己的感

---

　　① https://haokan.baidu.com/v? vid＝4962751039765202256&pd＝bjh&fr＝bjhauthor&type＝video. 根据网络视频进行文字转写。

受吧。我们请第四小组同学先来。

生 A：这位校长做错事了，发表了违背常识的伪科学论文，她需要就自己的行为向社会公众道歉。

师：用自己的语言来概括了这个事件，概括得很简练。

生 B：这位校长的道歉三言两语，有点随意，更多是在为自己辩解。

师：校长是面对媒体镜头口头致歉。和书面语道歉相比，口头道歉显得较为随意，语言组织上也欠考虑。

生 C：我觉得校长的道歉不是真道歉，她是在解释、为自己开脱，"我几十岁的人了，我能去撒谎吗？"——这句话表明她并不认为自己的熟蛋返生实验是在造假。

师：孰真孰假，群众的眼睛是雪亮的。

生 D：校长的道歉态度不够诚恳。如果不看事件背景，都不知道校长道歉说了些啥。"有点那个啥""只是""重新又做了一下而已""仅仅就是这样子""做了一个这个而已"，一会儿"这个"，一会儿"那个"，让人看了不知所云。

师：分析得很精辟，道歉内容避重就轻。

生 E：校长的道歉只是陈述事件本身，对自己的错误没有做出深刻反省。

生 F：老师，我用前面学的道歉"五步骤分析法"对这位校长的道歉进行校正。如果是我来道歉，我会真诚地表达内心的歉意、承认过错、揭露自己的心路历程，然后用"我做了非常不好的示范，请大家以我为戒，拒绝造假、尊重科学"来表达自己的真诚悔改之意，并提出弥补过失的建议方案，最后再次向社会公众道

歉,再次坦承自己的错误。

师:嗯,你用五步分析法,分析到位、活学活用! 还有很多同学都在积极思考。看来我们班的舆论呈现"一边倒"的态势,都认为这位校长的道歉方式、道歉内容欠妥,并给出了修正方案。在互联网时代,每位网民都可以通过分享、留言、评论的方式来发表自己的观点,从其他网友的评论中,你们能够更辩证客观地看待公众人物的道歉,从他们的评论中去努力接近事件真相,获得更多启发。

6.实践活动:应用迁移

师:不论是名人还是普通人,做错了事都需要道歉。通过前面的教学活动和案例分享,我们对道歉的时机、道歉的逻辑、道歉的言语表达、道歉时的肢体配合等都形成了较为全面的认识。下面我们来回归到日常生活中,做个小练习。运用今天所学帮导游李冰分析一下,他的道歉中包含了哪几层意思?

(PPT8:李冰的道歉)

（背景:李冰是新东方旅行社的一名导游,在带团过程中,他的一名游客突发身体不适,李冰把他送到医院,延误了整个团队当天下午的带团行程活动。）

李冰是这么说的:(面带歉意)"非常抱歉,让大家久等了。刚才我们车上一位游客突然心脏病发作,为了他的生命安全,我赶忙联系120把他送到医院抢救。由于时间紧张,我没有及时告诉大家。为了保证大家下午的参观活动, 我们将今天

的晚饭推迟到晚上 7 点左右,大家觉得怎么样? 回团路上,我顺便给大家备了一些水果零食,大家下午参观时可以随时享用。下面我给大家唱首歌吧,作为我对大家的歉意和谢意!"（面带微笑、向团队游客鞠了一个躬）

师:同桌可以两两讨论一下。

生 A 与生 B:我们归纳出了四层意思。第一层意思是诚恳道歉,"非常抱歉,让大家久等了"。第二层意思是认真解释,说明原因,"刚才我们车上一位游客突然心脏病发作,为了他的生命安全,我赶忙联系 120 把他送到医院抢救。由于时间紧张,我没有及时告诉大家"。第三层意思是寻求理解,获得支持,"为了保证大家下午的参观活动,我们将今天的晚饭推迟到晚上 7 点左右,大家觉得怎么样?"第四层意思是合理补偿,"下面我给大家唱首歌,作为对大家的歉意和谢意"。

生 C:"准备水果零食"也是合理补偿。

师:他道歉时的肢体语言呢?

生 D:他面带歉意地向游客们致歉,说完了还向团队游客鞠了一个躬,最后又笑着提议,用唱一首歌来调节气氛。他的肢体语言非常生动,贴合当时的语境。

师:接下来,请大家自由配对组合,一个扮演导游李冰、一个扮演游客,我们来体验一下"道歉"该怎么说吧。老师来当游客,哪位同学愿意自告奋勇上讲台来当导游,我俩来搭档。注意,扮演李冰的同学要调整好情绪,打手语的时候态度要诚恳、表情要自然。

（学生在教室里自由组合表演，老师巡回指导、提醒。）

三、学习评估

师：每位同学课后填写学习评估表 4-5 和表 4-6，对本次学习活动做一个小结。

表 4-5　学习评估（一）

我的学习收获	
我的不足	
我对自己的改进建议	

表 4-6　学习评估（二）①

评估内容	表现程度
1.发生争执时，我会自我反省，对自身的行为进行评价，来决定是否需要道歉。	☆☆☆☆☆
2.如果我认为自身有错，我会主动道歉来缓解尴尬场面。	☆☆☆☆☆
3.我知道手语词"道歉"和汉语"道歉"表达的意思不是完全对应的。	☆☆☆☆☆
4.我会灵活运用汉语"道歉"相关的词汇和句式来表达歉意。	☆☆☆☆☆
5.我会参考"道歉五步法"有条理地陈述道歉内容。	☆☆☆☆☆
6.道歉时，我会调整好自己的情绪，态度诚挚恳切。	☆☆☆☆☆
7.我能用肢体语言配合表达我的歉意。	☆☆☆☆☆

---

① 张强.口语交际[M].上海：上海教育出版社，2019：33，56.

评估内容	表现程度
8.如果别人不接受我的道歉,我会调整自己的方式,努力让他接受我的歉意。	☆☆☆☆☆
9.如果别人向我道歉,我会选择原谅对方。	☆☆☆☆☆
10.我能辩证看待社会上发生的"道歉"公关事件,对"道歉"公关事件做出自己的分析和判断。	☆☆☆☆☆

四、教学反思

成年人的社会里很多人不愿道歉,或者不知道怎么道歉。好像道歉就是主动"认怂",谁先道歉就是谁先认输。因此道歉首先要战胜的是自己的心理关,是否有勇气、有诚心为自己犯的错向对方表达歉意? 带着这个问题,笔者先在班里做了小调查。结果发现聋生因为缺乏与听人共同相处、合作共事的场合,他们与听人的交往实践中很少有过"道歉"经历。校园环境与今后工作的职场大环境有很大区别,他们终究是要回归主流社会与听人共事,今后与听人同事的摩擦恐怕不可避免。所以在学校教育中开展"道歉"这种言语交际活动的训练,对今后他们步入职场,更好地与听人同事相处应该是有必要的。

教学实施中,简单"导入"之后,笔者就进入了教学重点"任务实施"部分。任务实施第一部分先从"准备活动:你会主动道歉吗?"开始,先引导聋生思考,如果他们是场景中的匆匆赶来上班的"我"或电器维修员,他们是否需要道歉。通过对话让他们认识到:真正的道歉不只是认错,而且要认真承认自己的言行给

对方带来了伤害或损失,希望你补这种过失,希望能与对方言归于好。任务实施第二部分把重点放在"'抱歉'怎么说出口"上,旨在让他们掌握汉语道歉的基本句式、汉语道歉在不同语境中的多样化表达,让聋生意识到手语词"道歉"与汉语"道歉"的内涵是有区别的。聋人与听人同事用汉语交流,需要遵从汉语的表达习惯,这也是笔者在课堂上反复和聋生强调的。从实际教学效果看,聋生能够比较顺利地完成这两个环节的学习任务。但是仅仅会简单地说几句"对不起""不好意思"等表达歉意的话并不能代表他们掌握了道歉的方法、技巧。汉语的书面道歉是正式的、讲究言语逻辑、非常有条理的。笔者带聋生进入任务实施第三部分"道歉的五个步骤",让他们阅读畅销书作家盖瑞·查普曼《道歉的五个步骤》这篇小短文,归纳道歉言语表达的五个步骤,为他们搭建道歉时的言语复合支架,这一招比较奏效,有些不愿发言的同学也开始跃跃欲试了。有时候聋生思维缺乏变通,所以讲这一部分的时候,笔者和他们做了强调,五步骤需要根据语境灵活选用,不必步步照搬。

原本教学内容推进至此,只要再加一些练习,教学任务就可以基本完成了。但为了能拓宽他们的思路,笔者又找了一些案例,希望借助"道歉"这个言语表达机会训练、提升他们的思辨能力,名人宋庆龄、华盛顿、奥巴马的道歉案例为他们树立了如何道歉的正面榜样,通过对道歉言语、道歉场合、道歉时机、道歉肢体语言的分析、归纳,他们对如何道歉有了更深入的体会和认识。某校长因发表违背常识的伪科学论文而道歉的视频,又给他们提供了观察当今社会的另一个视角,即如何辩证看待社会

上发生的"道歉"公关事件,面对"道歉"公关事件,如何做出自己的分析和判断。这部分内容非常接地气,课后也有聋生在网上查找资料,通过钉钉群陆续回复笔者,分享自己的看法和认识。笔者也希望通过本次教学触发聋生关注社会的意识,让他们养成多角度获取信息、不盲从的理性态度。

实践活动"应用迁移"部分的内容较为简单,这是笔者需要改进的。其实类似的练习在课堂上已经做过了,这个环节是想帮助一部分书面语理解能力较弱的聋生再整理反思一下这次课的内容,课后还应该让他们自己去搜集一些案例,让更多的同学积极参与到实践活动中来。

第四节　课堂实录四:建议

一、设计背景

"建议"一词在现代汉语中有"提出主张"或"提出有具体办法的意见"的意思,如"建议开会""合理化建议"。建议在生活中主要有两种使用场景:一种是工作中向领导、同事提建议;一种是家人、朋友需要帮助时,提出建议供其参考。笔者常和聋人学生进行日常交流,向他们征询意见建议,比如,询问他们"你对完善校园无障碍设施有什么建议?""你希望学校在辅助性学习设施上给大家提供哪些便利?""你对校园晨跑打卡考核制度有什

么意见吗?"他们常会打手语回答我"不知道"。是他们不善于思考呢,还是自己有想法不知道该怎么表达,抑或两者都有? 有位聋生主动跟笔者解释,因为怕说错,所以自己有想法也不敢说,不说是对自己的保护,不说总不会错吧。"让沉默去拒绝一切,让微笑去掩盖所有"——这种心态在聋人圈普遍存在,而且似乎比听人更甚。

笔者认为,学会如何提建议是一项聋生需要练习的社交技能。会提建议是让他们在职场发展中获得存在感的一种方式,合理化建议还能为单位发展贡献智慧,证明自身存在的价值。面对朋友的困境,如果我们能及时伸出援手,给予朋友鼓励、安慰与建议,能加深彼此的友情,化作朋友前行的动力。总之,学会提建议能提升个人形象,合理的建议能得到领导、同事、朋友的赏识,让自己在职场中脱颖而出。

基于上述思考,笔者为聋生开展了以"学会建议"为主题的教学活动。全课共 4 学时,共 2 讲,约 160 分钟完成。

二、教学过程

(一)情境导入

师:我们先来看看大家在校园生活中曾经遇到过的两件事。第一件事是景逸寝室里有位男生,每天晚上都要打游戏打到很晚,到晚上 12 点了还亮着灯,既影响自己第二天的学习,也影响其他同学休息。你认为景逸应该给这位男生提建议吗,怎么提比较合适?

第二件事是学院一年一度的校园文化艺术节又要开始了，学生会要求每个班都选送节目、积极参加，班长和文娱委员在微信群里向大家征求节目建议，作为班集体一分子，你会主动提建议吗，你想怎么说呢？

生A：我会向景逸提建议，让景逸跟室友说"你每天晚上玩游戏玩到深夜，既妨碍同学休息，又影响你自己学习，请你不要再玩游戏了！"

生B：这样说没用，因为我们寝室就有这样的同学。（生笑）

生C：我会说："拜托你不要这么晚睡觉好不好？跟你说过多少次了，十点半必须熄灯，你再这样下去，我们要报告生活老师！"

生D：第二件事，我是这么想的，我从小就不喜欢参加节目表演，所以我不会提建议，我也不知道怎么提建议。

生E：我不是班干部，节目表演应该是班干部负责的事情，我不想发表意见。

生F：我会说"班长，你上百度找找看吧，肯定有答案"。（众生笑）

生G：我的想法是，如果大家都没有什么想法的话，可以去问问其他班准备演什么。

师：大家刚才发言都很积极，都把自己内心的真实想法说出来了，这一点值得肯定。但是，这些想法不一定都是正确的，接下来，老师要给你们提建议了哦！（生点点头）

师：同学A重复了案例中的句子，把自己想提的建议说出

了,但是这样说有效果吗? 同学 B 说得没错,看来要想让景逸的室友接受你的建议,怎么提建议是有一定的技巧的。C 同学的建议,景逸的室友能欣然接受吗,肯定不会。那么,提建议的口吻怎样才是正确的呢,提建议时我们的面部表情应该怎么配合、手语应该怎么打? D、E、F 三位同学面对班长的建议,不约而同选择了回避,摆出一副"事不关己高高挂起"的姿态。老师想说作为班集体一分子,有义务为这个班出谋划策,让我们班变得更团结、更有凝聚力,让生活在这个班里的所有人感受到集体的力量。做一个旁观者容易,做一个决策者难。你要想在一个集体中有所作为,你必须学会主动站出来。G 同学提了自己的建议,但建议过于笼统,不具有可操作性。看来,怎样提建议,大家都得好好学一学啊!

(二)任务实施

1.准备活动

师:来看下面几句话。

(PPT1:是建议,还是批评、命令、抱怨?)

> "早就让你准备专升本考试了,你现在急有什么用?"
>
> "我早就跟你说了这个方案要重新设计,你现在必须马上重新修改、完善方案!"

这些话是不是似曾相识? 看到上面的几句话,大家心里会有什么感受?

生 A:感觉像在挨批评。

生 B：心里已经很难受了，如果还被这样说，肯定更不是滋味。

生 C：如果这几句话说的人是我，我肯定会很生气，可能还会和他顶嘴。

师："刀子嘴豆腐心"说的就是这种情况，说的人是好心，但说出来的话却很难让人接受。心里想提建议，给人感觉却是在批评、抱怨，甚至在下命令。我们为什么听不进去他人的金玉良言，或者我们自己辗转反侧、死掉无数脑细胞总结出来的建议，为什么总不能让别人接纳呢？ 其实，提供建议是一项非常需要技巧和艺术的工作。即便是金玉良言，也要有精美的包装。

"建议"一词在现代汉语中有"提出主张"或"提出有具体办法的意见"的意思，如"建议开会""建议复产复学""合理化建议""不恰当建议""建议饮食均衡""建议每天运动"。建议不具有强制性，它对被建议者有参考、提醒、提示的作用，因此建议所使用的语气是比较缓和的。它不是命令，不具有强制执行的约束性。它不是抱怨，不是从自身角度出发去埋怨他人。建议也不是批评，不是评论是非好坏，不是针对对方的缺点、错误提意见甚至攻击他人。

所以，我们在提建议时，要注意区分建议和批评、命令、抱怨这几个概念之间的区别，建议时绝不能用批评、抱怨、命令的方式说出来。请大家拿如表 4-7 所示的学习单，一起来练一练。

表 4-7　不同沟通方式

选一选,下面这几个场合该用什么方式来沟通,并把句子补充完整。

A 建议	B 批评	C 命令	D 抱怨

1.景逸早上上课又迟到了,班主任用(　　　　)的语气对他说:"……。"

2.韶华晚上加班加到九点,工作还没做完,他用(　　　　)的语气发微信给好友:"……。"

3.老师在实训室巡回指导,艾米低着头偷偷玩手机游戏,同学用(　　　　)的语气对他说:"……。"

4.新冠肺炎疫情期间,方圆没有戴口罩急着搭地铁,地铁工作人员在安检处用(　　　　)的语气对他说:"……。"

5.钱塘江潮水涌过来了,有些市民不顾生命危险继续往警示线外跑去看潮。这时,武警士兵冲了过去,用(　　　　)的语气对他们说:"……。"

2.重点活动一:我给领导提建议

师:请大家看 PPT,思考案例中的小张存在的问题。

(PPT2:小张的"建议")

　　一天,某公司召开季度工作绩效考评通报会,请了各部门负责人和负责绩效的干部一同参加。会上,分管绩效的领导对各部门绩效工作进行了通报,可能因为信息有误,小张所在部门被通报绩效最差了。

　　这个时候,心急的小张插了一句嘴,"我们部门这季度任务都完成了的呀!各项指标都没有超时的,怎么会垫底呢?是不是绩效考核统计不对啊?"随后,部门经理马上拉了拉小张的手让他别说了。

分管领导看了看绩效统计数据说:"这是我手头刚拿到的数据,前几天才统计出来的,难道我们统计漏了你们部门的?那你说说你们部门完成了哪些工作?"场上顿时静寂严肃起来。

生 A:刚才老师讲了建议和抱怨的区别,小张对领导的通报表示不满,他是在抱怨,不是在建议。

生 B:小张对于领导通报的质疑没有充分的证据,没能及时提供依据就立即纠正。

生 C:对于领导的错误,小张不分场合和时机就脱口而出,没有考虑领导的感受,让领导难堪。

生 D:小张纠正的态度不够谦逊,一直是用责备和质疑的语气。

生 E:小张这么一说不仅导致分管绩效的领导不满意,还让整个公司认为这个部门的人不成熟。

师:给领导提建议要有理有据,不能凭主观轻率发言。对于领导的错误,要选择恰当时机和场合指出来,语气要诚恳、态度要谦虚。小张的这番话确实存在很多问题。大家刚才从不同角度都指出来了。

在职场中,和领导相处是门艺术,与领导说话、向领导提建议更是一门艺术。给领导提建议要结合工作、实事求是地提,提的建议要具有操作性。我们来看下面这个案例,想一想,为什么同样一件事,同事的建议没有被采纳,而"我"的建议却被老板愉快地接受了?

（PPT3："我"给公司领导提建议）

> 我在一家新媒体运营公司上班。公司会开展不定期的民主生活会，老总会向大家征集一些好的建议来改善公司的管理制度或者工作环境。
>
> 因为公司所在的区域是一个工业园区，隔壁的这些工厂每天都发出大型机械的轰鸣声，每天生活在嘈杂的工作环境中，大家极易被这种噪声影响到工作。我的同事向老总直言："能不能换个办公场地，真的受不了每天这样嘈杂的噪声污染。"
>
> 当时老总脸都黑了，要知道办公场地是极不容易更换的，不仅要人力也要资金上的支持。轮到我发言的时候，虽然我对噪声也极度反感，但是我没有像同事那样直接和老总提换办公场所的建议。
>
> 我是这样说的："张总，您也知道，我们最靠近隔壁工厂，噪声真的十分大。像我们这些做视频编辑工作的，需要相对安静一点的场所，咱公司最里面的办公室相对来说比较安静，我们能不能搬到那个办公室去？"老总听完当场就批准了。

生F：案例中的"我"说"我们最靠近隔壁工厂，噪声真的十分大"，他实事求是地说出了目前的办公环境不理想，用这句话开头能引起领导关注。

生G：案例中的"我"说"像我们这些做视频编辑工作的，需要相对安静一点的场所"，他能结合自己的工作实际提建议，比较有说服力。

生 H：案例中的"我"还提了合理化建议，他说"咱公司最里面的办公室相对来说比较安静，我们能不能搬到那个办公室去"。给出了具有操作性的建议，所以领导很快就认可、同意了。

师：大家刚才的分析能结合实例来说，做到了有理有据。我们再想想，为什么"我"的建议能被老总欣然接受，而同事的建议却不被采纳呢？对啊，因为同事要求领导直接换场地，却没有提供可操作性的建议，领导当然很难接受了。我们再来看一则案例：

（PPT4：会说话的李芮）

前段时间，部门经理让李芮写一份关于为该部门申请招聘人员的请示。不久李芮请示写完了，业务主管也通过了。

过了几天，部门经理向李芮了解请示写得如何了。李芮赶忙送到经理办公室，经理看了看招聘申请只写了招 2 个人，就说"我们部门这么多工作，2 个人怎么够用呢？"面露不悦，有点怪李芮自作主张的意思。

李芮连忙仔细地向部门经理解释："经理，申请 2 个人的原因是我们部门目前编制 18 人，现在已经有 16 人，申请 2 个人比较符合公司规定，这件事事先没有跟您沟通是我疏忽了，抱歉经理，下次注意。"说着，李芮翻开特意带去的公司刚颁发的文件，指给经理看。经理的眉头松了一下，笑着说："我没注意到这点，那就按照这个先报过去吧。"

师：有了前面的经验，大家来点评一下案例中的李芮吧。

生 I：李芮耐心地向经理解释，我们部门最多只能招聘 2 人，

不然就超额了。有理有据,这一点做得很好。

生 J:是啊,李芮还拿出了文件依据,给领导纠错的时候提供的理由就更充分了。

生 K:另外,李芮和领导讲话时态度诚恳,是站在领导角度说的,委婉地提醒领导招聘人数要符合公司规定。

生 L:老师,我觉得李芮解释的时候比较注意条理,先说现状,再说建议,然后陈述理由,最后表示歉意。思路清晰,语言简洁,这样的沟通非常高效。

师:解释的过程也是给经理提建议的过程。李芮已经把申请报给业务主管,业务主管也通过了,按工作流程小李这样做并没有错。大家想一想,如果他换种方式解释:"我这份申请是给业务主管看过的,他已经通过了。"这样汇报结果会怎么样? 恐怕会直接触怒经理,"你的意思是业务主管比我大? 这事儿谁说了算?"在向经理汇报过程中,小李只字未提已向主管汇报一事,而是摆事实、拿文件,向经理说清缘由并诚恳致歉,用委婉建议的方式而非反驳或自我辩解的方式,巧妙化解了这次意见冲突。

师:好,经过刚才的分析,我们能不能从上面两个案例中归纳出给领导提建议的一般性原则?

生 M:要结合实际工作提,要实事求是提。

生 N:要想提的建议合理化,就要让建议具有可操作性。

生 O:给领导提建议,一定要尊重领导,注意说话的方式方法,语气要诚恳、态度要谦虚。

生 P:要学会换位思考,多站在领导的角度想想,千万不能抱怨。

师：真是学有所获啊。老师再给大家做一点补充，给领导提建议要注意以下几点：注意态度、把握时机、摆正位置、准备充分、体谅领导、权衡结果。

3. 重点活动二：我给朋友提建议

师：建议在日常生活中主要有两种使用场景：一种是工作中向领导、同事提建议；一种是家人、朋友需要我们的帮助时，我们提出自己的建议供其参考。如果说给领导提建议更多地需要理性的参与，让自己的建议言之有理、言之有据，能在工作场合以理服人；那么，给家人朋友提建议，可能会掺入更多的情感因素，在建议的过程中给朋友心理抚慰。有些时候朋友们站在人生的分岔口上、处在人生的低谷中，或者内心犹豫不决时，都需要我们提供建议供其参考。

接下来，老师给大家介绍国外一位学者，他对建议这种言语行为进行了深入解剖，对如何给朋友提建议给出了三个步骤。我们一起来阅读学习单中的资料，他的建议三步法会给我们带来新的启发。

给朋友提建议的 EPA 模型[①]

2009 年，美国加州大学戴维斯分校的冯波教授在《人类传播学研究杂志》上发布研究成果，提出将建议的整体性打破，综合地看待建议的提供方式。她所阐释的提供建议的综合模型被学术界广泛引用和推广。冯波教授在文章中指

① 王冰青. 说话之道：如何给人提议？［EB/OL］.（2016-10-06）［2021-12-17］. https://zhuanlan.zhihu.com/p/22782245.

出，建议通常分为三个组成部分。

第一部分是情感支持。所谓情感支持，是指建议者在提供建议时对于接受人情绪和情感的理解与照顾。当他人向我们寻求建议时，往往处于一种不知所措或心理压力很大的境地。此时，必要的情感支持会有效调节对方的生理及心理状态。冯波教授同时指出，处于紧张状态或是人生低谷中的人，无论他们的情绪是悲伤、害怕、生气，还是愤怒，他们都可能还没有准备好接受别人的建议。这也是为什么我们总是听到人们希望被哄。其实，所谓的"哄"，就是对于情感的一种承认和理解，而并非单纯的顺从。在人们的情绪与感情没有得到认可的情况下，大多数人其实还并没有准备好静下心来接受他人的建议。此时硬生生地给别人忠告，自然也很难收到好的效果。

接下来，等到我们安抚好别人的情绪，是不是就可以说出我们苦思冥想的建议了？冯波指出，大多数人都会默认别人吐槽的时候是需要我们提供建议的。然而这一假设很有可能是错误的。研究显示，不需要的、无关的或是重复的建议，往往会导致受建议者的抵触心理，并且大大降低建议的有效性和接受度。因此，问题的获取就成为提供建议的重要一环。相对于说，听往往更重要。正如我们有两只耳朵，却只有一张嘴。冯教授认为，听取对方的想法和问题，要先于我们提供自己的建议，才能让我们的提议更加有效。同时，获取问题之后，作为建议的提供者，也要对问题进行必要的分析和梳理。问题的获取和分析往往同时发生，因

此在研究中,学者也将它们作为同一部分进行考察。也就是说,我们并不能先验地认为对方需要我们的建议,即便如此,双方共同讨论得出的结果也会比我们单方面提出的建议更有效,因为共同商议的结论包含了受建议者自身的投资(时间、思考等),受建议者会更加信任和理解这一最终建议。

最后,终于到了激动人心的时刻,作为建议的提供者,我们终于可以将金玉良言奉送给处于苦难或是彷徨中的朋友了。此时的建议,经过了层层包装,历经对方情绪与理智的双重防线,终于可以直抵对方心田,生根发芽了。

冯波教授提出的EPA模型综合以上三个要素,即情感支持(E)—问题获取与分析(P)—提供建议(A)的三部曲方法,这被认为是有效提供建议的方式。为验证这一假设,752位实验参与者被随机分配,阅读一段模拟的参与者和其朋友之间的对话。模拟的对话内容可能是考试失利,与父母之间关于职业选择的冲突,或是在兼职工作中被克扣薪水。十一种建议的表达方式(EPA的不同排列组合)与这三种模拟场景共同构成三十三种实验情境。所有实验参与者被随机分配到这三十三种实验情境中。阅读完成后,参与者被要求对阅读材料中建议的质量评分。实验的结果显示,即便是对于同样的建议,当提供的建议以EPA的模式呈现时,参与者对建议的评价最高。单纯地加入情感支持(E)和问题获取与分析(P)也并不能让建议的质量达到最佳。实验的结果显示被试者对于EPA的评价也比PEA的

评价显著要高。因此，很多时候，我们的建议不被接受，并不是因为建议本身的质量不好，而是缺乏必要的包装因素、情感支持、问题获取与分析，或是我们呈现这些元素的顺序不是最佳。

师：冯波教授对建议这种言语交际行为进行了深入细致的分析，她遵循建议的内在逻辑，把建议分解成三个步骤，请一位同学先来概括一下这三个步骤。

生A：第一步是提供情感支持，第二步是获取问题、分析问题，第三步是提供实质性的、有价值的建议。

师：非常好！每位同学都用红笔把小短文中的这三个步骤画出来。三个步骤之间的顺序能否交换？

生B：不能。情感支持（E）—问题获取与分析（P）—提供建议（A），三者顺序是不能互换的。冯教授通过实验验证了自己的假设，十一种建议的表达方式（EPA的不同排列组合）与这三种模拟场景共同构成三十三种实验情境。即便是对于同样的建议，当提供的建议以EPA的模式呈现时，参与者对建议的评价也要高。

师：回答得很清楚。请大家把最后一段中的实验方法、实验结论用红笔画出来。任何一种理论都要经受实践的检验才有说服力。接下来，我们就来实验一下吧。老师给大家提供了一些生活中的场景，请大家两两一组讨论以下交际场景，用刚才学到的EPA模式完成表4-8"如何'建议'"的交际练习。

表 4-8　"如何'建议'"的交际练习

我来给你提建议	
交际场景	"建议"怎么说?
1.爸爸最近炒股亏了很多钱,他心烦意乱地在家里走来走去,一边抽烟一边大声地呵斥妈妈,客厅里烟雾缭绕。	
2.爸爸在高速路上开车,你坐在车后座上。这时他的手机响了,爸爸随手接起了电话。	
3.好友玲玲在校园里看到一只流浪猫,她很喜欢那只小猫,就偷偷地把它带回了寝室。可是学校管理有规定,不能在寝室里饲养小宠物。	
4.大二下学期快结束了,面点专业组织用人单位和学生面试"双选会"。坤坤想去可莎蜜儿做西点,以后就业的面更宽一些。但是他家里条件不太好,如果去知味观做中点,多加点班可以多赚些钱补贴家用。他非常苦恼,不知道该如何选择,于是找你倾诉。	
5.琪琪发现同学蓝桦最近经常跟她发微信聊天,校园里常常会"偶遇"蓝桦,上个周末琪琪生日,蓝桦给她送了一份礼物。琪琪觉察出蓝桦可能喜欢自己,但蓝桦并没有跟她直接说什么,琪琪想拒绝他,又不知道该怎么开口。	

生 C:老师,我先来试试看吧。场景一,我会这么跟爸爸沟通:"爸爸,您辛苦了,我给您倒杯水,您坐下来休息一下吧。您最近心情不太好,是不是炒股亏钱了?还记得去年炒股您也亏了许多钱,再这样下去,恐怕只会越亏越多呢。爸爸,您平时工作这么努力,炒股不是我们发家致富的依靠。如果您不炒股了,说不定我们以后的日子会越过越好呢!"

生 D:我的建议和 C 同学一样,也是建议爸爸不要炒股。我想再补充一句话:"爸爸,您知道吗,您的脸就是我们家的晴雨表。您喜笑颜开,那就是今天赚钱了;您阴云密布,就是亏钱了。"

师:你这是想逗爸爸开心啊。(众生笑)

生 E:场景二,我想这么说:"爸爸,您不能边开车边打电话。试想一下,以车速 120 千米/小时撞上一个护栏,根据动量定理,在 0.01 秒内受到的冲击力是人体不能承受的。瞬间,坐在前排的你肯定首先受到力的冲击……"

师:你物理学得不错,说得很专业哦。但如果爸爸物理不好,或者正在气头上听不进你讲的物理知识,你的建议恐怕不会有效果。"建议"是一件既讲理又讲情的事,还是别用太专业的知识吧。

生 F:老师,你看下我写在钉钉群里的:"爸爸,司机驾车接打电话被拍到要扣三分,在公交车上就贴着举报方式,一旦司机接打电话,乘客有权利马上举报。你肯定听说过因为驾驶员的疏忽大意造成的车祸惨剧吧,'前事不忘,后事之师',你要明白'生命不能儿戏',设想因为大意酿成了家破人亡的车祸惨剧,到时候你一定悔之莫及,所以何不趁这个机会改正呢?"

师:你从驾驶安全和交通法规的角度讲道理,所举的生活事实也很有意义。但是我们要注意你的身份,你和他是父子关系,你是晚辈,从家庭伦理关系角度考虑,向爸爸提建议要讲究分寸和尺度,不能把自己想象成一个"交警",板起面孔和爸爸讲大道理。(众生点点头)

生 G:爸爸啊,驾驶途中接打电话,作为司机,我们知道这是

不允许的,尽管你是为了处理事情。静心想一想,我们做孩子的,哪里明白大人的忙碌呢?虽然你并没出事,我也相信你驾驶技术高超,但是"祸患常积于忽微",有多少重大事故往往就是因为疏忽大意造成的啊!

师:作为儿女,能站在爸爸的立场和爸爸"共情",以情感人,这样的建议爸爸肯定爱听。

生 H:场景三,我想这样对好友玲玲说:"玲玲,你真是好心啊,你真是太有爱心了。流浪猫实在太可怜了,这几天你给它从食堂买了吃的,还给它洗了澡,它精神都好了很多呢。现在宿管员发现了这个事,不准你再养下去了,你接下去怎么办呢,要我给你出出主意吗?如果直接把它丢弃,你肯定于心不忍,如果把它交给宿管李阿姨,她也很有爱心,她会把小猫放归到校园后面的小山坡上,这样小猫就能去找自己的家人了。"

师:你的建议把刚才学到的 EPA 模式都用上了,老师为你点赞!

生 I:场景四,我会这么跟坤坤说:"坤坤,这次双选会,你被可莎蜜儿和知味观同时选上了,这说明你很优秀,不论中点还是西点,你的专业能力都很强。我就没有那么多选择余地了。其实,学院给我们推荐的都是杭州知名企业和大公司,不论去哪家公司实习都是不错的选择。要我给你出出主意吗?如果我是你,我会看重今后的发展而不是目前的实习工资,我们还年轻,多学点技能将来也许有更好的平台去实现自己的价值。你说呢?"

师:不直接给"标准答案",而是提供方向性选择,让坤坤自

已去决策，这个建议提得好！

生J：轮到我说了，老师，场景五，要给琪琪提建议好为难啊！蓝桦并没有跟她直接说什么，只是有一些行动暗示。如果我是琪琪的闺蜜，我可能会建议琪琪好好考虑一下，如果蓝桦是个好男孩，也可以给蓝桦一点机会嘛！（生笑）

师（笑着说）：所以你还是给了建议，希望琪琪考虑一下蓝桦，不要果断拒绝他。

师：同学们，让我们一起来回顾一下，给朋友提建议的EPA三部曲。

（PPT5：EPA第一步——提供情感支持）

表明自己理解对方的处境，安慰对方的情绪，或者与对方共情。我们可以说，"我理解你""那些人怎么能这样?!""真的是为难你了"。这些都是很有效的情感支持的话。收起作为建议提供者的傲气，和对方平等地面对问题，理解他们的难处。

（PPT6：EPA第二步——获取问题、分析问题）

问问对方是否需要你的建议，并且和他们一起分析问题。对方很可能只是想吐槽，可千万别"自作多情"。你可以问"要我给你出出主意吗?""咱们一起来聊聊这个事儿"或者"你现在的想法是什么?"记得，我们有两只耳朵，却只有一张嘴。

（PPT7：EPA 第三步——提供实质性建议）

> 给出有质量的、可行的建议。提建议不仅要分析利弊，言之有理，还要摆正自己的位置，结合实际情况，争取提得有针对性。我们可以说"如果我是你，我会这样考虑这个问题"，"不知道我的想法是不是对你有帮助，这个问题，我是这么想的"。建议不是帮朋友做决定，只是给他提供参考，所以不能对自己的建议抱有过高期望，记住建议不是要求，不是说服，更不是命令。

师：刚才我们从两个案例中归纳了提建议的基本原则，大家对如何提建议应该已经形成了一定的理性认识。值得一提的是，有时候家人朋友并不一定真的要我们提建议，他们只是想倾诉自己的问题，他们的初衷可能是寻求安慰和理解，需要我们感受和倾听，或者只是单纯地分享自己的遭遇。所以 EPA 可能只要进行 EP 两个步骤就可以了。比方说，妈妈下班回到家，告诉爸爸今天她被老板骂了，很不开心。妈妈可能只是想让爸爸安慰安慰自己，可爸爸却说："这件事你确实有不对的地方，下次应该注意 A、B、C 三点。"这时，妈妈很可能因为爸爸说的不是她想听的，觉得爸爸不够善解人意，而爸爸却觉得自己一片好心却没被认可，也很无奈。这就是错误解读对方意图而导致的矛盾。所以，EPA 策略中的前面两个步骤"共情"与"学会倾听"是非常重要的。

4.拓展活动一：品味红楼学建议

师：通过刚才的学习，我们不仅掌握了建议的 EPA 法则，而且对如何灵活运用 EPA 法则给朋友提建议有了心得体会。接

下来老师带大家走进中国古典名著《红楼梦》的世界,从古人的言语交际中学习建议的智慧。看看曹雪芹笔下的人物,他们在大观园的生活中,又是怎么提建议的? 我们一起来赏析。

请大家拿出学习单,读一读《红楼梦》第三十四回宝玉挨打,袭人劝慰王夫人的言语片段。想一想,袭人是怎么建议王夫人的,她的话为什么能打动王夫人?

《红楼梦》第三十四回片段①

宝玉挨打后,袭人见王夫人这般悲感,自己也不觉伤了心,陪着落泪。又道:"我也没什么别的说。我只想着讨太太一个示下,怎么变个法儿,以后竟还叫二爷搬出园外来住就好了。"王夫人听了,吃一大惊,忙拉了袭人的手问道:"宝玉难道和谁作怪了不成?"袭人连忙回道:"太太别多心,并没有这话。这不过是我的小见识。如今二爷也大了,里头姑娘们也大了,况且林姑娘宝姑娘又是两姨姑表姊妹,虽说是姊妹们,到底是男女之分,日夜一处起坐不方便,由不得叫人悬心,便是外人看着也不像。一家子的事,俗语说的'没事常思有事',世上多少无头脑的人,多半因为无心中做出,有心人看见,当作有心事,反说坏了。只是预先不防着,断然不好。二爷素日性格,太太是知道的。他又偏好在我们队里闹,倘或不防,前后错了一点半点,不论真假,人多口杂,那起小人的嘴有什么避讳,心顺了,说得比菩萨还好,心

---

① 曹雪芹,高鹗.红楼梦[M].北京:人民文学出版社,1982:466-467.

不顺,就贬得连畜生不如。二爷将来倘或有人说好,不过大家直过没事,若要叫人说出一个不好字来,我们不用说,粉身碎骨,罪有万重,都是平常小事,但后来二爷一生的声名品行岂不完了,二则太太也难见老爷。俗语又说'君子防不然',不如这会子防避的为是。太太事情多,一时固然想不到。我们想不到则可,既想到了,若不回明太太,罪越重了。近来我为这事日夜悬心,又不好说与人,惟有灯知道罢了。"

王夫人听了这话,如雷轰电掣的一般,正触了金钏儿之事,心内越发感爱袭人不尽,忙笑道:"我的儿,你竟有这个心胸,想得这样周全!我何曾又不想到这里,只是这几次有事就忘了。你今儿这一番话提醒了我。难为你成全我娘儿两个声名体面,真真我竟不知道你这样好。罢了,你且去罢,我自有道理。只是还有一句话:你今既说了这样的话,我就把他交给你了,好歹留心,保全了他,就是保全了我。我自然不辜负你。"

师:我们来探讨一下,袭人给王夫人提了一条什么建议?

生 A:应该是"以后竟还叫二爷搬出园外来住就好了",就是叫宝玉搬出去住。

师:王夫人认可袭人的建议吗,从哪里可以看出来?

生 B:认可。从第二段王夫人的回应"笑道""我的儿!你竟有这个心胸,想得这样周全,我何曾又不想到这里,只是这几次有事就忘了。你今儿这一番话提醒了我。难为你成全我娘儿两个声名体面,真真我竟不知道你这样好"。从这些话语中可以看出,王夫人对袭人的建议非常认可,对袭人大加赞赏,还暗示要

提升袭人"地位"。

师:看来袭人的这番话深得王夫人之心。那么,袭人是怎么建议的呢?

生 C:袭人把这个建议的理由表述得很充分,她先是说"二爷也大了""男女之分,日夜一处起坐不方便",然后再说"没事常思有事",预先防着更好,因为二爷素日性格偏好在女孩子堆里闹,"太太也难见老爷"。万一二爷又出事了,事后再去找老爷就迟了。

师:袭人思虑周详,权衡利弊,字字句句都站在主子的立场上,入情入理,把建议的理由陈述得非常充分。

生 D:袭人建议时的语气分寸也把握得很好。她称宝玉是"二爷",称王夫人"太太",她以一个丫鬟的身份,先是陪着伤心落泪,然后以"我也没什么别的说。我只想着讨太太一个示下",二爷万一有个三长两短,"我们粉身碎骨、罪有万重都是平常小事","太太事情多,我们想到了若不回明太太,罪越重了","近来我为这事日夜悬心,又不好说与人"等等,把自己的内心想法和盘托出,字字句句都是真情实感流露,把宝玉、王夫人当作自己的家人一样交心说话。

师:是啊,袭人以一个丫鬟的身份道出了如同给亲生父母的话语,这番话怎能不深得王夫人之心呢?她很清楚自己的身份,但她说的这番话远远超越了普通丫鬟的身份,既越位又不越位,这就是袭人的高明之处了。

生 E:用 EPA 法则看,袭人的"共情"用得特别到位。从王夫人的表态看,袭人的建议说到了王夫人平日潜在的念头、想法上,引发了王夫人内心强烈的共鸣,因此王夫人做出了非同寻常

的反应，说："你今既说了这样的话，我就把他交给你了……我自然不辜负你。"可见，袭人的建议与王夫人的意愿相合，自然就得到王夫人的肯定了。

师：赏析完第三十四回宝玉挨打，袭人劝慰王夫人的言语片段，我们再来看一个片段。红楼梦第三十七回中，史湘云"申办"大观园诗社"第二届诗会"获准，很是兴奋。喜而不寐的湘云在灯下向宝钗高谈阔论自己的"承办计划"。不料宝钗给她兜头泼了瓢凉水，劝其放弃，并提出自己的建议。自尊心极强的湘云听了这番话不但没恼火，还高高兴兴地接受了宝钗的主意。原因何在？

《红楼梦》第三十七回片段①

　　湘云灯下计议如何设东拟题。宝钗听他说了半日，皆不妥当，因向他说道："既开社，便要作东。虽然是顽意儿，也要瞻前顾后，又要自己便宜，又要不得罪了人，然后方大家有趣。你家里你又作不得主，一个月通共那几串钱，你还不够盘缠呢。这会子又干这没要紧的事，你婶子听见了，越发抱怨你了。况且你就都拿出来，做这个东道也是不够。难道为这个家去要不成？还是往这里要呢？"一席话提醒了湘云，倒踌蹰起来。宝钗道："这个我已经有个主意。我们当铺里有个伙计，他家田上出的很好的肥螃蟹，前儿送了几斤来。现在这里的人，从老太太起连上园里的人，有多一半都是爱吃螃蟹的。前日姨娘还说要请老太太在园里赏桂花

① 曹雪芹,高鹗.红楼梦[M].北京:人民文学出版社,1982:512—513.

吃螃蟹,因为有事还没有请呢。你如今且把诗社别提起,只管普通一请。等他们散了,咱们有多少诗作不得的。我和我哥哥说,要几篓极肥极大的螃蟹来,再往铺子里取上几坛好酒,再备上四五桌果碟,岂不又省事又大家热闹了。"湘云听了,心中自是感服,极赞他想得周到。宝钗又笑道:"我是一片真心为你的话。你千万别多心,想着我小看了你,咱们两个就白好了。你若不多心,我就好叫他们办去的。"湘云忙笑道:"好姐姐,你这样说,倒多心待我了。凭他怎么糊涂,连个好歹也不知,还成个人了? 我若不把姐姐当作亲姐姐一样看,上回那些家常话烦难事也不肯尽情告诉你了。"宝钗听说,便叫一个婆子来:"出去和大爷说,依前日的大螃蟹要几篓来,明日饭后请老太太姨娘赏桂花。你说大爷好歹别忘了,我今儿已请下人了。"那婆子出去说明,回来无话。

师:宝钗给湘云提了一条什么建议?

生 F:宝钗建议湘云放弃"申办"大观园诗社"第二届诗会"。

师:放弃承办诗会,湘云认可了吗,从哪里可以看出来?

生 G:有点认可,原文中有"一席话提醒了湘云,倒踌蹰起来",说明湘云犹豫了。

师:是啊,那么,宝钗是怎么说动湘云的呢?

生 H:开诗社是好,可是经费从哪里来呢? 宝钗从经费不足角度入手分析问题,"你家里你又作不得主,一个月通共那几串钱,你还不够盘缠呢","你婶子听见了,越发抱怨你了"。

师:嗯,理由很充分,怪不得湘云犹豫了。那么,宝钗接下来是怎样进一步说动湘云的呢?

生 I:宝钗建议"如今且把诗社别提起,只管普通一请",意思是不提诗社的事,先请大家吃一顿,吃完大家一起作诗。而且还给出了备置酒席的具体方案。

师:对,宝钗用了"先破后立"的方法。她先进行符合客观实际的分析,这一冷静分析使湘云发热的头脑顿时降了温,她意识到实施难度大,有些不知所措,这是"破"。见湘云心态有所转变,宝钗趁热打铁,拿出新计划。湘云听了这个切实可行、周密细致的新计划,"心中自是感服,极赞他想得周到"。她完全接受了宝钗的方案。宝钗"先破后立",给出具体可行的操作性建议,这样的建议方式大获成功。

5.实践活动:应用迁移

师:这次教学活动,我们具体学习了给领导提建议和给家人朋友提建议两种不同的建议方式,还通过赏析《红楼梦》中的人物对话进一步分析古人提建议的智慧。下面我们回归到日常生活中,老师给大家提供了两个小练习,供大家课外练习、巩固,作业写好发回群里。

(PPT8:我为王亮支一招)

> 聋人王亮刚到一家公司上班,平时他都是用纸笔或者手机在线翻译软件和同事交流。但是有时候公司开会,他坐在后排,距离领导讲话位置太远,再加上周围的噪声干扰,翻译软件识别的正确率就大大下降了。他希望公司能提供方便聋人员工工作的无障碍设施,比如会场上提供讯飞文字同传,或者为聋人员工提供手语翻译等等。假如你是王亮,你会怎么给领导提建议呢?

（PPT9：三胎的苦恼）

> 你的好朋友丫丫最近很烦恼，她对你说："这段时间我一直心烦意乱，因为爸爸妈妈打算再生一个，我上面已经有一个姐姐了，我不想再要一个弟弟或妹妹，做夹心层的滋味真不好受啊！"请你给丫丫提一点建议，设法化解她的烦恼。

三、学习评估

师：每位同学课后填写学习评估表 4-9 和表 4-10，对本次学习活动做一个小结。

表 4-9　学习评估（一）

我的学习收获	
我的不足	
我对自己的改进建议	

表 4-10　学习评估（二）

评估内容	表现程度
1.我能说出建议、说服、命令、抱怨这四个概念之间的联系和区别。	☆☆☆☆☆
2.当有同事、朋友向我征求意见，我会伸出援手，提供我的建议，帮助他们。	☆☆☆☆☆
3.如果在工作场合，公司领导向我征求意见，我会积极主动地配合领导。	☆☆☆☆☆

评估内容	表现程度
4.给领导提建议我会尽量做到有理有据,不凭主观轻率发言。	☆☆☆☆☆
5.给领导提建议,我会摆正自己的位置分析利弊,做到言之有理,力求结合实际情况,提得有针对性。	☆☆☆☆☆
6.对于领导的错误,我会选择恰当时机和场合指出来,语气诚恳、态度谦虚。	☆☆☆☆☆
7.给领导提建议,我能做到注意态度、把握时机、摆正位置、准备充分、体谅领导、权衡结果。	☆☆☆☆☆
8.我会用 EPA 三步法[即情感支持(E)—问题获取与分析(P)—提供建议(A)]给朋友提建议。	☆☆☆☆☆
9.我会用"我理解你""那些人怎么能这样?!""真的是为难你了"等句式来表明自己理解对方的处境,安慰对方的情绪,与对方共情。	☆☆☆☆☆
10.我会用"要我给你出出主意吗?""咱们一起来聊聊这个事儿"或者"你现在的想法是什么?"等句式询问对方是否需要我的建议,和对方一起分析问题。	☆☆☆☆☆
11.我会用"如果我是你,我会这样考虑这个问题""不知道我的想法是不是对你有帮助""这个问题,我是这么想的"等句式开启话题,给对方有质量的、可行的建议。	☆☆☆☆☆
12.有时候家人朋友并不一定真的要我们提建议,他们只是想倾诉自己的问题,他们的初衷可能是寻求安慰和理解,因此我也愿意做一个倾听者,感受倾听他人的遭遇。	☆☆☆☆☆

四、教学反思

从事聋教育那么多年,很少听到聋人群体主动向学校、向老师提建议,大部分当过聋生班主任的老师都觉得聋生很"乖",他们比盲生、肢残生安静很多,生活中似乎一直在扮演沉默的大多数的角色。笔者任教的 2020 级数字媒体设计专业中就有这样一位男生,他上课时始终笑眯眯地看着我,但叫他起来回答问题,他永远都是打一个同样的手势动作"不知道"。——为什么聋生不愿意表达自己的观点,不愿意主动提建议呢?这大概和他们的成长环境有关吧,从小到大他们和父母家人沟通不便,他们提出的需求总是被忽视,没有人喜欢倾听他们的意见,他们已经陷入了习惯性沉默。

这就有了本次课开头的一幕,多数学生不愿意配合,不愿意发表对班长和文娱委员在微信群里征求节目的建议。本次课一开始的推进是比较困难的,好在笔者有了心理准备,对他们进行了充分引导。"事不关己高高挂起"不是当代青年学子应有的姿态,做一个旁观者容易,做一个推动者难,做决策者更难。要想在一个集体中有所作为,必须学会主动站出来发表自己的观点。要扭转他们的这种心态,光靠一次课是远远不够的,还需要心理老师、班主任的介入,大家一起形成教育合力,助力聋生的精神成长和沟通与交际能力的提升。

导入之后的教学重点环节,笔者设计了两个大的项目,第一个项目是向领导提建议,在这个项目中设置了三个小场景。三

个小场景既有正面案例，又有反面案例，目的是让他们在交流、对比中深化认识，形成对如何给领导提建议的初步的理性认知。给领导提建议，概括来说要做到注意态度、把握时机、摆正位置、准备充分、体谅领导、权衡结果。第二个大的项目是给家人朋友提建议，笔者引入了 EPA 模型，这就好像给他们提供了"脚手架"，让他们按照这三个步骤一步步来推进，掌握提建议的方法。从教学实际效果看，第二个项目比第一个项目的实施效果更好。这也提示笔者，在教学设计中，除了创设贴近他们的实际情境的案例之外，还应多给他们提供这样的可操作性步骤，这对提升他们的交际能力很有帮助。

　　聋生平时很少有看课外书的习惯，尽管中国古代四大名著家喻户晓，但读过原著具体内容的同学却是寥寥无几。何不把《红楼梦》带入课堂，从"建议"的角度来剖析人物对话，一来开阔他们的视野、增添一些学习的乐趣，二来从品味人物对话中潜移默化地提升提建议的能力？于是在拓展活动环节就有了品红楼学建议的教学。这部分教学具有较大难度，从实际教学看，即使到了高等职业教育阶段，还有一大部分聋生对文白夹杂的小说读得似懂非懂。他们的语言文字功底较弱，背景知识的缺乏和阅读能力的薄弱限制了他们对人物语言的揣摩理解。笔者要求聋生课前借助学习单提前自习，课上再来讨论，但为了真正把袭人与王夫人的对话、宝钗与湘云的对话弄懂，课上还是花费了不少时间。课上时间宝贵、有限，如何激发他们的阅读积极性，让他们学会课外自主阅读，用文学作品中汲取的营养来反哺沟通与交际技能的学习，这是一个值得深入探讨的话题。

第五节　课堂实录五：推销

一、设计背景

高等职业教育阶段面向聋生开设的专业以服务大类为主。以笔者所在学院为例，不论中西面点工艺、电子商务、茶艺与茶文化还是工艺美术品设计、数字媒体艺术设计专业，聋生设计或制作出来的产品都要以市场需求为导向，在老师指导下通过"调研—设计—制作—生产—销售"等步骤来完成一个学习任务的完整闭环。专业教学中采用的项目化、任务型教学设计，最终都指向产品销售，可以说销售环节是检验之前学习任务是否达成的重要标准。

但具体到课程教学，销售环节是项目学习中一个相对独立的部分。在竞争激烈的互联网时代，酒香不怕巷子深已成过去，好产品还需要多吆喝，要想主动占领市场，聋生不仅需要熟悉产品特性，还需要对产品进行宣传与包装，通过问询、诱导、解释、说服等手段来激活并满足顾客需求，推动产品的顺利销售。聋生与顾客的销售沟通主要有两种方式，一种是笔谈，即利用各种电商平台的即时沟通软件如淘宝旺旺、京东咚咚等与听人客户交流；一种是手语直播带货方式，用手语直播配合打字回复粉丝，实现与客户的直播交流。

　　基于职业情境的沟通与交际需要让聋生在言语实践、社会参与、合作共享的过程中经历推销这一工作过程,从这个角度说,学会运用推销这种交际语言是聋生获得职场交往经验,推动汉语应用能力与职业岗位能力融合必备的技能。基于上述思考,笔者引入市场营销领域商务交际中的知识,实施了以"推销"为主题的汉语沟通与交际教学。全课共 6 学时,共 3 讲,约 240 分钟完成。

二、教学过程

(一)情境导入

　　师:我们学院每年的校园文化艺术节都会组织"跳蚤市场"贸易活动,很多同学在跳蚤市场里卖得不亦乐乎,买得停不下手。请几位同学先来回顾一下自己体验到的活动经历。

　　生 A:去年跳蚤市场活动我买了好多书,五元一本,那位快毕业的学姐搞买五送一促销,我感觉自己赚大了。

　　生 B:那次贸易节我和寝室好友商量,从网上批发一些小饰品拿出来卖,没想到生意非常好,很受女生欢迎,一个上午全部卖空了。

　　生 C:我把自己平时闲置的一些物品,包包啊衣服啊都拿出来卖了,不过没怎么卖出去,后来我们用以物换物的方法,和其他摊主交换,也换到了几样心仪的东西。

　　生 D:我没有准备什么东西卖,我一直在买买买。做生意嘛,就是靠吆喝,一吆喝人就围过来了,哪里人多我往哪里去,凑

热闹呗。

师:看来大家都很喜欢这个活动。从做一个职场人的角度去思考,贸易节活动给了你们什么启发,有什么收获吗?

生E:要会促销,比如买几送一什么的。

生F:卖之前要做需求分析,女生喜欢什么,男生喜欢什么,什么东西比较好卖,要进行市场调研。

生G:有了合适的商品,还要懂得和同学沟通,聋生和听生做买卖,笔谈、手机软件语音转文字、肢体动作都可以用起来,这样才能卖得快。

生H:没错,善于沟通很重要。我们寝室和隔壁寝室卖的东西差不多,都卖潮流饰品,但是他们卖得比我们快,卖得比我们好。

师:看来大家都发现了沟通在推销过程中的重要性,我们今天的课就从语言沟通的角度来学习推销的语言表达法。

(二)任务实施

1.准备活动:面包卖不出去的苦恼

师:作为中西面点专业的学生,相信同学们都有这样的苦恼。就是实训课上做好的面包放在食堂门口卖,有时候到了下午甚至晚上还没卖完。没办法,大家只好内部消化,不断地给自己增肥。(生笑)这学期有面点班同学就跟老师提出来,要求把安排在周五的西点课时间换到其他时间,因为周五晚上不用晚自习,很多同学都出去了,面临着客源流失的风险。请大家想一想,他们为什么卖不出去,你们有什么办法可以帮助他们?

生A:他们一般都把做好的点心放在食堂门口的小台子上,

点心边上放了两块牌子,一块上面标着价格,一块是供支付宝或微信扫码支付用的二维码。有需要的同学会走过去,扫码下单即可。

师:不用打手语、不用笔谈,自助服务,"姜太公钓鱼,愿者上钩?"(生笑)

生 B:这样省力是省力,但是卖不完也是常有的事儿。

生 C:我觉得他们应该再加一块牌子,用来标注点心名称,比如"葡萄干吐司""巧克力慕斯"什么的,让顾客一目了然。我买面点专业同学做的点心都一年多了,说实话我每次买都不知道自己买了什么,都是看外观凭感觉买的。

师:标注产品名称。必要的话可以在产品名称后面再加一个括号,括号内注明所使用的原料和克数,让消费者们吃得明明白白。

生 D:我觉得他们可以提供试吃,主动邀请过往的同学免费品尝,吸引喜欢吃的同学来买。

师:主动邀请试吃。

生 E:还可以加一句广告语吧,比如"好吃好吃真好吃!"(生笑)

师:想法不错,广告创意有待提升,卖中点可以学学知味观的"知味停车,闻香下马;欲知我味,观料便知",或者五芳斋的"米食有万千,五芳味最鲜""颗颗金品质,浓浓五芳情",提升一下广告语的内涵与品位。

生 F:在食堂门口卖有点辛苦,我建议他们开个微信公众号,把做好的中点或西点每天都分享到公众号上,有需要的同学付

款后到实训室自提就可以了。

师:嗯,在食堂门口卖属于实体销售(门店销售)模式,你刚才提的建议属于网络销售,不需与同学面对面交流,而是用微信平台进行产品推广。

生G:还有啊,我有两位2018级的学姐现在在小红书、抖音平台做手语直播带货,她俩做得也挺好的。

师:嗯,手语直播带货是目前比较新的销售模式,也是聋人喜闻乐见的方式。通过刚才的讨论,我们总结了三种推销方式,一是做门店销售,面对面推销;二是做网店销售,在网络平台上推销;三是在网上开直播,用手语直播带货。其中前两种方式主要的沟通手段是笔谈,第三种方式主要沟通方式是手语。那么,今天的课我们就重点来学习笔谈和手语这两种方式的推销语言表达。

2.重点活动一:笔谈推销

师:请大家看一个小故事①:

二战的时候,美国军方推出了一个保险,这个保险是什么内容呢?如果每个士兵每个月交十元钱,那么万一上战场牺牲了,他会得到一万美元。这个保险出来以后,军方认为大家肯定会踊跃购买。他们就把命令下到各连,要每个连的连长通知大家积极购买。其中一个连按照上级的命令,把战士们召集到一起,向大家说明了这个保险的内容,可是这个连没有一个人愿意购买。大家的想法其实也很简

---

① http://blog.sina.com.cn/s/blog_4f913cf80100mkr3.html.

单,如果在战场上连命都没有了,过了今天不知道明天在哪里了,我还买这个保险干什么啊? 十美元还不如买两瓶酒喝呢!

　　这时连里的一个老兵站起来说:"连长,让我来和大家解释一下这个保险吧。"连长不以为然:"我都说服不了,你能有什么办法呀? 你愿意说,那你就来试一试吧。"这个老兵就站起来对大家说:"弟兄们,我和大家来说几句。我所理解的这个保险的含义,是这个样子的,战争开始了,大家都将会被派到前线上去,假如你投保了的话,如果到了前线你被打死了,你会怎么样? 你会得到政府赔给你家属的一万美元。但如果你没有投这个保险,你上了战场被打死了,政府不会给你一分钱。也就是说你等于白死了,是不是? 各位想一想,政府首先会派战死了需要赔偿一万美元的士兵上战场,还是先派战死了也白死的不用赔一分钱的士兵上战场呀?"听完老兵这一番话后,全连弟兄纷纷投保。

师:故事看完了,我们来分析一下,为什么这位老兵能说服士兵们啊?

生 A:老兵的话激发了士兵们的购买欲。

生 B:老兵说得有道理,谁都不愿成为那个被第一个派上战场的人。

生 C:老兵用了"激将法",不买也得买啊。(生笑)

生 D:老兵善于揣摩士兵们的心理。

师:看来,要想成为一名优秀的销售,既要懂得顾客心理,还

得能说会写,激发顾客的购买欲啊!那么,笔谈销售的第一步从哪里开始呢?是从顾客向你询问商品开始,还是从顾客进店的那一刻就开始了呢?

生E:好像是从顾客向我们询问商品开始吧?(很多同学摇头,表示不太清楚)

师:看来大家还缺乏实战经验。其实,如果做门店销售,笔谈推销的第一步从顾客进店的那一刻就开始了。这就是所谓的察言观色、迎接顾客。当一名门店销售,我们首先要学会分辨客户,弄清客户是否有购物的需求。因为每一类客户的需求都不一样。接下去我们来看以下PPT。

(PPT1:区分三种顾客类型)

1.有明确购买目的的顾客。这类顾客目标明确,进店后往往直奔某一柜台,主动向营业员提出购买某一商品的要求,这类顾客男性居多。

2.有购买目标但不明确的顾客。这类顾客进店后脚步缓慢,眼光不停地环视四周,临近柜台后也不提出购买要求。

3.没有购买打算,来闲逛商店的顾客。这类顾客进店后,有的行走缓慢,东瞧西看;有的行为拘谨,徘徊观望;有的专往热闹的地方凑。

生F:察言观色真的很重要啊!

生G:我明白了,这样可以少做很多无用功。

生H:不同类型的顾客我们应该区别对待。

生I:对于目的性强的客户,最好是迅速抓住时机向他介绍

他可能感兴趣的商品。

生 J：对于只是闲逛的客户，相应的销售行为是等待。

师：同学们都很聪明。大家听不见，感觉补偿让我们拥有了比听人更丰富更敏锐的视觉，大家一定要好好利用我们的双眼，善于从看到的现象、行为背后去揣摩顾客的心理、动机。（众生点点头）

师：无论哪种类型的顾客，我们都要学会打招呼。打招呼是迎接顾客的第一个步骤。大家想一想，我们可以用哪些方式来打招呼？

生 K：微笑。

师：微笑是最美的语言。

生 L：可以说"欢迎光临"。

师：这几个字可以事先写好，用花体字放在进门口醒目位置。

生 M：可以说"您好，请随便看看"。

师：嗯，给顾客一种安全又受关怀的感觉。注意避免过分热情，跟前跟后，打扰顾客。老师再补充一点，如果遇到了节假日，也可以说"过年好""元宵节快乐"这类的节日问候语。

作为销售人员正确迎接客户是非常重要的，请大家回顾自己以客户身份到某一商店购物的经历，回顾那里的销售人员是如何打招呼的，并把感受记录在表 4-11 中。

表 4-11 迎客调查表

店名：		日期：
过程	你的感受	如果你是该销售人员，你会怎么做？
你进店之后隔了多久,客服与你打招呼？		
客服和你打招呼时说了什么？		
客服和你打招呼时,是否用了肢体语言(招手/微笑等)？		
客服和你打招呼,是否让你觉得舒服,为什么？		

师:结束对顾客的初步观察及与之打招呼的状态,就进入了推销的第二个阶段——了解需求。我们知道,当顾客触摸某商品或是向你主动询问时就表示你可以接近顾客,并开始推销行为了。实际上,当顾客对商品产生兴趣时,他的行为不仅仅限于触摸产品或是询问,还有一些更细微的动作,也同样意味着你可以走上前去探寻他的需求。我们来具体看一看,有哪些动作值得我们注意？请大家看 PPT。

（PPT2:顾客行为分析）

顾客行为分析:

1.直接朝目标商品走去；

2.询问目标商品；

3.长时间注视着同一商品；

4.触摸商品；

5.抬起头来寻找客服人员。

生 N：老师，我明白了，这些行为都是在提醒我们，顾客已经开始关注商品了。

生 O：那么，我们是不是从这个环节开始与顾客进行具体交流呢？

师：没错，这时我们就要运用一些推销的言语沟通技巧，去探寻顾客的真正需求了。大家想一想，应该怎样开启与顾客的对话呢？

生 P：可以用手机上的音书软件或讯飞软件提问，问问他想买什么。

师：是的，大家要熟练使用手机语音转文字软件。提问是了解需求的好方法。提问有哪两种形式，大家知道吗？

生 Q：我记得你在讲采访、调查时曾和我们说过，提问一般可以分为开放式问题和封闭式问题。

师：我们再来回顾一下这个知识点吧，请大家看表 4-12 完成问题举例，现在我们要把这两类问题灵活运用到推销这种交际言语中去了。

表 4-12　推销交际

开放式问题	定义	开放式问题就是不限定顾客答案的问题，这种问题能使顾客有足够的空间围绕谈话的主题自由发挥，表达个人观点和情绪。
	作用	提开放式问题不但能使销售获得大量信息，了解顾客需求，使商品介绍更有针对性；而且易于使顾客解除防卫心理，让顾客感到轻松，觉得自己引导了讨论的主题，这与他听销售谈其千篇一律的推销词感觉完全不一样。

续表

开放式问题	技巧	用"为什么""什么""谁""什么样""哪个""怎么样"等问句对顾客提问。
	举例	(1)您觉得现在的手机质量怎么样? (2)您刚才试用的这款护肤霜,感觉怎么样? (3)_____ (4)_____
封闭式问题	定义	封闭式问题是事先设计好了可能的答案,以供顾客做出选择性回答的问题。其答案可以是"是"或"不是","喜欢"或"不喜欢",也可能是要求顾客从提供的答案中选择其中一个或几个答案来回答。
	作用	封闭式问题的优点是答案标准化、容易回答、节约时间;缺点是乏味,销售人员不能充分了解顾客的需求,无法获得固定答案以外的信息。当你需要获得具体或特定的信息,或者需要获得主动权时,一般使用这种封闭式问题。
	技巧	用"是……还是(不是)……"的选择式问题来提问。
	举例	(1)你喜欢蓝莓风味的面包还是葡萄干风味的? (2)你想要国产的还是进口的? (3)_____ (4)_____

师:请大家根据两类问题的特点来举些例子,完成学习单上的练习。

生 R:开放式问题,如您为什么一直喜欢用这款面膜呢?

生 S:封闭式问题,如您是家庭使用还是准备送人的?

生 T:开放式问题,如您对这个品牌的洗发水有什么看法?

生 U:封闭式问题,如您是要买西门子牌的电冰箱吗?

生 V:开放式问题,如您对洗衣机的大小有什么具体要求吗?

生 W:封闭式问题,如您喜欢欧美风的还是中式风格的沙发?

师:封闭式问题和开放式问题各有其优缺点,大家要根据实际情况灵活选用。我们来看两个案例。

(PPT3:提问的技巧)

案例一:

小李是某名牌手机销售员,有一次他遇到不喜欢说话只顾自己埋头看的顾客,小李尝试用开放式问题开启话题:"你觉得小米手机质量怎么样?"顾客看了看小米,说了一些自己对这个品牌手机的看法,同时也给小李透露了很多达成交易的信息。

案例二:

小张在饰品店做销售员,有顾客进店看饰品时,小张询问顾客"你是要买金饰吗?"这个时候,有些顾客会回答"不买,我随便看看"。因为一些顾客怕一旦告诉小张自己要买,接下来就是听销售员不厌其烦地介绍,会给自己很大压力,不能随心浏览商品。

师:通过两个案例的比较,大家发现什么了吗?

生 X:与顾客刚开启提问的时候,还是多问些开放式问题吧。

生 Y:我赞成同学 X 的观点,这样可以拉近距离,消除戒备感。

师:还可以再补充一点,开放式问题也称"延续性话题",为了诱导客户说得更多,一般可以用开放式问题切入,了解更多的顾客需求。如果要用封闭式问题,也要注意提问技巧,让你和顾客的对话变成可延续性的对话。请大家看表4-13中学习单第三题,我们来进行实践演练。

表4-13 延续性话题

结束性话题——令对话终结	延续性话题——令对话延续
举例: (1)你需要我帮忙吗? (2)这是你想要的牌子吗? (3)你是否喜欢这款连衣裙?	举例: (1)我可以怎样帮助你? (2)你想要哪种牌子? (3)你喜欢什么款式的连衣裙?
练习:把下面的句子改成可延续的问话。	
无法延续的问话	可延续的问话
(1)你看过史铁生的作品没有?	(1)
(2)你是否喜欢全棉质地的睡衣?	(2)
(3)你想喝咖啡还是可乐?	(3)

生Z:我来改第一句,"当代残疾人作家中,你比较喜欢谁的作品?"

生A:第二句,这样改比较合理,"你平时喜欢穿哪种材质的睡衣?"

生B:第三句,我可以这么问,"你想喝点什么?"

师:看来这个知识点大家都已经掌握了。那么,顾客进店,通过观察、打招呼之后,我们通过初步询问了解了顾客的需求,

接下来该做什么呢？

生 C：应该是推荐商品了吧？

师：是的，在探寻客户的需求后，要销售商品，我们必须要向客户介绍我们的商品。在整个销售过程中，商品介绍是一个非常重要的环节，这个环节成功与否，直接影响着我们推销的成败。那么，我们怎么说才能用语言吸引顾客，让顾客对产品产生更多的兴趣和购买欲望呢？FAB 商品介绍法是众多商品推销话术中较为简便易学、又容易让顾客接受的一种言语技巧。我们一起来了解一下。

（PPT4：FAB 法则）

> FAB 是三个英文单词开头字母的组合。
>
> F(feature)：属性、特点。指的是不同商品的材质、功能、款式、口感、包装等商品特有的性质特点。A(advantage)：优点、优势，即该产品较同类商品的优势。比如它是新上市的，新款式、新功能、新设计等都可以是商品某一方面的优势。以推销某款手机为例，把它和同等价位甚至高价位品牌手机相比，性价比、音质、配置、售后服务、待机时间等都可以成为它的优势。B(benefit)：利益，好处。即由商品或服务给顾客带来的帮助，能让顾客感觉到物有所值，尤其是让他感觉能满足自己的需求。

师：下面我们来举例子说明一下 FAB 法则如何应用。假如你在一家 4S 店做汽车销售人员，用 FAB 法则你该怎样向你的顾客推销一台新车？

（PPT5：FAB 法则在新车促销中的应用）

> 这款车采用 3.0 涡轮增压，动力强劲，加速时会有很强的推背感。超车只要轻轻地踩下油门，就可以轻而易举甩开被超车辆。还有，在山路爬坡时，3.0 涡轮动力让您如履平地。再看看其他车辆，还在开足马力，发动机嗡嗡作响，甚至烟囱冒烟。是不是很有优越感？

师：请大家从这段话中提炼一下，FAB 法则是如何应用的。

生 D：第一句话，"这款车采用 3.0 涡轮增压，动力强劲，加速时会有很强的推背感"，点出了这款车的特性，应该是 F。

生 E：第二句、第三句，应该是重点论述这辆车的优势，也就是 A。

生 F：最后一句"是不是很有优越感？"点出了驾驶这辆车给人带来的好处——优越感，应该是 B。

师：大家看得很认真啊，一边看老师讲一边在思考。老师为你们点赞。我们再来看一个用 FBA 法则推销的例子。

（PPT6：FAB 法则在奶粉促销中的应用）

> 这款佳贝婴儿奶粉产自新西兰，添加了脂肪酸 DHA，有红和绿两种颜色包装。新西兰是自然环境最为优越的天然牧场，奶源全部来自新西兰高免疫健康乳牛，奶粉安全、卫生、无污染。DHA 是人体必需的脂肪酸，它对脑细胞的生长发育有重要作用，能够帮助宝宝更健康、更聪明。红色包装适合 0～3 岁幼儿食用，绿色包装为 3～6 岁儿童食用，满足宝宝不同生长发育阶段需要。妈妈选佳贝，全家更放心，宝宝更聪明。

师:请大家再来练一练,FAB 法则在这段话中是如何应用的?

生 G:第一句"奶粉产自新西兰,添加了脂肪酸 DHA,有红和绿两种颜色包装"从产地、原料、规格三个方便介绍了佳贝奶粉的属性,也就是 F。

生 H:奶源绝对无污染,卫生、安全,添加了人体必需脂肪酸 DHA,红绿两款产品能满足不同成长阶段宝宝需求等,这些句子点出了这款奶粉安全、无污染,有助于宝宝大脑发育的优点,强调了这款奶粉的优势,也就是 A。

生 I:最后一句"妈妈选佳贝,全家更放心,宝宝更聪明"强调了购买这款奶粉给顾客带来的利益,就是 B,全家放心、宝宝聪明。

师:看来大家已经能理解 FAB 法则了,那我们就来练一练吧。假如你是一位家具销售员,你打算如何向顾客推销一款真皮沙发?

生 J:这款沙发是真皮的,质感柔软,贴合人体皮肤,坐上去感觉非常舒适。您可以试一试。

师:"您可以试一试"这句话加得很好,如果是在门店做销售员,加上这句话,可以让顾客亲自体验一下。因此也有人把 FAB 法则称为 FABE 法则,用 E(evidence)来增强说服力,让顾客亲自体验后产生认同感。

生 K:那么,前面的新车促销和奶粉促销最后也可以加一句"我可以带您去试驾一下"或者"这是奶粉试用装,您可以让宝宝喝一个月"。

师:正确。假如你是一位化妆品促销员,你打算怎样用 FAB 法则向顾客介绍一款美白抗皱霜?

生 L:这款护肤霜含有美白因子和维生素 E 天然衍生物,有增白、抗氧化的功效,能让你的皮肤变得更白更亮,焕发青春光彩。你可以在手背上涂抹一点,试用一下。

师:假如你是一位木质地板促销员,你打算怎样用 FAB 法则向顾客介绍一款你们公司的纯天然木地板?

生 M:我们公司销售的木地板是用天然竹木制作的,不含任何化学成分,对人体没有任何伤害,有利于您和家人身体健康。

师:按照 F—A—B 顺序进行商品推销,客户比较容易信服。大家课后还要多加练习。在你介绍完商品后,有一部分顾客会主动提出购买,但可能有更多的顾客会提出一些异议。作为一名专业的销售人员,大家要把它当作一个积极的信号。销售异议一般有如下几种情况。

(PPT7:销售异议的四种情况)

第一种:误解,顾客对商品有不正确认识;

第二种:怀疑,认为销售人员夸大其词;

第三种:冷漠,对销售人员的产品介绍没兴趣;

第四种:否定,指出商品的不足之处。

师:如果顾客说"这台新车性能可以,但是价格太高了,我还是看看别的吧","现在市面上的奶粉都会添加 DHA","真皮沙发好是好,但是夏天用太热"。遇到这些情况,我们该怎么办呢?

生 N：销售沟通的本质是说服，之前您在说服这个主题的教学中曾强调过，说服不是争论，因此我觉得不要与顾客争论不休，首先要明确立场。

师：在销售过程中，当我们和客户有不同的意见、观点，甚至出现比较大的分歧时，请记住永远避免和客户产生正面的冲突。只有一种方法能够得到论辩的最大利益，那就是避免论辩。中国平安保险公司的推销员法则中有一条就是：无论胜败你都败了，永远不要和客户辩论。

也许有些同学说，老师，顾客明明错了，我为什么不能和顾客论辩呀？其实道理很简单，因为有句俗话说："顾客就是上帝。"我们应该尊重顾客发表意见的权力。美国有位著名的推销员乔·吉拉德在商战中总结出了 250 定律，他认为每一位顾客身后大体有 250 名亲朋好友，如果你赢得了一位顾客的好感，就意味着赢得了 250 个人的好感。反之，如果你和这位顾客论辩，得罪了这位顾客，也就意味着得罪了 250 名顾客。尊重每一位顾客，顾客就是上帝，善待一个人就像点亮一盏灯一样，会照亮一片亮光。

生 O：那么，我们应该怎么和顾客沟通，消除他们的顾虑呢？

师：消除顾客的异议，常用的有三种方法，第一种是接受法，第二种是转移法，第三种是忽视法。我们来看表 4-14 学习单第四题。

表 4-14　消除顾客异议的沟通话术

方法	概念	常用话术
接受法	对客户的意见和疑问表示接受、认同或赞美。	我接受您的意见。 我能了解您的感受。 我明白您的意思。 您说得太好了。 很多人都这么看。 确实如此。 您说得很有道理。
转移法	接受或认同异议后,用"同意、同时、而且"三个关联词把要表达的意思串联起来,来推介、展示产品的特点,甚至转化为产品卖点。	我非常同意你的看法。那家公司的产品的确有这样的效果,同时我们的产品也有这样的效果,而且我们还有另外一个效果。
忽略法	对于一些不影响成交的意见,不要反驳,可采用不予回答的方法,不必与他辩解,你可以面带笑容,表示认同。	您这个提议不错。 您真幽默。 我可以将您的意见转告公司。

师:有一个顾客试吃了你今天制作的面包,他觉得这款面包口感有点硬,认为你没有做好,不想买了。这时候你该怎么说好呢?请大家思考,如果用接受法和转移法,我们该如何来回答?

生 P:是的,今天这款面包的口感确实偏硬了一点,如果我是你,也会和你的感觉一样,要不要再试一下新出炉的另外一款?

师:是啊,也许这样顾客就会欣然接受了。对比之下他可能会选择你推荐的另外一款面包。从这里我们发现了什么吗?对,我们首先应该尊重他的意见,认同他的观点,用"如果我是你,也会和你的感觉一样……"来开场,然后再提供另外一种选择,让顾客比较之后再做决定。用这样的方法,我们既避免了和

顾客的争论,也为自己推销另外一种面包提供了一种可能性。

师:如果有位顾客说,"这个牌子的洗发水不如蜂王的,用蜂王洗了头发又顺又亮",请大家思考,如果用转移法,该如何来回答?

生 Q:噢,我非常同意你的看法。蜂王洗发水的确有这样的效果,其实我们的产品也有这样的效果,而且洗了还能护发生发,防止头皮屑产生。

师:如果有个顾客说,你们公司的广告为什么不找韩国某明星来拍啊? 对于这种不影响成交的意见,如何回应呢?

生 R:您这个提议不错。我可以将您的意见转告公司。

师:大家在课上已经学会应用了,课后还要勤加积累,做生活中的有心人,多储备这样的交际案例,让我们在推销产品时游刃有余。我们来看表 4-15 学习单配套练习,(4)(5)两个问题请同学之间两两一组相互设问并回答。

表 4-15　顾客异议话术

顾客异议	客服话术
(1)这件衣服的款式我去年就看见了,怎么会是今年的新款?	(1)
(2)你们产品的包装太差了。	(2)
(3)我收入少,保险费那么贵,没钱买保险。	(3)
(4)	
(5)	

生 S:第一个异议,我会尝试这么回应:是的,您去年看到的和现在这件衣服颜色上有些相近,但款式已经大不一样了。去

年那款现在正在打折区低价处理,我拿来给您比较一下。

生 T:对第二个异议,我会这么说:我们的包装确实比较朴实,但我们的产品胜在质量,我们靠质量赢得了口碑。您可以看一下这款产品在我们店最近的销量排行。

生 U:对第三个异议,我会这么回应:收入少才更需要买保险,这样才能给自己今后的工作与生活提供更好的保障啊。

师:产品推销过程中,除了常用的 FAB 法则之外,我们之前学过的赞美、学会倾听、把更多的说话机会留给顾客也是必要的。对于曾经来光顾过的老顾客,记住顾客的姓名并准确地称呼他,也能拉近与顾客的心理距离。希望大家课后活学活用,在运用中巩固提高。

经历了异议处理环节后,将进入商品的成交阶段了。商品是否能成交,取决于前期商品宣传、异议处理等环节是否做到位,到了这个阶段,有可能顾客已经被你说动了心,准备下单了。那么,运用前面老师讲的察言观色的方法,你们觉得从顾客的哪些行为表现可以看出顾客发出购买信号了呢?

生 V:顾客没有其他问题要问了,他不停地点头表示认可。

生 W:顾客在重复试用或耐心地检查商品。

生 X:顾客开始询问售后服务、退换货、保修等一些细节问题。

师:是的,有些顾客接下来会爽快地下单。但还有些顾客可能还会犹豫,这时候我们就要使用催单的一些常用话术来推动成交了。

生 Y:催单话术该怎么说呢?

师:我们可以假设顾客已经决定购买,询问他购买的细节问题。比如"您希望什么时候送货呢?""请问您的送货地址是哪里?"

生Z:如果顾客犹像不决,还是没有做出回应呢?

师:我们可以给顾客提供选择,如果顾客想买一件衬衫,你可以问"您看我是给您拿白色的还是蓝色的衬衫?"

(众生点点头)

师:大家想想,如果你是某服饰店销售员,你会用什么方法来催单?

生A:老师,我来试试,我会说:"我们最近有买一送一的活动,如果您买一件,就送一件同等价值的衣服。一旦过了本周,优惠就取消了。"

生B:这款衣服非常受欢迎,我们已经差不多快卖断货了,这个尺码已经是最后一件了。

师:从刚才讨论的催单话术中,我们可以归纳出三种方法:一是假设催单法,二是选择催单法,三是机会催单法。(众生点点头)

师:商品成交之后,我们要完成最后的销售步骤,那就是送客。送客也是非常重要的,其目的是给顾客留下一个好印象,这样顾客可能还会再次光顾。送客也是有一定的程序的,首先要答谢顾客购买你的产品。收款后,把商品递给顾客时,要向顾客表示感谢,比如说"谢谢您的惠顾"。然后要提醒顾客,带好自己的随身物品,比如说"您的东西都拿齐了吧?"一句温馨的提示,会给你加分。在顾客转身离开时,我们要学会行礼,并说"请慢

走,欢迎您下次再来"。在整个送客过程中,微笑必不可少。保持微笑可以让我们给顾客留下最后的美好印象。

3.重点活动二:手语直播带货

师:上次课我们重点学习了笔谈推销。笔谈推销适用于两种情境:一是面对面的门店推销;二是网店推销。不论哪种情境,大家都需要熟练使用沟通软件,与顾客进行高效互动。通过上次课的学习,我们已经对整个推销过程比较熟悉了。请一位同学来说说,笔谈推销包括哪些环节?

生 A:第一步是察言观色辨客户,第二步是提问知需求,第三步是用 FABE 法则推销商品,第四步是处理异议,第五步是催单促成交,最后一步是微笑送客。

师:很好,请大家记一下笔记。每一个环节与客户沟通的方式都不同,我们也归纳了不同阶段常用的推销用语。这节课我们重点学习手语直播带货中的推销技能。大家平时接触过手语直播带货吗?

生 B:有的,快手、抖音上都有。刷手机小视频会看到我们聋人学姐打手语推销口红、护肤品什么的。

师:老师也给大家带来了几则快手小视频,请大家注意看,手语直播带货与传统的笔谈销售有哪些不同?

(老师把链接发到班级微信群,同学们在手机上查看。)

生 A:第一个链接手语直播带货有聋人主播真人出镜,她在自己的网店直接开直播卖衣服。

生 B:是的,她一边试穿,在镜头前演示衣服款式、面料、衣领等局部细节,一边打手语解释。

生 C:手语直播带货可以把自己当成模特儿,把产品直接演示给顾客看。这样形象直观,顾客可以全方位了解产品。聋人顾客有不明白的直接在直播间提问,手语主播看到了用手语回复。

师:手语主播不仅可以线上展示商品,还可以答疑、导购。

生 D:第二个链接,有两位主播两两配合一起直播,一位是聋人,她主要负责家用榨汁机的演示;另一位是听人,她一边用口语,一边在快速打字回复顾客的问题。

师:这样同时满足了聋听两类顾客的需求。

生 E:聋人主播的手语给我们亲切、平易近人的感觉。

师:是的,就好像用"家乡话""方言"和自己交流一样,聋人之间容易产生认同感。

生 F:听人、聋人两位主播的配合非常默契,听人应该也会一点手语。

师:大家是不是也想尝试来当主播呢? 高手在民间,我们班同学可能也有当手语主播的潜质哦。(生笑)不过,在小组活动、角色扮演之间,我们有必要先了解一下直播的整个流程。

学习单:直播流程①

直播流程:开场环节—活动预热环节—产品介绍环节—催单环节。

---

① 一场完整的直播带货操作流程[EB/OL].(2020-06-06)[2022-08-21].https://www.sohu.com/a/399736663_580200.

一、总体节奏把握

直播过程每半小时可设置抽奖、推广、红包、拍卖活动。

直播过程中要感谢关注的人,多引导关注、点赞,多介绍本场活动及本账号。每半小时进行一次活动,感谢和关注的话不停地说,五分钟强调一次。整场节奏速度要快,营造紧张火热的场景人设。

二、时间节点安排

以晚八点开播为例。

7:40 主播、客服、助理、货品陈列全部准备好。

7:55 开播,调整灯光,主播情绪进入直播状态,活跃气氛。

8:00 正式直播,介绍本账号、本场直播活动及内容。

三、直播流程

1. 开场

介绍自己及本场活动和下单流程。开场环节持续时间:3~5分钟。

2. 活动预热

活动预热环节持续时间(循环提示):5~10分钟。

常用的方式有以下几种:(1)截图抽奖;(2)发红包;(3)秒杀。

3. 正品出售

(1)产品介绍:突出货源优势、突出独特卖点、突出使用场景。

(2)产品介绍环节持续时间(每件)10~15分钟。

（3）产品介绍环节话术案例：

①护肤品类：护肤品可以讲成分/使用方法/国外类比。

②家居用品类：家居用品小家电可以讲质量/耐用/好用。

③服装类：衣服讲材质/款式/什么时候穿。

重点是渠道、价格、优势。

4.催单

话术要点：紧迫感/限量感/危机感，如"如果不买后悔三年"。

四、人员安排

1.主播：张三

2.试衣模特：李四

3.客服①：王五负责活动截图、小号提问互动、烘托气氛。

4.客服②：赵六负责统计订单，与意向客户沟通。

师：看完了直播流程，我们对整个直播过程有了大致了解。大家会发现手语直播和面对面的笔谈销售有很大区别，面对面笔谈销售通常可分为察言观色辨客户、提问知需求、用 FABE 法则推销商品、处理异议、催单促成交、微笑送客六个步骤。手语直播与笔谈推销环节有哪些异同之处？

生 G：手语直播短、平、快，语速快，环节紧凑，营造、烘托气氛，拉拢人气很重要。

师：哪位同学能具体说说吗？

生 H：手语直播省去了察言观色辨客户、微笑送客等面对面

交流环节。预热之后就推销商品,然后就处理异议、催单促成交了。但是手语直播每个环节都有丰富的内容,非常吸引人眼球。比如刚才看到的截图抽奖、发红包、秒杀等,这些在线下销售中是没有的。

师:是的。手语直播和其他直播带货方式一样,也有短、平、快的特点,交易活动时间短,直接明了,不拖泥带水,快速成交。这就对直播带货的推销语言提出了更高的要求。怎样才能快速俘获顾客的心呢? 这是我们的学习重点。我们再来看一遍,回顾一下,刚才在直播间里看到的手语主播是怎么开场的?

生 I:老师,我可以来复述一下吗?

师:好的,注意自己的表情、肢体语言的配合。要微笑、热情大方哦。

生 I:欢迎来到直播间的宝宝们,喜欢主播的可以上方点个关注,点点小红心。咱们一会儿有大福利送给大家。咱们家是做品牌折扣的衣服,商场几百元的衣服,在咱这里只要几十元,今晚来到直播间的各位宝宝,福利更大。

师:顾客被称为"宝宝",这是当下直播间流行用语。

生 J:我来接着说。咱们今晚全场购物送太阳镜,商场正品质量超级好,价格"白菜价",真是超值了,质量超好版型超正,今天真是买到就是赚到了,所以大家一定要下手快,看上的一定要快,因为都是孤品,所以手慢就没了。

生 K:我再加一点。今天买一件上衣就相当于买了一整身,都是专柜正品孤品一件的,所以大家看上了就一定不要犹豫,一犹豫就被别人抢走了,抓住机会。(众生鼓掌)

师（笑）：刚才几位同学都摇身一变，化身主播了。手语打得简洁、坚定、有力，表情略带夸张，很有煽动力。如果老师没有猜错的话，你们平时也经常会上网买东西吧？（部分学生点点头）

师：开场之后，可以说什么呢？对，就是活动预热了。主播需要把活动安排和粉丝们说一下。谁来试试？

生 L：大家看上了就截图啊，截完直接找咱们家的客服宝宝下单就可以了，好，现在开始我数一、二、三，宝宝们就开始截图哦，喜欢的赶紧截图下单哦。

师："一、二、三"手语可以打得慢一点，每个数字中间停顿1～2秒。你刚才说了其中一部分。老师给大家看一下回放，我们再来熟悉一下预热阶段主播的话术：

"每半个小时会来波抽奖、红包、秒杀的活动，你们到我的直播间真是超值了，不仅有好看低价的大牌衣服，还有红包领。看到我手里的衣服了吗，抽奖都赠送给大家，商场卖 368 元的棉麻 T 恤，分享朋友圈即有机会得到，还有半小时一轮的秒杀活动，质量真是超级好，真是物超所值。好了话不多说，接下来咱们先给大家活动走一波……"

生 M：走一波，走一波，我们都准备好手机了哦！（生笑）

师：现在老师来给大家当主播吧，看看老师会怎么说。请大家注意活动预热阶段的话术。

大家看到我手里的衣服不，棉麻针织 T 恤，质量超级好，商场专柜正品零售价 368 元，今晚宝宝们分享朋友圈或微信群，我数一、二、三客服宝宝截图，如果你是在本页第一个的话，我将把

我手里的这个棉麻 T 恤免费包邮送给大家。

大家看有三种颜色,码数也齐全,这个衣服只赠不卖,赠就赠最好的,所以很珍贵的。好了不多说了,大家分享朋友圈,咱们就开始截图了,如果你想得到就赶紧分享吧,我数一、二、三停,客服宝宝截图,在屏幕上第一的赶紧联系客服宝宝发电话地址,这件就免费包邮到你家了。

欢迎同城的宝宝们,进来的就不要走了,点点关注,咱家品牌衣服白菜价,今晚红包免费送,有超级大的福利。(重复说下账号和本场活动秒杀。)

抽奖没过瘾的,咱们再来轮秒杀,手里的这些衣服质量特别好,咱们一次只卖十件,全部都是 9.9 元,但都是孤品,有喜欢的宝宝就赶紧下单!

师:经过预热环节,直播间的气氛被调动起来了,趁热打铁接下来就进入到——

生 N:正品销售环节?

师:对! 正品销售环节我们可以怎么说?

生 O:和刚才一样,还是要热情澎湃、手语有力,手势动作幅度可以大一些,手语句子要短一些。

师:老师给大家带来了几件衣物,你们可以任意选择其中一件,到讲台上来练一练。

生 P:我来模仿刚才主播的话语试试看吧? 我选这条牛仔短裤。

好了开始给大家秒杀,先看我手上拿的这条牛仔短裤,质量超级好版型超级正,还很时尚,是破洞的,在商场卖 200 元以上,

批发进货 70 块钱，今晚只要下单的宝宝就给你赠一条短裤，你买一件相当于买到了一身，超值有没有，今晚咱们粉丝超多，直播活动力度非常大，所以看上的宝宝和身材合适的就赶紧下单，都是商场专柜正品，孤品一件，手慢了就没有了，大家一定要把握这个机会。

生 Q：我来试试，我选这件女式开衫（穿到自己身上）。看看我身上穿的，这件开衫质量超级好版型超级正，纯棉质感非常舒适，在商场卖 200 元以上，很多淘宝店从我们家拿货，大家可以去看同款店卖 139 元最少，我们是批发一手货源，今晚特价 79 元，现在下单这件开衫的宝宝就给你赠一块丝巾，超值有没有，还有全场通赠的太阳镜一副，让你从全身靓起来，从头到脚！

师：嗯，语言还可以再简洁一些。两位同学的表现都比较到位，金牌主播奖励！（众生鼓掌）再加一些感染性的语言夸赞商品，煽动下单。语言要直接明快，如听人主播会用上"买它买它买它""激动的心颤抖的手，推荐什么都买走"等朗朗上口的推销话术。

在手语主播促销过程中，如果你们有疑问，可以随时与他们互动，主播看到留言要及时回复。

生 R：有哪几个颜色？

生 S：体重 150 斤选哪个尺码？

生 T：买两件送两块丝巾吗？

师：已经看到同学们的留言了，主播动作要快哦，如果是聋人主播自己一个人做直播，手语回复速度会更快；如果还有听人

主播和你配合,这时候听人主播需要用语音或义字快速回复顾客提问。

生 U:老师,如果没有人回应怎么办呢? 没人来看直播,自己一个人在那里手舞足蹈会不会很尴尬啊?

生 V:是啊,并不是每一次直播都会那么顺利。新手做直播怎样才能应对直播间尴尬,用什么方法来增加直播间热度呢?

师:这个问题提得好,大家都来想一想。新手主播常会遇到不知道讲什么、直播间无人互动、只知道程序化死板地讲解产品等常见的问题。刚开始做主播,远不如网红、流量明星那样有那么高的人气,因此新手主播要学会"自嗨",也就是自娱自乐。讲个小故事、小段子可以打造自己的风格特色。用聋人丰富的面部表情和肢体语言可以吸引粉丝。另外用亲切的话语也可以吸引大家注意,缓解自己内心的紧张情绪。比如可以微笑着问个好:"朋友们,想我了吗?""宝宝们,我又来看你们了。""宝宝们,今天又是元气满满的一天。""今天天气真棒,亲们,你们那边天气如何呀?"用这些话语可以活跃气氛,使新粉丝快速熟悉主播。

生 W:我上次看过一个聋人主播分享了自己的成长经历,很有共鸣。看着看着就被他吸引住了。

师:是的,讲述自己的经历也是引起粉丝共鸣、引发粉丝同理心的好方法。大家可以准备一些励志的故事,亲身经历的或来自身边聋人的都可以,冷场的时候可以插播。此外,直播间里大家要准备好道具,比如小黑板、海报等,这些也有渲染气氛的作用。做直播首先要做一个有心人,平时多注意其他直播间的

背景装饰,可能会有意想不到的借鉴效果。

4.拓展活动:笔谈销售问题多

师:这个专题我们进行了笔谈推销和手语直播两种推销言语技能的学习,笔谈销售又分为线上销售员和门店销售员两个岗位。接下来我们以门店销售员为例,一起来看看笔谈销售中会遇到哪些问题。希望大家能举一反三,遇到问题积极开动脑筋想办法,掌握娴熟的推销技巧,为胜任与销售有关的各个岗位打基础。

(PPT8:比一比,哪个小组卖得快?)

在一楼食堂门口卖西点的两个小组,一个小组的同学站在自己的摊位前,一边微笑着一边向过往的师生招手,另一个小组的同学则守在点心旁,一会儿低头玩手机,一会儿和同学闲聊。

师:PPT中的场景就是对我们学院中西面点专业学生卖点心时真实情况的描述。相信大家在食堂门口也常会看到。大家猜猜,哪个小组卖得快?

生A:肯定是第一个小组。(众生点点头)

师:想过其中的原因吗?

生B:第一组态度好,第二组态度不好。

师:这是给大家直觉上的第一印象。那么,假如我们自己去卖点心,应该怎么做才合适呢?

生C:看着顾客微笑。

生D:轻轻招手。

生 E：顾客进店主动给顾客开门。

生 F：把手机软件打开，做好笔谈准备。

师：老师把大家的想法归纳了一下，做门店销售员，我们首先要塑造良好的职业形象。主持人蔡康永曾经说过，倘若别人不信任你的外表，你就无法再成功地说服别人了，可见形象在销售中是非常重要的。我们要时刻维护好自己的职业形象，良好的形象不仅有助于建立信赖感，还可以增强职业自信度。

那么怎样才能树立良好的职业形象呢？我们不仅要有得体的衣着，还要讲究肢体语言和面部语言的配合。作为聋人，我们要特别善于运用丰富的肢体动作和表情语言来传递我们的情绪，传达真诚、热情、关怀、信任等情绪。

塑造良好的职场形象其实并不难，老师建议大家先从微笑开始吧，微笑是全世界共通的语言，也是最美的语言，通过微笑可以建立彼此的信赖感。我们可以尝试对着镜子、对着手机摄像头对自己微笑，看看镜头中的微笑中是不是释放出了你的真诚和善意呢？

我们继续看下一个案例。

（PPT9：玲玲该怎么做？）

商场导购员玲玲在商场卖鞋子。有一位顾客看中了一双女士皮鞋，这双鞋子在鞋后跟部位有一点轻微的色差，不轻易看无法察觉。请问：玲玲要把这一情况如实告诉这位顾客吗？

生 G：不需要吧，顾客都已经要下单了。如果告诉她这一情

况,这个订单可能就取消了。

生 H:我觉得可以指给顾客看一下,如果顾客不介意最好。如果顾客介意的话,就给她推荐其他的款式。

师:其实告不告诉顾客这一情况,背后涉及的问题是:对待顾客是否要真诚?

生 I:当然要真诚。

师:一流的推销员都是因为被喜欢而成功的。一项调查表明,70%的购买是因为顾客喜欢你、信任你。所以与其说推销一个产品,还不如说你是在推销你自己,那么怎样才能做到让顾客喜欢你呢?

首先我们要真诚,所谓真诚就是把客户的利益放在第一位,让客户感受到你是在为他着想。与客户接触第一印象特别重要,因为每个人都喜欢和热情诚实的人交往,客户只有先信任你,并接受你,才能进一步接受你的产品,你对客户忠诚,客户才会永远信任你。如果为了销售业绩而欺骗客户,那无异于自掘坟墓。所以诚信在客户沟通中是非常重要的,我们需要通过沟通,不断强化自己在客户心中的良好形象。

“真诚”二字说起来很简单,职场交际中却不一定能做到。同学们,请记住阻碍你们今后成为一名金牌推销员的一定不是自身的聋人身份,而是对待顾客缺乏“真诚”二字。成语“货真价实、童叟无欺”说的就是这个道理。

（PPT10：俞小姐的大订单）

> 有一位健身器材销售员俞小姐，她是公司常年销量冠军。客户习经理跟她讲，自己最近经常失眠，吃了很多药都没用，医生说是心理原因，习经理还跟俞小姐抱怨，最近工作压力大，项目推进不顺利。面对习经理的倾诉，俞小姐都一一耐心倾听了。最后俞小姐给习经理提出了一个"运动减压"的建议。这个建议科学合理，有很强的针对性，不仅赢得了习经理的信任，俞小姐还顺利地签了一个大订单。

师：大家想一想，俞小姐是怎么顺利接到这个大订单的？

生 J：PPT 中有一句话，"俞小姐都一一耐心倾听了"，这句话很关键，说明俞小姐很善于倾听。

生 K：她善于倾听，从倾听中发现问题，给出合理化建议。所以订单到手了。

师：还记得老师之前和你们讲过的倾听六到吗？

生 L：眼到、耳到、手到、口到、脑到、心到。

师：倾听是眼、耳、手、口、脑、心全身心参与的过程。倾听绝不是仅仅用耳朵去听。倾听中的眼到要求我们聋人用眼睛注意观察对方的表情、手势、衣着和体态释放出的信息。

生 M：老师，我们是聋人，大部分同学听不到，有的同学能听得到但听不清。但我们都知道倾听不仅仅是耳朵在参与。

师：是啊，倾听中的手到，是指我们在和对方沟通的过程中，可以用音书或讯飞软件翻译，或用边打手语边记录的方式获取信息。比如现在上课，老师说到课堂上的要点，大家就是用笔来

记录,用眼看的方式获取信息。倾听中的口到就是我们可以用笔来提问,用提问的方式来引导对方说更多的内容,或者来探寻对方的意图,从中获取更多的有价值的信息。倾听中的脑到,就是要求我们一边听一边积极地思考,我们要对信息做出处理,用大脑去分析对方说话的动机、内容的逻辑关系,甚至去推断言语背后的真实含义。倾听的心到是指我们在倾听的过程中,需要用心灵去感受情境,去体验对方的情感或者需求,唤起内心的记忆。

生 N:用心倾听是对客户最好的关心和尊重,客户的需求都是从倾听中得来的。我曾经听我做生意的舅舅说过,与客户交谈最好的方式是用三分之一的时间说话,三分之二的时间倾听,这就是一场成功的谈话。

师:老师再补充一点。听的时候应积极主动地做出各种反应,营造出和谐的洽谈氛围。这不仅是出于礼貌调节谈话的内容,也是为了了解更多的信息。

(PPT11:客户姓名记心间)

这是一个钢铁大王安德鲁小时候转让兔子命名权养兔子的事。安德鲁很小就表现出商业天赋。有一次,他养的母兔生了一窝小兔子,他没有足够的食物喂这些小兔子,又没钱买。安德鲁心生一计,他对邻居小孩子们说,如果谁能弄来金花菜、车前草喂养他的小兔子,将来他就用谁的名字来称呼这些小兔子作为报答。这一计策果然产生了奇效,整个暑假,小朋友们都心甘情愿地帮他采集金花菜和车前草。

师:这个小故事给了大家什么启发?

生O:小朋友很喜欢兔子,都很想有一只用自己的名字来命名的兔子。

生P:安德鲁利用了小朋友的这个心理,所以他成功了。

生Q:说明大家都对自己的名字很在意啊,如果能养一只属于自己的兔子,谁不乐意呢?

师:是的,联系到推销语言,大家有什么启发?

生R:记住客户的名字。

师:记住客户的名字也是非常重要的。这可以让顾客感受到你的尊重。美国著名的演说家戴尔·卡内基说,普通人对自己的名字最感兴趣,记住他人的姓名,并轻而易举地叫出来,你实际上就相当于对他进行了巧妙而有效的恭维。我们可以试想一下,如果你在校园里散步,能够从迎面走来的五位同学中迅速地识别出其中一位购买过你的产品的同学,并准确叫出他的名字,老师相信你一定已经赢得了这位客户的"芳心",说不定下次他还会在你这里购买你的作品。(生笑)

生S:看来我们得去练就过目不忘的本领了。

5. 实践活动:应用迁移

师:这个专题我们进行了笔谈推销和手语直播两种推销言语技能的学习。老师给大家提供了两个小练习,供大家课外练习、巩固,作业写好发回群里。

活动一：案例分析——手套的故事①

一天，一个妇女走进百货商店向女店员问道："有没有黑色的手套？"

"抱歉，已经没有了。"女店员虽然说了声抱歉，但态度并不热情，使这位妇女大失所望。这时，走过来一位老者，直截了当地对服务员说："小姐，刚才如果是我，我就能把白色手套卖给那位妇女。"

"如果卖不成怎么办？"女店员冷冷地回敬了一句。

恰巧有一位妇女上来问："有没有银灰色的手套？"

这时只见老先生主动上前，以爽朗的声音回答说："很抱歉，刚刚卖光，再过几天才能进货。进货前，能不能用白色的代替呢？"

"但是……"

"白色手套更醒目，与您的时装更相称。最近很多客户都对白色手套有兴趣。"

"可是白色的容易脏啊！"这位妇女说。

老先生笑眯眯地说："对！白色的确实容易脏，这样就要勤洗，我想，如果您再有一副换的，就更方便了。"老先生声调柔和，诚恳之情溢于言表，有着令人难以抗拒的魅力。这位妇女听了，高高兴兴地买了两副手套走了。

请思考：为什么这位老先生能一下子就卖出了两副手套呢？

---

① http://blog.fang.com/20499439/2014565/articledetail.htm.

活动二：手语主播我能行

请大家根据学习单提示，3～4人组建学习小组，选择生活中的物件，完成直播带货文案设计并填写到表4-16中。然后自由选择抖音、快手等平台，拟定角色，完成直播带货短视频拍摄。视频链接发送到语文沟通与交际课程群。

表4-16　直播带货文案设计

要推销的商品名称：＿＿＿＿＿＿　　　　　　　　　　第＿＿＿＿小组

手语主播1：　　　　　手语主播2：　　　　客服：　　　　顾客：

步骤	第一步：开场	第二步：预热	第三步：推销	第四步：催单
话术				
桥段设计				
主播表情体态、肢体语言				
道具及着装要求				

三、学习评估

师：每位同学课后填写学习评估表4-17和表4-18，对本次学习活动做一个小结。

表4-17　学习评估（一）

我的学习收获	
我的不足	
我对自己的改进建议	

表 4-18　学习评估(二)

评估内容	表现程度
1.我会真诚地对待每一位顾客。	☆ ☆ ☆ ☆ ☆
2.我善于倾听,从倾听中发现问题,给顾客提出合理化建议。	☆ ☆ ☆ ☆ ☆
3.我善于运用肢体动作和表情语言来传递我的情绪,如真诚、热情、关怀、信任等。	☆ ☆ ☆ ☆ ☆
4.我会通过察言观色的方法区分面对面笔谈推销中的三种顾客类型。	☆ ☆ ☆ ☆ ☆
5.我会通过顾客行为分析来进一步了解顾客的需求。	☆ ☆ ☆ ☆ ☆
6.我会熟练使用手机语音转文字软件向顾客询问,与顾客沟通。	☆ ☆ ☆ ☆ ☆
7.我会根据实际情况灵活选用封闭式问题和开放式问题向顾客提问。	☆ ☆ ☆ ☆ ☆
8.我会灵活使用 FABE 商品介绍法来介绍商品。	☆ ☆ ☆ ☆ ☆
9.我会把顾客的销售异议当作一个积极的信号,以积极的心态去面对。	☆ ☆ ☆ ☆ ☆
10.我能用接受法、转移法、忽视法等方法来消除顾客的异议。	☆ ☆ ☆ ☆ ☆
11.我熟悉手语直播的四个环节,能在同学配合下完成商品推销的直播过程。	☆ ☆ ☆ ☆ ☆
12.我会用截图抽奖、发红包、秒杀等方式做活动预热。	☆ ☆ ☆ ☆ ☆
13.我会使用一些催单话术来推动商品的成交。	☆ ☆ ☆ ☆ ☆
14.我会用讲小故事和小段子、经历自述等方式缓解直播焦虑,打造自己的风格特色。	☆ ☆ ☆ ☆ ☆
15.我会用一些夸张的面部表情、肢体语言,配合服饰打扮来营造直播间效果。	☆ ☆ ☆ ☆ ☆

四、教学反思

推销是一种综合性的言语交际活动,它是察言观色、倾听、询问、介绍、处理异议、说服、催单等多种言语交际能力的综合。同时它又有线下推销和线上推销两种方式,因此要完整掌握这部分内容对聋生有很大挑战度。但推销技能又是高等职业教育阶段语文沟通与交际学习的重点,与他们的专业学习密切相关,服务于他们今后的就业。因此笔者花了 3 次课(6 个学时)的时间来实施教学。

聋生对推销商品还是有一些自发的兴趣的。当笔者把校园文化艺术节组织"跳蚤市场"贸易活动作为话题引入课堂时,几乎每个人都"有话想说",因为他们都亲身经历、体验过。但这种交际体验与职场交往中真正意义上的"推销"还有很大差距。设计针对性的教学活动,促进已有推销体验向真正的职场推销技能转化是教学设计的重点。推销活动贯穿于整个商品销售过程中,笔者决定以商品销售步骤为线索,在每一个步骤中强化推销技能训练,带领聋生一步步去体验商品推销全过程。

用封闭式问题和开放式问题提问,用 FABE 法则介绍商品,用接受法、转移法、忽视法等处理客户异议,用一些催单话术来推动商品的成交以及用讲小故事和小段子、经历自述等方式缓解直播焦虑,打造自己的风格特色,这些都是推销过程中需要聋生掌握的技能点。通过学习单练习、小组活动、师生互动问答等方式,笔者对这些技能点进行了强化训练,只要愿意参与互动的

同学,课上都已经理解了这些知识点并会简单应用。但受制于他们的汉语水平,仍有部分学生不能"举一反三"。此外,要把这些技能全部综合起来,在职场推销中游刃有余地使用,顺利完成本专业产品的推销,还需要给他们一些课外的时间,让他们在今后的实践中慢慢积累经验。

教学中还发现,有部分聋生不能熟练使用音书等语音转文字笔谈软件,打字速度慢,存在词不达意、句子说不通等问题。造成这一现象的原因有两个,一是汉语基础薄弱,二是对软件不熟悉,与真正得体大方地与客户交流还存在较大距离。沟通软件只要多用就会熟练,但是汉语表达能力,特别是语用意识的培养是一个长期的过程,把句子写通顺了是基础,符合语境的得体表达是关键。聋生发到课程平台上的句子,笔者都会及时修改回复、课后帮他们一一指正。有些聋生会认真思考:老师写的句子和自己写的有什么不同? 为什么自己这样写表达不恰当? 为什么老师写得更好? 比较认真的同学课后还会提问题与笔者互动。汉语交际只有在实践中才能真正习得,光靠课上时间是不够的,今后还要花大力气指导聋生把课内教学与课外言语实践结合起来,实施线上线下互动教学,提高他们的推销实战技能。

第五章 理论展望篇

　　聋生融入社会的主要障碍来自沟通与交际。在高等职业教育阶段，聋生汉语沟通与交际教学要以工具性为导向，以提升聋生汉语应用能力为归旨，把他们培养成会沟通、懂交际、善融入的高素质技能人才。目前国内面向聋生的汉语课程内容开发还较为薄弱，部分教材中虽有沟通与交际单元，但知识点分布零散甚至较为随意，教学内容呈现片面化、碎片化特征，尚缺乏整体性、系统性地对聋生沟通与交际教学任务开发的研究。本章借鉴交际语境理论、具身认知理论、职业情境理论以及第二语言习得研究成果，对聋生沟通与交际教学，特别是笔谈教学进行多角度探索，以期推进聋生沟通与交际教学内容开发和教学实践，为高等职业教育阶段聋教育汉语课程建设提供借鉴。

第一节　职业情境观指导下
的沟通与交际教学

一、教学理念

(一)"沟通与交际"教学是各专业人才培养的需要

基于聋生的视觉思维特点,目前国内面向聋生开设的高职专业主要集中在工艺美术、数字媒体、面点制作、电子商务等领域。各专业均把提高聋生的社会适应力作为人才培养的起点,要求聋生养成主动与健听人沟通的意识,树立乐于与健听人交往的积极态度,勇于克服自身听力缺陷和心理障碍,能与健听人有效沟通。如电子商务与面点制作专业强调培养聋生的集体观念和团队合作精神,要求聋生具备较通畅的文字沟通能力和基本的成本核算能力;工艺美术与数字媒体专业要求聋生具备与客户沟通的意识,用笔谈主动对接客户需求完成产品设计。与人才培养目标相衔接,语文课程应重视培养聋生的手语与书面语笔谈沟通能力,让他们习得必要的沟通知识、具备扎实的语言积累、掌握熟练的交际技能、学会得体的言谈举止,切实提高他们的语言应用能力、沟通能力,为他们成为一名合格的职业人打下基础。

(二)"沟通与交际"教学改革是基于学情诊断的再认识

从学情看,目前国内高职院校聋生的听力障碍水平大多数为中重度,听力损失程度多在 70 分贝以上,手语是他们的日常生活语言。他们能读懂不太复杂的汉语句子,具备独立阅读汉语报纸杂志、欣赏带字幕的汉语影视节目的能力,但总体而言词汇量有待增加,对汉语复杂句式、句群的理解能力有待加强,尚不具备流利阅读本专业领域文献的能力。与阅读能力相比,他们的写作能力更弱,语言规范意识欠缺,汉语词汇量不足,很难清楚、准确、流利地表达自己对某些特定事件、问题的见解。此外,他们语言学习动机不强,学习自觉性还不够,课堂上习惯于看教师讲授,缺乏职业情境下的语言交际体验。开展"沟通与交际"实训教学,正是改变以往以教师讲授、分析、灌输为主的文本教学,从被动地"看"、依赖教师"讲"转变为调动聋生视觉、动觉,激发聋生参与度与思维活力的主动参与式教学,致力于提升其沟通表达能力的一种尝试。

二、模块构建

面向聋生的语文课程改革应以人才培养方案为准绳,从专业定位、聋生学情出发,整合、重组现有的高职语文课程内容,研制适合高职聋生的"沟通与交际"实训模块,将教学重心逐步转移到满足聋生未来职业情境的语言应用能力和沟通能力上来。该模块主要由两部分构成:一是各专业通用的"沟通与交际"能力模块;二是面向各专业职业情境的"沟通与交际"模块。两个

模块前后衔接、互为补充,构成有序递进的整体。

参照二语教学中影响力较为广泛的《对外汉语教学中高级阶段功能大纲》和《国际汉语教学通用课程大纲》两份教学大纲,笔者从社会生活、职场生活两大领域出发构建集功能、话题、情境、知识于一体的交际情境框架,对高等职业教育阶段聋生笔谈交际模块进行如下设计,如图 5-1 所示。

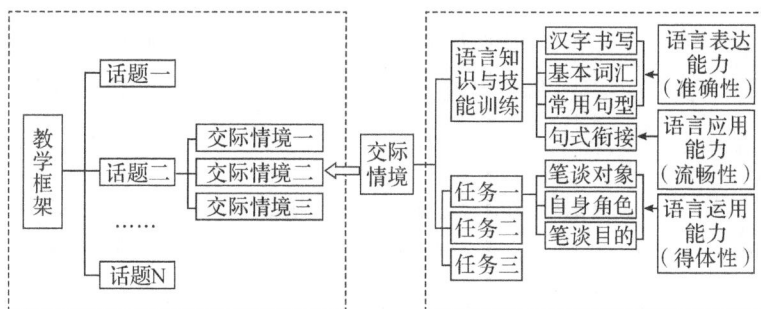

图 5-1　聋生汉语笔谈交际任务模块框架

该框架由日常生活、职场生活两大领域构成,每个领域以话题为主线进行串联。日常生活话题除北京联合大学汉语阅读与写作课程提供的十二个话题外,可增补文学艺术、历史地理、宗教民俗、科学与技术、全球与环境等拓展性选题,以拓宽聋生的文化视野、提高其公民素养。增加职场生活类话题,具体可包括职场规划、职场认知、职业道德、专业技能、求职面试、就业权益等子话题。每个话题可以设计为几个交际情境。每个交际情境由语言知识与技能训练、任务设计两大部分组成,分别指向聋生语言表达能力、语言应用能力、语言运用能力的培养。其中职场

生活话题与聋生所学的具体专业对接,围绕某一职业领域中聋生感兴趣的、既符合他们的学习基础又具备一定挑战性的选题进行遴选。

(一)"通用能力"模块

针对聋生日常交际倚重手语,缺乏与健听人笔谈交际体验的现状,开展职场日常交际所需的社交语言、求职面试、服务用语等通用技能训练,帮助他们克服与健听人的沟通障碍,增强其融入社会的信心,展现其良好的职场形象。"通用能力"模块包括四个专题,每个专题设置如表 5-1 所示。

表 5-1 沟通与交际"通用能力"模块教学内容

训练专题	训练重点
社交语言	招呼与介绍、拜访与接待、聊天与提问、说服与拒绝、冷场处理技巧、禁忌处理技巧、试探技巧、辩解技巧、赞美与批评、工作汇报、即兴讲话及问答等。
求职面试	问题面试、压力面试、自由面试、情景面试、综合面试;面试前的有效准备、面试时的语言要求及技巧、模拟面试环节、现场面试技巧训练。
服务用语	掌握与客户打交道的礼仪规范,能根据不同工作场合正确使用称呼用语、问候用语、迎送用语、请托用语、致谢用语、征询用语、赞赏用语、祝贺用语、应答用语、慰问用语、道歉用语、推脱用语、告别用语等。
谈判与沟通用语	运用礼貌用语开启话题、维持对话、调节说话语气、有礼貌地提问、回应客户的疑问,掌握叙述与应答、论辩与说服、让步与拒绝用语的基本策略。能根据客户需求及时调整产品设计策略并做出积极回应。

（二）"职业能力"模块

"职业能力"模块对接特殊高职院校面向聋生开设的四个专业领域,通过梳理各专业人才培养方案—整合专业工作岗位和主要职业类别—分析典型工作任务—归纳行动领域要点—转换"沟通与交际"学习领域等步骤,构建基于职业情境的高职聋生"沟通与交际"实训教学体系,具体内容如表 5-2 所示。

表 5-2　沟通与交际"职业能力"模块教学内容

专业领域/职业类别	典型工作岗位	训练重点	训练内容
工艺美术/美术品制作	纹样手绘设计师、电脑纹样设计师、装饰雕塑手绘设计师、装饰雕塑泥稿制作师	设计领域用语	掌握工艺美术品设计领域专业术语,能用书面语完整、清楚地介绍纹样手绘、电脑纹样设计、数码喷绘及后期处理、装饰雕塑等的设计思路、制作流程、工艺技能,展示作品特点,完成设计说明
数字媒体/媒体艺术设计	美工制作员、修片员、建筑效果图制作员	设计领域用语	掌握数字媒体艺术设计领域专业术语,能用书面语完整、清楚地介绍产品拍摄、图片编辑处理、海报设计、图标设计与制作、商品详情页制作、相片精修与相册排版设计、室内平面施工与家具模型制作等的设计思路、制作流程、工艺技能,展示作品特点,完成设计说明

续表

专业领域/职业类别	典型工作岗位	训练重点	训练内容
电子商务/销售、商务、软件和信息技术服务	商家客服、平台客服、数据分析专员、运营助理、网店美工	销售用语、设计领域用语	模拟推销、训练开场白、产品介绍,售后服务用语、在线答疑与咨询用语、售后纠纷处理,掌握推销用语的一般规则:多用敬语、谦语、雅语、行业用语
			掌握电子商务设计领域专业术语,能用书面语完整、清楚地介绍产品拍摄、图片编辑处理、海报设计、商品详情页制作、相片精修与相册排版设计、网店装修设计等的设计思路、制作流程、工艺技能,掌握网络文案写作技巧,完成设计说明
中西面点/轻工食品制作	面包师、蛋糕师、西饼师、中式面点师、茶艺师、咖啡师	制作用语、流程管理用语	掌握中西面点工艺领域专业术语,能用书面语完整、清楚地介绍面包、西饼、蛋糕、面点等食品和茶、咖啡等饮料的制作过程、制作方法、产品特点,完成设计说明
			能完成食品收工整理、盘点、报单等生产车间的日常记录,及时与团队主管沟通协调

　　以聋生中西面点工艺专业职场笔谈为例,话题以"职前—职中—职后"三阶段串联起整个情境,每个情境下设三个交际任务,如图5-2所示。情境的存在决定了交际任务,更驱动了交际任务的完成。教师需要首先给聋生呈现设置好的情境,在情境之下设计环环相扣的交际任务,每个交际任务应有明确的语言

知识和技能训练点，包括惯用句型和常用词汇。当所有的交际任务完成之后，就完成了一个完整的情境教学。

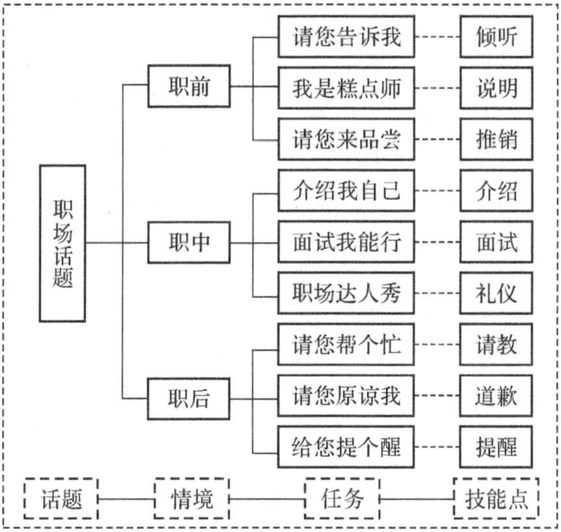

图 5-2 中西面点工艺专业职场笔谈任务设计

三、实训教学

(一)任务驱动建构"沟通与交际"实训教学思路

工作过程导向的课程开发是现代职业教育课程改革的基本思路，职业教育教学过程实际是学生参与典型工作任务，建构自

我经验与知识体系的过程。[1] 典型工作任务是从岗位工作任务中提炼出来的具体工作领域,它是具有完整工作过程结构的综合性任务。[2] 从不同的专业领域中提炼相应的典型工作任务,实施任务驱动式的聋生"沟通与交际"实训教学,对训练聋生的语言交际能力、提高其首岗适应性的效果非常好。商家客服是电子商务专业聋生的初始岗位之一,商家客服"沟通与交际"任务设计是基于电子商务交易流程,以完整的销售服务为载体,将售前推销、售中议价、售后跟进这三个典型工作任务连成一体,对接相关专业设置工艺美术品、中西式点心、图文设计三个具体的销售项目,实训流程相通但实训内容各有侧重。[3] 每一个典型工作任务都可转化为具体的学习内容,如售前推销对接接待咨询、推荐产品、处理异议、促成交易四个交际任务,售后跟进对接退货换货、退款处理、投诉处理、客户回访四个交际任务,通过具体的学习任务来实现专业知识、岗位技能、沟通技能融通的实训效果,[4]如图 5-3 所示。

(二)用情境教学手段完善实训设计

教学实践中发现,情境教学对以形象思维见长的聋生来说

---

① 郑锐东,李训仕,杨培新,等.基于工作过程项目教学在高职微生物学实验中的研究与实践[J].实验室研究与探索,2014(6):177-181.

② 姜大源.论高等职业教育课程的系统化设计——关于工作过程系统化课程开发的解读[J].中国高教研究,2009(4):66-70.

③ 刘淑,牛春林.典型工作任务和学习任务分析与应用[J].宁波职业技术学院学报,2014(8):106-108.

④ 倪君辉,詹白勺,余伟平.基于项目教学的液压与气压传动课程综合改革[J].实验室研究与探索,2017(11):182-185.

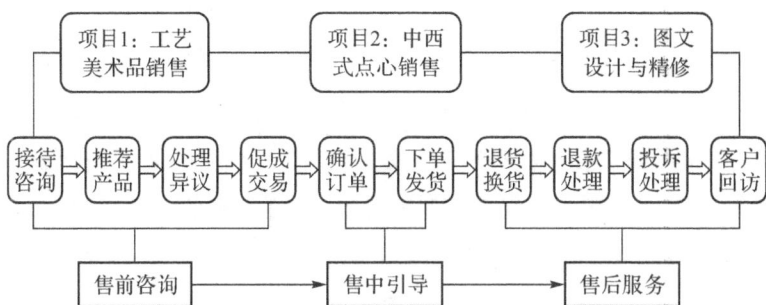

图 5-3　电子商务"商家客服"岗位典型工作任务

非常适合。情境教学将真实的任务情景与所学专业相结合,将交际技能培养作为课程教学的主线,精心策划仿真度高的工作场景,让聋生身临其境地进行交际训练,通过实施情境创设、案例分析、角色扮演三个教学步骤,调动聋生的主动性与参与性,激发其学习兴趣,推动交际技能培养、能力拓展和提高专业素质的综合发展。面向茶艺与茶文化专业聋生的语言交际课,可设置茶艺师交际专题,将教室模拟成一间茶室,讲台上摆放茶具,让学生仔细观看茶艺师泡茶视频,观察茶艺师与顾客的交际过程,并提供真实的茶艺交际案例供同学们探究讨论,从中总结归纳茶艺师常用交际词汇、句型与肢体语言。然后请同学们分组角色扮演,要求扮演茶艺师的同学举止文雅大方,面部表情自然,手语/笔谈得体流畅;扮演顾客的同学饮茶动作得体,能及时做出必要回应,从而实现与工作场景对接的"做中学、学中做"实训目的。

仍以图 5-2"职前"情境中的"我是糕点师"为例,具体任务是:"学院组织成立二十周年庆典活动,邀请嘉宾来院参观。中

西面点工艺专业的你和同学一起制作了精美的点心,精心布置了甜品台。其中一位嘉宾品尝了你们制作的一款点心后赞不绝口,向你询问这款点心的制作工艺,你该怎么回应?"情境式汉语笔谈交际教学有非常明确的任务目标和评价指标,为了完成任务,聋生必须充分调动已有语言储备,用已掌握的词汇、句型来交流信息、达成交际目标。围绕这个情境,可设计如下问题供聋生探讨:(1)该用什么表达方式和沟通工具?(2)可以用哪些句型来组织具体内容?(3)怎样才能把这款点心的制作手法介绍清楚,按照什么顺序来解说?(4)交际过程中,有没有注意面部表情和手势体态的配合?(5)从哪些细节中判断嘉宾对自己的回答是否满意?教学设计围绕聋生真实的交际任务展开,教学中注意培养聋生的目的意识、对象意识、语体意识和表达意识,引导聋生在完成任务的过程中提高运用汉语笔谈的交际能力。

　　教学步骤第一步"探"将语言知识与技能训练前置,教师在课前发布完成该任务的汉字书写、基本词汇、常用句型自学任务,通过聋生线上学习反馈及时进行诊断性评价,把握聋生学情,为任务实施奠定基础。教学实施过程包括"导""学""做""评"四步:首先引入真实的语言材料,通过"导"激发聋生笔谈兴趣,明确任务目标,驱动聋生笔谈动机;"学"和"做"则是任务实施的过程步骤,通过异质分组、同伴讨论和组间学习,同学间彼此创造"最近发展区"共同成长;"评"则是通过自评、互评和教师评价对语言形式、语义表达、目标达成及合作学习参与度等方面的综合考量,检验教学成效。最后通过"思"这一课外拓展步骤来进行实境体验拓展练习,巩固所学笔谈技能。

（三）成立数字化语言实训室

数字化语言实训室为高职聋生"沟通与交际"实训教学提供技术保障。目前，基于大数据语音识别技术的讯飞、音书等语音软件的在线课堂字幕实时翻译功能已趋完善，依托讯飞听见、音书等软件构建的数字化语言实训室为师生之间、生生之间的便捷沟通提供了可能。讯飞听见将教师的有声语言实时同步转为字幕悬浮于 PPT 上，聋生可以准确、便捷地获取文字信息；聋生将文字输入手机端的音书软件，文字可直接转换为自定义语音同步播放，实现师生之间的无障碍交流。同时，数字化语言实训室还具有视频点播、电子阅览甚至 3D 虚拟实景等功能，声情并茂的海量资源将语言与形象相结合，为聋生提供真实的实训场景、多样的语言训练活动及在线语言检测反馈，提高了他们的学习兴趣。[①] 钉钉、智慧树、智慧职教、云班课等网络教学平台的广泛应用，亦可方便教师监控聋生的学习进度和实时参与度，及时掌握聋生的学习动态。

（四）实施适宜聋生的实训教学策略

一是选择聋生感兴趣的职场共性话题进行交流，选择能启发聋生思维的、工作中常见的交际场景作为教学内容，通过话题牵引的方式让聋生在解决实际问题的过程中掌握交际技能。如在"职业能力"模块可设计"去佳丽婚纱摄影应聘"任务来训练数字媒体专业聋生撰写求职信、简历的技能，通过"做一次丝绸手

---

① 傅敏，袁芯.基于双能对接的高职聋生汉语实训教学模式的探索[J].实验室研究与探索，2018(5)：254－258.

绘市场调研"训练工艺美术专业聋生设计调查问卷、撰写营销调查报告的技能。二是重视语段的表达训练,通过微信、QQ 等网络通信工具对聋生进行课前、课中与课后的在线答疑指导。[①] 高职阶段的聋生已经超越了主要靠关键词、短句来表达交际意愿的阶段,教师可以统计聋生在线提问情况,课堂上针对性地教授相关内容,指导聋生写出有明确中心意思的话题,具备连贯的语义基础、正确的语法关系和逻辑关系以及恰当组合次序的语段。语段应符合语境的语调语气,语言表达应尽量恰当简明。三是坚持"有错少纠",鼓励成功交际。坚持"有错少纠"以引发交际的发生,保护交际的顺利进行。课堂总结时再将个别错误指出,而不是在聋生课堂发言时不断打断他们的谈话,打击他们的交际欲望和学习积极性。

结合教学实践,笔者提出了适合聋生情境式笔谈交际的教学步骤,具体如表 5-3 所示:

表 5-3　任务型汉语笔谈交际教学步骤

教学环节	教学步骤	教学内容
任务前	(1)"探"	自主学习线上资源,在线检测预习成效
任务中	(2)"导"	任务驱动引发思考,创设情境案例导入
	(3)"学"	小组协作任务分解,新知补给内化理论
	(4)"做"	小组合作课堂演练,虚实结合实践夯基
	(6)"评"	组间互评取长补短,教师点评提炼总结
任务后	(7)"思"	实境体验拓展练习,反思改进综合提升

---

① 晁涛,马萍,李伟,等.系统建模与仿真课程实验教学探讨[J].实验室研究与探索,2020(4):143－146.

(五)开发"沟通与交际"实训教材样章

教材是教学的重要资源,是教学内容的主要载体,教学过程、内容的改革都需要通过教材建设来实现。[①]在专业调研的基础上,编制交际能力指标体系,编写具有专业特色的、以语言活动情境设计为主要内容的立体化活页式实训教材。摒弃传统的"知识传授—案例分析—要点小结—习题讲练"模式,基于行动导向与任务驱动理念,筛选、提炼职业活动中典型的沟通与交际场景,将知识点打散、重组并融入各项交际任务。每个任务都以"任务要求"明确学习目标,以"情境设定""案例导入"引发聋生学习兴趣,以简要的"知识链接"阐明各种语言交际形式的特征、要求和相关技巧,以"任务实施""探讨分享""实训拓展"进行实践训练,构成完整的学练系统,体现较强的操作性。

(六)过程性与个性化结合的实训评价

采取过程性测评与个性化评价相结合的多主体形式、全方位评价的聋生沟通与交际能力评价方法。过程性测评以一个具体的工作任务为评价单位,以能力考核为主,设置合作参与、情感态度、语言理解、肢体动作、交际手段、目标达成度等具体指标,突出沟通过程评价和效果评价,以评促学、以评促教。个性化评价由自我考核、小组评价和教师评价构成,引入自我报告、小组汇报、组间互评、教师反馈等多元化评价方式,通过纵向比

[①]　韦晓阳.深化"三教"改革新时代教材建设的实践与探索[J].中国职业技术教育,2020(5):84-87.

较的方法,激发聋生潜能和交际欲望,推动其语言能力的持续发展,力求实训教学获得最大效益。在具体的考核方式上,将原有的单一笔试相应调整为笔试与面试结合的方式来综合评定聋生成绩。

　　总之,对高职聋生而言,语文学习的目的应该包括"具备语言应用能力与交际能力",让聋生学会在不同的交际场合、不同职业情境中准确使用汉语来完成交际任务。对聋生而言,语文课程是一门工具课程,在言语实践、交往体验、社会参与、合作共享的过程中,发展他们的语言综合运用能力,在此过程中培养良好的个性、健全的人格与合作精神。高职聋生"沟通与交际"实训教学正是基于这一理念开展的教学实践。该教学以特殊高职院校人才培养方案为指导,遵循应用性、实践性、开放性原则,构建聋生语言训练"通用能力""职业能力"两大模块,通过完善"沟通与交际"实训教学思路,用情景教学手段完善实训设计,成立数字化语言实训室,实施适宜聋生的实训教学策略,开发"沟通与交际"实训教材样章,实施过程性与个性化结合的实训评价等途径打破公共基础课程与专业课程之间的界限,切实提高聋生的语言交际能力和应用能力。

　　后续还将持续推进实训教学改革,加强与各专业对接,加大实训教材建设力度,与各专业开展协同教学。通过开展适应聋生未来职业情境的词汇的专业性、语法结构的复杂性、文本的抽象性训练,巩固、提高他们的汉语思维方式,使他们能胜任未来的工作岗位,完成适应职业的专题性训练,在学习过程中实践语言交际,大方、得体、顺利地完成交际任务,增强他们的职业竞争

力,从而顺利融入主流社会。

第二节　笔谈能力与笔谈交际教学

一、聋生笔谈能力的构成

由于听力所限,面向重度听力障碍聋生的沟通与交际教学不以口语表达为训练手段,而是以笔谈、肢体语言、手语训练为主,其中笔谈是主要的训练方式。笔谈是一种书面语交际手段,不仅包括书面纸笔沟通,还包括使用手机互发短信,使用微信、讯飞、音书等线上沟通工具完成交际任务。面向重度听力障碍聋生的沟通与交际教学本质上是让聋生在日常生活和职场交往中掌握用汉语书面语与健听人沟通交往的本领。

(一)聋生汉语笔谈交际能力构成要素

重度听力障碍聋生需具备的汉语笔谈交际能力,应该由哪些要素构成呢?

首先,积累汉语书面语词汇、掌握汉语语法是基础。通过中学阶段的学习,聋生应该已经积累了汉语常用词汇,具备汉语语法规则意识,在书面语写作中逐步减少对手语的依赖,能熟练使用汉语固定句式和固定表达法写出较为完整通顺的句子。语言知识的积累以阅读教学为主要载体,教师通过讲授字词知识、句型结构,让聋生通过大量练习来掌握汉语词汇和语法规则,强化

汉语语法意识,掌握汉语书面语表达基本技能。

其次,语言应用能力是重要组成部分。语言应用能力建立在掌握汉语表达技能基础之上,教师要为聋生提供适合的话题和情境,在课堂上创设仿真的沟通情境,通过常用词汇、重点句型训练来一步一步引导他们围绕某一主题进行书面语交际。因为掌握书面语表达基本技能是汉语教学的直接目的而不是根本目的,如果离开语言应用,语言知识不论安排得多么精细,都会失去意义。语言应用能力培养是帮助聋生从脱离语境的词汇、句子训练迈向真实交际的过渡。

最后,语言运用能力。课堂上提供的交际训练毕竟还是局限在有限的范围内,教师提供的往往是一种模拟情境,聋生能在课堂上用笔谈方式与同学互动交流并不意味着他们能胜任真实交际场合中的交际任务。语言运用能力的培养不仅涉及聋生的沟通心理、沟通欲望,还要让他们树立交际中的策略意识、语体意识,做到文从字顺、得体应答。因此沟通与交际教学应从课内延伸到课外,从汉语课堂延伸到专业实践,在岗位实习、顶岗实践过程中,汉语教师与专业教师合作,线上线下互动指导聋生开展真实的言语交际。只有把课内掌握的交际知识、积累的常用句型在实践中运用出来,完成真实的交际任务,才能真正达成教学目标,实现学以致用的目的。对他们交际中遇到的问题,教师应进行个别化指导,其中的共性问题也应成为课堂教学的重点。

(二)聋生汉语笔谈交际能力构成层级

基于上述讨论,笔者提出与聋生汉语笔谈交际要素对应的三个层级:准确性、流畅性、得体性。三个层级由易而难、由浅入

深,前一个层级是后一个层级的前提和基础,后一个层级是前一个层级的巩固和延伸。三者之间构成循序渐进的关系,既相对独立又彼此支撑。所谓准确性是对聋生笔谈交际的字词、句式要求而言的,即书写正确、用词准确、语法正确。受手语作为第一语言的影响,聋生书面语表达中往往会出现许多语法偏误现象,这些语法偏误正是汉语教学第一层级的着力点。已有调查发现,聋生汉语书写中存在用字量偏少、用字量增幅缓慢、汉字书写偏误率高等问题,对部分汉语基础知识较为薄弱的聋生而言,汉字书写教学重要性程度并不亚于汉语词汇、语法教学。所谓流畅性是对句子内部、句与句之间的逻辑关系而言,要求聋生具备连词成句、连句成篇的结构意识。从构成汉语语篇的结构知识角度看,不仅包括一般意义上生成句子的主述结构,还包括句与句之间的照应、省略、替代和连接等语法衔接手段。而这种照应、省略、替代和连接意识正是聋生笔谈交际中非常欠缺的。依据林大津、谢朝群等学者的观点,所谓得体性是"表达者的言语内容与言语形式对交际目的和语境因素的适应程度"[①],对应到聋生的笔谈交际,就是要求聋生充分考虑包括时间、地点、场合在内的语境因素,交际对象因素,自身的角色定位等,组织恰切的言语进行得体交际,不仅要达成交际目的,还要力求实现最佳的交际效果。

---

① 林大津,谢朝群.跨文化交际学:理论与实践[M].福州:福建人民出版社,2005:192.

二、具身认知观下的聋生笔谈教学

高等职业教育阶段聋生汉语课程教学目标主要指向沟通与交际能力培养,目的是让聋生具备满足未来工作与生活需要的语言应用能力,以促进他们融入主流社会、适应岗位需求,充分参与社会生活。[①] 对听觉通道缺失的聋生而言,汉语笔谈是他们与听人沟通的重要工具,是他们社会生活中须臾不可缺的沟通方式。汉语笔谈指聋生能准确、流畅、得体地使用汉语书面语,借助传统纸质媒介即纸笔沟通的方式与听人交流,也包括依托即时通信工具如微信、音书、讯飞听见以及高科技手段"可视眼镜"等方式,通过语音与文字的同步传递来实现与听人的便捷交流。

与传统的"文学作品鉴赏""阅读与写作"教学相比,强调交际应用的笔谈教学在高职阶段聋生汉语课程中的重要性日益凸显。随着心理学、教育学、语言习得研究的不断深入,人们越来越意识到,聋生学习汉语具有将汉语作为第二语言学习的特点,可以将与二语习得相关的认知心理研究成果应用于聋生汉语教学,探索聋生汉语学习的认知特点与规律,在此基础上开展有的放矢的教学。二十一世纪以来,第二代认知科学中的具身认知理论不仅为人们更好地理解人类的认知过程开辟了新的视野,

---

① 张帆.认知视角下聋人学生汉语习得与教学研究[M].杭州:浙江大学出版社,2019:154—155.

而且也为"身心二分"的传统聋教育汉语教学改革提供了新的理论指引。

（一）具身认知的提出与国内教学研究现状

身心分离、二元对立的第一代认知科学将人的认知过程等同于大脑的符号加工过程,把大脑类比为计算机,认知就是依照一定逻辑规则接收、存储、处理、提取和变换信息的符号加工系统。[①] 二十世纪末,这种剥离了身体与环境,脱离日常生活的认知观引起了哲学家海德格尔、瓦雷拉、梅洛-庞蒂,心理学家吉布森、詹姆斯、杜威,认知语言学家乔治·莱考夫等一大批西方学者的质疑,他们提出了"embodied cognition"（具身认知）这个词,认为"人的身体在认知过程中起到了非常关键的作用,认知是通过身体的体验及其行为活动方式而形成的"。[②] 他们从身心一元论出发,强调将主体的身体体验引入认知过程,随后 Rotella、Slepian、Casasanto、William 等学者通过系列心理学实验证明身体本质性地介入了认知过程,所谓"具身认知"不仅仅是思维、学习、记忆、情绪等心智过程,还包括了身体结构和身体的感觉——运动经验。[③]

从应用研究角度出发,国内学者们将具身认知理论与相关

---

① 叶浩生.具身认知——原理与应用[M].北京:商务印书馆,2020：1－5.

② 叶浩生.具身认知:认知心理学的新取向[J].心理科学进展,2010（5）：705－710.

③ 叶浩生.具身认知——原理与应用[M].北京:商务印书馆,2020：51－57.

学科结合,开展了多领域、跨学科的讨论。在教育学领域,具身认知论为教育教学改革提供了一个全新的视角,基于具身认知的学习情境创设、教学整体设计、学习过程评价进入研究视野,具身认知视角下的教学实践引起一线教师的关注。持具身认知观的研究者达成如下共识:有效学习是学习主体在一定的情境下与外界互动获得的自我体验与感受,学习绝不仅是"脖子以上的学习",它有赖于身体的感觉经验。因此,教师应创设能引发学生具身效应的学习情境,设计激发学生具身体验的学习过程,让学生与学习情境互动,进行生成式的学习。在二语习得领域,体认语言学派的主要代表人物王寅在英语教学中关于身体与认知结合的研究颇具影响力,证实了身体在解释事物方面存在的巨大潜力。① 许先文认为传统的英语教学重知识传授、轻情感激发,重概念记忆、轻经验操作,建议遵循具身认知原理,改变英语理解的离身性、静观性、抽象性教学方式,丰富学生的多元化语言学习感性体验。② 已有研究在身体的潜能激活与教学的互动关系方面做了积极探索,但尚未完全渗透到特殊教育领域具体的课程教学,也就是面向聋生的汉语笔谈教学如何应用具身认知原理,如何"系统地开发聋生的身体经验参与认知"。对这一问题的解答有助于扭转聋生课堂上的思维惰性,改变聋教育汉语教学困境,深化聋教育汉语教学改革。

---

① 王寅.体认语言学的理论与实践——以体认参照点为例[J].北京第二外国语学院学报,2021(3):3-15.
② 许先文.语言具身认知原理及英语理解的心理模型[J].杭州师范大学学报(社会科学版),2009(6):114-116.

(二)具身认知视角下聋生汉语笔谈教学设计

高等教育阶段面向聋生的语文教学授课形式主要有两种：一种强调专题性，以人文主题构建教学单元，如浙江特殊教育职业学院将作品按主题归入"自尊与自强""责任与诚信""敬业与乐业""笃学与励志"等板块，课堂上以带领聋生赏析文学作品为主，通过阅读这些文章，对聋生的情感、态度、价值观产生积极影响，提高他们的人文素养。另一种强调序列性，如北京联合大学对聋生汉语水平进行分层分级，"汉语阅读与写作"（高级）课程针对汉语程度较好的学生开设，课程内容以文学史为纲，选择中国古代及现当代名家名篇，对学生开展语言训练和文学熏陶。在笔者看来，无论哪种方式，聋生在课堂上的表现都以被动地"看"、依赖教师"讲"、枯燥地"练"为主，缺乏情感交流与思维碰撞，课后更鲜有同学主动与老师互动。聋校长期以来固化的教学模式将聋生的"身体"隔离在外，学习过程成为聋生坐在教室看、记、抄的过程，师生之间的信息交流是一种"从师到生"的单向度传递，而非师生互动共同建构意义的过程。究其原因，长期以来"身体缺位"式的认知方式使聋生养成了依赖性强、缺乏主动探究的学习习惯。具身认知视域下聋生汉语笔谈教学改革就是要把聋生原本"离身"地听转变为"具身"地学，治疗长期积累下来的"身心二分"的思维惰性的一种尝试。

1. 构建适应聋生笔谈交际需求的话题框架

要激发聋生的学习兴趣和学习潜能，首先要依据具身认知理论对现有汉语课程内容进行改革，创设适应聋生笔谈交际需求的话题框架。笔者认为，以往聋生不愿写、不想写、不会写很

大程度上是由于教师没有设定明确的写作任务,聋生不知道为什么写、写给谁看、写了有什么意义,缺乏写作的内驱力,导致无从下笔。应该从写作的真实性角度出发,调动聋生既有生活经验,把满足他们的沟通需求置于主体地位,以此构建笔谈教学内容。首先,确立笔谈四要素:布置真实的笔谈任务、设定真实的笔谈对象、构建真实的笔谈环境、达成真实的笔谈成果。真实的笔谈任务表达聋生需要诉说的内容,有与他人沟通的价值;真实的笔谈对象,或者说言语交际对象,要求聋生有强烈的读者意识,明白写出的文章给谁看;真实的笔谈环境,或者说写作的背景、情境,能够让聋生在情境中想象,使其有感而发。[①] 其次,从以下三个维度进行教学思路设计:①生活范围上,覆盖聋生笔谈交际的主要领域和场合,如家庭、学校、社区生活、网络生活、职场交往等。②表达功能上,涵盖笔谈交际的主要类型,如介绍、描述、复述、应答、阐释、咨询、采访、讨论、说服、拒绝、论辩,以及闲聊、会谈等。[②] ③能力类型上,主要指向所有交际活动都需要的两大基本能力,一是词汇、语义、语体等语言要素的正确、合理使用;二是面部表情、肢体语言、语态等非语言要素与语言要素的有机配合。如话题"给学校总务处写一封信,说说你对改进我校无障碍设施的看法"能让聋生结合自己的生活体验,开展同伴访谈、校园小调查后向校方提出无障碍设施改进建议。话题"作为职场新人,请用三个形容词准确描述你自己,并简明扼要地说

---

① 李海林.论真实的作文[J].中学语文教学参考,2005(5):1—2.

② 郑桂华.撬动口语交际教学的一个支点[J].语文学习,2017(3):11—16.

明选用这几个词的原因"就有别于以往课堂上泛泛的自我介绍,要求聋生具备观众意识和自我身份意识,确定交际场景与交际对象,能在领导、同事面前简洁、得体地介绍自己。在新冠肺炎疫情全球肆虐的背景下,任何人都不能独善其身,"在美国俄克拉何马州经营家族牧场的阿努沙特一家,短短三周时间内,有四名兄弟姐妹因感染新冠病毒接连丧生。拉里·阿努沙特在不到一个月的时间里,操办了四场至亲的葬礼,原本热闹的一家子只剩下他孤零零的一个人"。① 根据这则报道,"请你以拉里·阿努沙特中国朋友的身份,劝说他振作起来,保护好自己,坚强活下去"。这个交际任务结合社会时事热点,要求聋生根据设定的情境,融入自身的情感体验,展开联想,有感而发地完成"劝慰"类型的笔谈交际活动。

2. 确立笔谈教学的三个核心环节

引入具身认知理论,将具身学习的三个阶段——感觉(情境变化)—联结(过往经验)—践行(内化新知)——转化为三个教学核心环节,即"感官激发""体认联结"和"具身实践",通过这三个核心环节来完成具身化的汉语笔谈教学。② 三个环节可具体化为"创设情境""感受拟写""自由表达""合作交流""拓展创新"五个可操作的教学步骤循序推进,以丰富、有趣的活动样式,将

① 夏洛特.美国男子三周内失去四位至亲[EB/OL]. (2020-12-06)[2020-12-28]. https://www. fx168. com/fx168_t/2012/4462367_wap. shtml.

② 徐人云.具身认知视角下建筑学启蒙教育方法探究[J].宁波大学学报(教育科学版),2019(5):105-110.

话题框架中的话题、表达功能和笔谈交际能力融进课堂教学,如图 5-4 所示。

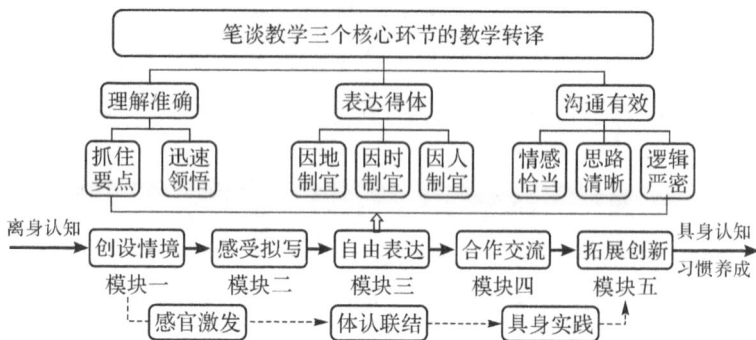

图 5-4　笔谈教学三个环节的教学转译

首先,"感官激发"。在特定的话题情境中,聋生在教师启发下打开视觉、触觉、动觉多个感官通道,多角度挖掘话题的潜在信息,用头脑风暴法"身临其境"式地释放自我,记录下各种碎片化的信息,在教师提供的列表上补充自己的体验和其他看法。这个教学环节以聋生放飞自我为主,教师在课堂上以启发、鼓励、肯定为主,以激发他们的学习热情与动力。以"向同学推荐一道自己最爱吃的美食"笔谈任务为例,任务完成后获全班点赞数最多的五道美食将获得纳入学院食堂菜谱的机会,周末可以一起聚餐品尝。这个笔谈任务内容重在描写点的设计,语言表达重在"描写"这一表达方式的运用。在描写点的选取上,聋生可以多角度调动感官,从美食本身如颜色、味道、造型、香气、特色几个方面展开描述,也可以详细描写美食的制作过程,还可以具体描述自己是如何品尝这道美食的,以及介绍与这道美食相

关的典故、趣事等,这些学习元素都有赖于调动聋生自身的身体体验,充分激活他们已有的生活经验来实现。作为参与者和引导者,教师可以播放一个自己喜爱的美食视频,分享自己对这道美食的独特感受,聋生在教师的言传身教中体悟解读身体感觉的方法,将自己的视角与教师的专业视角做比较,获取"描写"这一类型笔谈写作的灵感与方法。

其次,"体认联结"。当聋生的多感官通道被打开之后,教师应该成为这一环节的主角,充分介入聋生笔谈学习过程,基于自身的专业知识为聋生串联起达成某一特定交际任务所需的概念、知识、策略、方法、技能,帮助聋生把感官所得编入专业化的交际思维体系,实现已有的笔谈交际体验认知与新习得的专业知识之间的巩固联结。教师需要基于自身经验预判聋生在体认联结阶段中遇到的难点,通过搭建"脚手架"的方式为聋生提供帮助,从而实现从"感官激发"到"体认联结"阶段的顺利过渡。仍以上述"美食推荐"笔谈活动为例,教师可给聋生提供"美食推荐——细节描写任务要素分析表",列出交际活动的场景、主体、对象,美食的色、形、味,品尝美食的动作、神态以及自身的情绪体验等,将笔谈任务具体化、知识化、可操作化,让聋生根据任务要素分析表把碎片化的感受梳理出来,填入表中。在此基础上,还可提供白居易《琵琶行》选段和刘鹗《明湖居听书》片段等名家范例,引入描写中常用的"通感"修辞,让聋生品味研读、感知体味,理解"通感"在描写中的妙处,然后指导他们充分发挥想象,借鉴名家手法自由表达。如果聋生能综合运用"白描"和"通感"两种手法,能用多种鲜明的意象摹写美食给人带来的味觉享受

和精神愉悦感,那么他们就基本完成了这一环节的学习任务,有序串联了新旧知识并编入自己的认知网络。

最后,"具身实践"。具身实践倡导以多样化的方式来呈现学习成果,如小组共同创作、组间交流、角色扮演、场景模拟、小品设计以及演讲、辩论、绘图、视觉白话等,目的是尽可能唤起他们的身体参与度、激发他们的情感体验,进一步提升他们的思维活跃度。就聋生汉语笔谈教学而言,场景模拟、角色扮演、视觉白话都是常用的方式,能考查聋生是否能根据不同的交际场合、不同交际对象完成笔谈任务,角色扮演能考查他们是否能选择合宜的文体、恰当的语气、流畅的语言得体地完成交际。根据不同的交际任务类型,还可增加情感的恰切性、逻辑的条理性、论证的严密性等评价指标,指导聋生顺利、得体地完成每一次汉语笔谈交际。教师在具身实践环节应该以"对话者"的身份出现,走下讲台,进入聋生群体中,为聋生的现场演示营造融洽、宽松的具身情境氛围。值得一提的是,提问在这一环节是主要的教学手段,用提问来引发聋生思考、完善笔谈交际,同学之间的意见相互补充,而非简单地由教师宣布所谓的"标准答案",否则容易助推聋生摒弃思考的依赖心理。课堂学习之后,每位同学都要通过网络教学平台提交自己的笔谈作业,同学之间进行"一句话互评",教师对每份作业的修改意见通过班级群共享,以激发他们拓展创新、求索试错的热情,为下一次笔谈交际教学奠定基础。

3.发挥手语在聋生具身认知笔谈学习中的作用

手语是聋人的第一语言,聋生汉语笔谈的过程实际上是运

用二语与听人跨语言交际的过程。教学实践中,笔者发现大多数聋生的笔谈交际介于最纯粹的手语和最标准的书面语之间,从语法结构和语用行为看,他们的汉语表达既留有手语的印记,又吸纳了汉语的某些特点,是一种从手语向汉语过渡状态的"中介语"或者说是"连续语"。与其他二语学习者一样,聋生学习汉语书面语中出现的中介语偏误和语用偏误是第二语言学习的必经之路,他们的中介语是一种努力朝着汉语目的语靠拢的语言系统。以语用得体性为例,发表不同意见时,听人习惯于察言观色、委婉表达,听众也能体察"弦外之音、言外之意";而手语的视觉性特点决定了聋人在交际中当说则说、直截了当,让对方一看就明白。表现在笔谈交际中,聋生往往会忽略汉语的语言张力或礼貌意蕴。因此,笔谈交际中强化手语与书面语之间的转译训练是必不可少的一环。依据具身认知理论,手语在具身认知活动中的参与性与动态性是转译训练的基础。在笔谈教学的三个核心环节中,应突出并延长聋生手语及相关的肢体动作、面部表情等副语言的演示过程,教师要给予充分的耐心和充足的时间,允许聋生用他们最擅长的方式感受、觉知,演示他们的身体反应,触发他们的身体共鸣,让他们在自我体验的基础上觉察、领悟手语与汉语在表达方式上的各自特点,实现对每一次笔谈交际的理解和把握。

　　总之,具身认知视角下聋生汉语笔谈教学改革研究是一个重要且有实际意义的课题。本节以具身认知理论为指导,以满足高职聋生未来工作与生活需要的交际任务为设计依据,创设笔谈学习情境,面向聋生开展沟通与交际教学。通过构建适应

聋生笔谈交际需求的话题框架,确立感官激发、体认联结、具身实践三个核心教学环节,发挥手语在聋生笔谈学习中的作用,为聋教育汉语课程改革提供了一个新的视角。研究力图改变以往"身体缺位""身心二分"填塞式的教学模式,启动聋生身体经验参与语言认知,提高主动参与、乐于交际的意识,打通聋生与健听人生活圈的壁垒,使语言学习真正为聋生成长成才、融入社会服务。

三、交际语境观下的聋生笔谈教学

培养聋生的汉语阅读、写作能力是聋教育语文课程的主要任务,这一任务的重要性在高等职业教育阶段愈加凸显。接受高职教育的聋生需要具备与岗位匹配的读写能力,具备胜任该岗位工作任务的交际技能,为自己成为一个职场人奠定基础。由于听力所限,面向重度听力障碍聋生的沟通与交际教学不以口语表达为训练手段,而是以笔谈、肢体语言、手语训练为主,其中笔谈是主要的训练方式。笔谈是一种书面语交际手段,针对重度听力障碍聋生的沟通与交际教学本质上是让他们学会在日常生活和职场交往中掌握用汉语笔谈写作的本领。遗憾的是,在聋教育语文教学领域,目前笔谈交际教学仍未引起足够的重视,传统的写作教学在一定程度上顶替着笔谈交际教学,而脱离聋生沟通需求、没有明确的对象意识、写作目的不明晰、写作过程缺乏教师指导等诸多问题导致目前聋教育语文写作教学质量堪忧,写作成为聋生语文学习的痛点。以交际语境写作为理论

依据,以满足聋生未来岗位需要的职业情境为教学设计起点,搭建写作支架,渗透合宜的交际知识,以评导写,对聋生进行以笔谈为主的沟通与交际训练可以成为高等职业教育阶段聋教育沟通与交际教学改革努力的方向。

(一)交际语境写作:教学改革的逻辑起点

在我国,交际语境写作观最早可以追溯到二十世纪三十年代陈望道先生的《修辞学发凡》。他在书中提出了"修辞以适应题旨情境为第一义"的观点,执笔为文既要考虑"一篇文章或一场说话的主意和本旨",又要考虑"写说的对象、目的,写说的时间、环境、条件、上下文等因素"。[①] 无论是书面写作还是口头沟通,只有充分考虑这些要素,才是一次成功的交际,否则就会导致失败。二十世纪八十年代以来,李吉林、于永正、张化万、徐家良、管建刚等许多语文教师在作文教学中自觉实践情境教学理念,开展了多种形式的作文实验。进入二十一世纪,在功能语言学、语境学等学科研究的推动下,李海林、荣维东、叶黎明、魏小娜等一大批学者对交际语境理论进行多角度探讨,基于交际语境的写作教学逐渐成为我国写作教学研究中的"显学"。荣维东在其专著《交际语境写作》中明确提出了"写作是特定语境中的语篇建构"的观点,写作的本质是"面对真实或拟真的读者、基于特定目的、围绕特定话题、以一定角色和口吻,建构意义、构造语

---

① 　陈望道.修辞学发凡[M].上海:上海教育出版社,1979:7—11.

篇并进行表达交流的活动"。① 交际语境写作理论为聋生沟通与交际教学奠定了认识论基础。重度听力障碍聋生受听力所限，他们与听人的沟通方式以笔谈为主，传统的笔谈方式以纸笔书面交流为主，随着科技发展，笔谈也包括依托即时通信工具如微信、音书、讯飞听见以及高科技手段"可视眼镜"等方式，通过语音与文字的同步传递来实现与健听人的便捷交流。② 因此，让聋生在不同交际情境中准确、得体、流畅地使用汉语书面语完成笔谈任务，顺利达成交际目的是沟通与交际教学的主要目标。从这个角度说，那些聋生从小到大一直在训练的记叙文、说明文、议论文既没有明确的读者对象，又缺乏明确的交际意识，写作内容空泛，真情实感很难有效激发，这样的写作教学达不到训练聋生语用能力的目的，写作成了为"教"而"教"。以交际语境写作为理论依据的聋生"沟通与交际"教学倡导回归聋生的现实生活，以他们现实生活中或将来职场情境中可能遇到的交际困难和交际需要为教学起点，从中提炼话题、转化为交际情境、明确交际任务、渗透交际知识、设定达成目标，力求实施有效教学。

(二)情境创设：教学设计的前提

交际情境理论指出，话题、角色、读者、目的、文体是交际过程中的语境要素，对接到聋生沟通与交际教学，教师首先要在课

---

① 荣维东.论新世纪写作课程重建运动[J].教师教育学报,2020(4):41-47.

② 张帆.认知视角下聋人学生汉语习得与教学研究[M].杭州:浙江大学出版社,2019:172-174.

堂上为聋生创设一个交际情境,这个情境可以是真实的,也可以是虚构的,但都必须包含上述要素,能够让聋生解读出该特定情境中的作者、读者、写作目的、宜选用的语篇类型等等,从而使交际教学在仿真的情境中展开。情境创设包括日常生活情境和职场情境,其中职场情境主要指向聋生未来工作领域中的交际任务,属于虚构的情境类型,对聋生来说更有挑战性。例如,"杭州酷家乐公司将为学院数字媒体艺术设计专业聋生举办一次公益VR智能室内设计线上展示会,围绕快速渲染预见装修效果,展示该专业聋生对家装户型搜索、绘制、改造的能力。作为我院数字媒体艺术设计专业聋生的一员,请你向该公益展示会展示自己的作品,为该作品配上设计说明"。首先,在这个交际任务中,第一小句"酷家乐公司"就是情境的主体对象,是交际任务的发出者和接收者。教师要指导聋生通过圈画关键词的方法,抓住这个主体,从而让聋生明白这次交际活动是"写给谁看的"。其次,要求"展示该专业聋生对家装户型搜索、绘制、改造的能力"明确了本次交际活动的意图,也就是通过参与本次交际活动,应具体达到什么目的。再次,"为该作品配上设计说明"明确了完成本次交际的路径和方式,就是要求聋生写一份"设计说明",通过设计说明展示自己的设计意图、体现自己的专业能力。最后,"作为该院数字媒体艺术设计专业聋生的一员"则是非常明确地指出了本次交际任务的参与者,"我"应该是一名该专业的聋生。虚构情境虽然不是直接带聋生体验真实生活,但它源于生活,是对生活真实的反映。值得一提的是,虚构真实除了对生活真实的模拟之外,还有一种再现情境的方法,也就是根据已经发生的

事件、活动等内容,借助文字或媒体重新回放,让学生入情入境然后完成笔谈任务。①

(三)搭建支架:教学设计的重点任务

如果说情境创设为聋生"沟通与交际"教学提供必要的前提,那么教学过程中多样化学习支架的搭建则是帮助聋生顺利完成笔谈交际的必要条件。写作学习支架是写作教学设计的重点,它们能帮助学生穿越写作学习中的"最近发展区",包括程序支架、概念支架、策略支架与元认知支架四种功能类型,写作教学设计的重点是构建支持写作学习过程的支架系统。② 反观目前的聋生习作课堂,教师虽然有写作之前的审题指导和写作之后的讲评教学,但写作过程指导往往是空缺的。当老师讲解完题目之后,很多聋生还是觉得无从下笔,有的就开始偷偷翻看手机,上网搜索相似"范文"。如果能从聋生既有的专业学习经验出发,为他们搭建"脚手架",无疑有助于他们顺利完成一次笔谈交际任务。笔者曾在学院中西面点专业聋生中进行过这样一次教学实验:"作为杭州可莎蜜儿食品有限公司的职场新人,你积极钻研西点制作技能,开发出了一款新式口味的蛋挞,你想向部门领导推荐这款新产品,为公司打开销售新渠道。那么该如何推荐呢?"面对这样一个交际任务,聋生首先想到的是运用肢体语言直接夸赞法、请领导同事试吃来推荐这款新品,这显然与交

---

① 蔡明.写作情境:任务写作必须研究的命题[J].中学语文教学,2019(3):36—42.

② 周子房.写作学习支架的设计[J].语文教学通讯,2015(7—8):10—15.

际目的的达成还有一定距离。笔者为聋生提供了评判一款蛋挞的五个标准：造型、色泽、香味、口感、营养。五个维度的标准帮助聋生打开了言说的思路，让他们学会较为全面地、有条理地介绍这款新式蛋挞。接着，笔者给聋生提供了肯德基布丁蛋挞广告，让聋生挖掘视频中最吸引人的画面和文案中的词语，引导他们认识到应该抓住产品的"特点"二字进行推荐。在此基础上，笔者提供了一份表格，要求聋生将自己的所见、所想、所得按上述几个维度填入其中。当聋生依据表格完成笔谈写作任务后，最后出示评价"推荐用语规范"的五条标准和教师本人写作范例，为保证多数聋生能完成本次交际任务提供评价帮助。上述标准、图表、视频、范例是支撑聋生完成本次交际活动的支架，学习支架的复合应用使大多数聋生从"无话可说"到"有话要说"，笔谈交际的欲望得到激发。

（四）交际知识：交际教学设计不可忽视的要素

由于听力受限，聋生在日常交往中欠缺与听人交往的语用意识，到高等教育阶段仍未在头脑中构建起一套以恰当的方式使用汉语交际的知识系统。所谓交际知识，是指与特定的交际对象沟通、为达成一定的交际目的，需要掌握的事实、概念、原理、策略、技能、态度等。[①] 比如工作中有不同的意见、看法，该使用怎样的语气与同事商榷？当领导因某项工作误会你时，该怎样向领导澄清事实？当手头的事情还有很多未完成，部门领导

---

① 王从华.创设蕴含"写作知识"的任务情境[J].中学语文教学，2019(2)：42—48.

又给你安排新任务时，又该如何与领导沟通呢？学会得体地与他人沟通，需要聋生在笔谈过程中运用一定的交际知识，也即策略、方法等，针对特定对象选用恰当的文体，下笔时还要注意格式、主题、结构、表述的语气。目前面向聋生的汉语交际知识开发还非常薄弱，需要一线教师在具体教学中分类开发，总结行之有效的经验。以学习电子商务专业的聋生为例，他们毕业后有很大一部分将从事网店客服工作，网络产品销售就是该专业聋生必备的一项交际技能。那么，如何让他们掌握"销售"这一类型的交际技巧呢？笔者认为，销售在沟通中的言语本质是说服，是说服顾客购买产品的言语交际行为。如果能完成这样一种教学转换，有意识地渗透说服这一类型的语言知识点，那么聋生对"销售"这一笔谈任务的学习就完成了一半。作为服饰店网络客服，当顾客对购买某款衣服犹豫不决，表示出"这款衣服颜色、款式都挺适合我的，但面料看上去很硬、穿起来不够舒服"时，聋生该怎样回应呢？是直接告诉顾客这款衣服的面料很好、价格很便宜，催促赶紧下单？还是换种方式说"这款衣服面料确实偏硬了一点，如果我是你，也会和你的感觉一样。要不要再看一下和这款颜色、款式都一样但面料更好的另一款"？通过两种沟通方式的对比，引导聋生领会说服不是强硬地让对方接纳自己的观点，而是寻求沟通双方共同点的过程。在此基础上，引导聋生归纳网店客服"说服"常用的话术"如果我是你，也会和你的感觉一样……"。教师趁热打铁再提供一个交际案例，让学生对这个知识点进行强化：顾客看中了一款帽子，表示"这款帽子看起来保暖效果不错，可我在其他店看到的同款帽子比你们店便宜很

多",聋生又该怎样回应呢? 依据前面的知识点,引导聋生写出"我非常同意你的看法,那家店的帽子确实比我们家便宜,我们家的帽子不仅有很好的保暖效果,而且还有按摩头部穴位的保健功能"这样的句子,实现知识向技能的迁移。当然,强调知识在教学设计中的重要性,绝不是要求聋生去识记枯燥的理论知识,教师要做好交际知识的开发,将理论知识通过练习、范文、微课等多种方式转化成聋生易于接受的实践知识,使知识成为教学过程中的重要载体和工具。①

(五)以评促写:融入聋生笔谈交际教学设计评价过程

常用的习作评价用语如"内容完整、结构清晰、句子通顺"或"丰富、优美、深刻"显然不适用以交际为本位、以读者为中心的聋生笔谈教学。这类习作评价只会助推浅层学习,无法推动聋生对知识的深度加工、批判反思和应用,影响聋生笔谈写作积极性的激发。交际语境写作观指导下的聋生"沟通与交际"笔谈教学具有明确的评价指向,那就是以该次交际目的达成为归旨。当聋生笔谈写作完成之后,总结性评价以是否符合交际情境、是否有明确的交际对象意识、是否选用了恰当的文体、遣词造句是否得体等为细化的评价指标,各项细化指标都指向是否有效地为交际目的达成服务这一主旨。教师可在教学设计中针对不同的交际类型设计评价量表供学生自评。聋生在职场交际中会面对种种复杂的交际情形,英国有位学者曾梳理出 102 种交际目

---

① 叶黎明.追求写作知识理论化和实践化的平衡[J].江苏教育,2016(10):7-8,10.

的类型:为了道歉,为了控诉,为了应用某物,为了安排,为了感慨,为了禁止,为了庆祝,为了挑战,为了核实,为了声明,为了澄清,为了安慰,为了解释,为了沟通,为了抱怨,为了隐瞒,为了提示某人,为了评判,为了说服谁,为了安抚,为了表达极大的愤慨,为了促使什么,为了警告什么……①这些细化的交际目的分类可供教师设计交际情境、制作评价量表时参考。除总结性评价外,诊断性评价和形成性评价也是教学设计中要考虑的评价手段。以诊断性评价为例,聋生相对听生写作知识储备有限,与健听人交往经验欠缺,遣词造句又往往带有手语思维印记,因此基于聋生学情的沟通与交际教学不能设置过于复杂的笔谈任务,一个任务不宜输入过多的交际知识,一次沟通与交际课以解决一个问题、完成一次笔谈任务为宜。在大一刚入学时,聋生还缺乏专业学习体验,这个阶段可安排相对容易的交际任务,如自我介绍、成长经历自述、课程学习心得等,这些源自聋生自身体验的话题容易激发他们的笔谈欲望,让他们有话可写。之后再导入职业情境类话题,职业情境类话题交际任务的设定应与专业学习对接,遵循由易而难、由浅入深原则,鼓励聋生用微信、钉钉等即时通信工具主动与听生交流,让他们在笔谈实践中积累沟通经验,逐渐习得交际技巧。

总之,高等职业教育阶段的聋生需要具备与岗位匹配的读写能力,具备胜任该岗位工作任务的沟通与交际技能。聋教育

① 安东尼·海恩斯.作文教学的 100 个绝招[M].北京:教育科学出版社,2009:9.

语文课程应以提升聋生汉语应用能力为归旨，以培养他们具备与岗位匹配的读写能力为立足点，把聋生培养成会沟通、懂交际、善融入的技术技能人才。语文课程应加大改革力度，把沟通与交际教学纳入课程体系，与聋生所学专业对接，开发面向他们未来岗位需要的职场交际任务。在具体的实施路径上，可从改革传统的文学类写作教学入手，以交际语境写作为理论指导，通过创设职场交际情境、搭建复合交际支架、渗透交际知识、实施多样化的交际评价等手段来完善教学任务设计，实现从文学类写作向以交际为本位、以读者为中心的任务型写作的转变。

参考文献

[1] 安东尼·海恩斯.作文教学的100个绝招[M].北京:教育科学出版社,2009:9.

[2] 蔡明.写作情境:任务写作必须研究的命题[J].中学语文教学,2019(3):36—42.

[3] 曹雪芹,高鹗.红楼梦[M].北京:人民文学出版社,1982:512—513.

[4] 晁涛,马萍,李伟,等.系统建模与仿真课程实验教学探讨[J].实验室研究与探索,2020(4):143—146.

[5] 陈望道.修辞学发凡[M].上海:上海教育出版社,1979:7—11.

[6] 陈雪峰.关于几个说明方法的辨析[J].中学语文教学,2017(28):78—80.

[7] 陈益青,韩睿,龙墨.人工耳蜗植入后言语康复效果的相关因素[J].中国康复医学杂志,2006(7):617—620.

[8] 董蓓菲.语文教育心理学[M].北京:北京大学出版社,2017:19—21.

[9] 杜学增.中英(英语国家)文化习俗比较[M].北京:外语教学

与研究出版社,1998.

[10] 方成智,王胜.大学生就业的心理障碍及调适[J].当代教育论坛,2006(3):85—86.

[11] 冯文贺.究竟该怎样"请教"[J].语文教学与研究,2007(6):63.

[12] 傅敏,袁芯.基于双能对接的高职聋生汉语实训教学模式的探索[J].实验室研究与探索,2018(5):254—258.

[13] 季佩玉,黄昭鸣.聋校语文教学法[M].上海:华东师范大学出版社,2006:13.

[14] 姜大源.论高等职业教育课程的系统化设计——关于工作过程系统化课程开发的解读[J].中国高教研究,2009(4):66—70.

[15] 教育部关于发布实施《盲校义务教育课程标准(2016年版)》《聋校义务教育课程标准(2016年版)》《培智学校义务教育课程标准(2016年版)》的通知.(2016-12-13)[2021-12-1].http://www.moe.gov.cn/srcsite/A06/s3331/201612/t20161213_291722.html.

[16] 李德高.青少年聋生的概念结构[M].广州:暨南大学出版社,2010:2.

[17] 李海林.论真实的作文[J].中学语文教学参考,2005(5):1—2.

[18] 刘开.刘孟涂集·文集[M]//续修《四库全书》编委会.续编四库全书(第1510册).上海:上海古籍出版社,2002:330—331.

[19] 刘淑,牛春林.典型工作任务和学习任务分析与应用[J].宁波职业技术学院学报,2014(8):106－108.

[20] 卢春凌.听障高等教育语文教学的探索与实践——论听障中、高语文教学的衔接[J].毕节学院学报,2013(6):76－82.

[21] 吕会华,付平.聋人《汉语阅读与写作》课程分层教学实践研究[J].绥化学院学报,2016(10):1－4.

[22] 吕叔湘.吕叔湘语文论集[M].北京:商务印书馆,1983:337.

[23] 倪君辉,詹白勺,余伟平.基于项目教学的液压与气压传动课程综合改革[J].实验室研究与探索,2017(11):182－185.

[24] 倪文锦.我看工具性与人文性[J].语文建设,2007(7－8):4－5.

[25] 齐沁儿.语文教育心理学视域下的口语交际案例评析——以高三语文"讨论"一课为例[J].教育观察,2019(41):91－93.

[26] 錡宝香.儿童语言障碍[M].北京:首都师范大学出版社,2016:40－56.

[27] 冉永平.语用学:现象与分析[M].北京:北京大学出版社,2019,7:95－96.

[28] 荣维东.论新世纪写作课程重建运动[J].教师教育学报,2020(4):41－47.

[29] 沈玉林,吴安安,褚朝禹.双语聋教育的理论与实践[M].北

京:华夏出版社,2005:41—47.

[30] 施良方,崔允漷.教学理论:教学课堂的原理、策略与研究[M].上海:华东师范大学出版社,2010:337.

[31] 王从华.创设蕴含"写作知识"的任务情境[J].中学语文教学,2019(2):42—48.

[32] 王景云.论高校思想政治理论课隐性课程载体的系统构建[J].中国特色社会主义研究,2011(1):100—103.

[33] 王立新.沟通与交流实务[M].北京:北京师范大学,2019:104—105.

[34] 王守仁.坚持科学的大学英语教学改革观[J].外语界,2013(6):10—13,22.

[35] 王素芳,任红波,刘志印.语前聋儿童人工耳蜗植入后听觉言语康复效果相关因素分析[J].听力学及言语疾病杂志,2015(4):394—396.

[36] 王先慎.韩非子·喻老[M]//诸子集成·第五册·卷七.北京:中华书局,1954:119.

[37] 韦晓阳.深化"三教"改革新时代教材建设的实践与探索[J].中国职业技术教育,2020(5):84—87.

[38] 夏洛特.美国男子三周内失去四位至亲[EB/OL].(2020-12-06)[2020-12-28].https://www.fx168.com/fx168_t/2012/4462367_wap.shtml.

[39] 徐人云.具身认知视角下建筑学启蒙教育方法探究[J].宁波大学学报(教育科学版),2019(5):105—110.

[40] 许先文.语言具身认知原理及英语理解的心理模型[J].杭

州师范大学学报(社会科学版),2009(6):114—116.

[41] 杨丹.情境认知理论视域下的小学语文口语交际教学研究[D].成都:四川师范大学,2020:64.

[42] 叶浩生.具身认知:认知心理学的新取向[J].心理科学进展,2010(5):705—710.

[43] 叶浩生.具身认知——原理与应用[M].北京:商务印书馆,2020:51—57.

[44] 叶黎明.追求写作知识理论化和实践化的平衡[J].江苏教育,2016(10):7—8,10.

[45] 叶圣陶.文章例话[M].上海:生活·读书·新知三联书店,2003.

[46] 张道行,刘永祥,杨和钧,等.年龄对语前聋儿人工耳蜗植入听觉言语康复效果的影响[J].听力学及言语疾病杂志,2002(2):113—114.

[47] 张帆.认知视角下聋人学生汉语习得与教学研究[M].杭州:浙江大学出版社,2019.

[48] 张华.课程与教学论[M].广州:上海教育出版社,2018:229—232.

[49] 张会文,吕会华,吴铃.聋人大学生汉语课程的开发[M].北京:华夏出版社,2009:59.

[50] 张继如.大学生自卑心理及其对策[J].内蒙古大学学报(人文社会科学版),2000(5):210—212.

[51] 张强.口语交际[M].上海:上海教育出版社,2019,9:33,56.

［52］张岩松,孟顺英,樊桂林.人际沟通与语言艺术［M］.北京：清华大学出版社,2010:141.

［53］张颖杰.自然手语对聋生汉语写作中叙述视角的影响［J］.北京联合大学学报,2017(01):36－40.

［54］赵舒妮.聚焦儿童交际素养,架构"三线一测"课程［J］.福建教育,2020(18):41－43.

［55］郑桂华.撬动口语交际教学的一个支点［J］.语文学习,2017(3):11－16.

［56］郑锐东,李训仕,杨培新,等.基于工作过程项目教学在高职微生物学实验中的研究与实践［J］.实验室研究与探索,2014(6):177－181.

［57］郑璇,戴旭芳.提升聋生《大学语文》课堂教学有效性的思考［J］.绥化学院学报,2014(6):130－133.

［58］中国聋人协会,国家手语和盲文研究中心.国家通用手语词典［M］.北京：华夏出版社,2019:44.

［59］中国社会科学院语言研究所词典编撰室.现代汉语词典［M］.3版.北京：商务印书馆,1997:1539.

［60］周子房.写作学习支架的设计［J］.语文教学通讯,2015(7－8):10－15.

附录

高职聋生语文沟通与交际学习调查问卷

1. 你的残疾证类别（　　　）[单选题]

选项	小计	占比
A 听力残疾	166	62.41%
B 多重残疾	61	22.93%
C 听力语言残疾	39	14.66%
本题有效填写人次	266	

2. 你的听力残疾等级（　　　）[单选题]

选项	小计	占比
A 一级	211	79.32%
B 二级	41	15.41%
C 三级	10	3.76%
D 四级	4	1.50%
本题有效填写人次	266	

一、现状与自评

1.你认为沟通与交际能力重要吗?( )[单选题]

选项	小计	占比
A 非常重要	195	73.31%
B 比较重要	69	25.94%
C 不重要	2	0.75%
本题有效填写人次	266	

2.你认为培养沟通与交际能力的目的是什么?( )[多选题]

选项	小计	占比
A 提高职场竞争力	144	54.14%
B 提升自身素质	209	78.57%
C 与听人融洽相处	179	67.29%
D 锻炼思维能力	218	81.95%
本题有效填写人次	266	

3.你认为目前你与听人沟通的水平如何?( )[单选题]

选项	小计	占比
A 很好,能够在任何场合流利、文明、大方、准确地表达自己的想法	57	21.43%

续表

选项	小计	占比
B还行,基本能看懂(听懂)听人的意思,较好地表达自己的想法	142	53.38%
C常常误解听人的意思,难得能较好表达自己的想法	50	18.80%
D不好,在陌生人面前和公共场合根本不敢开口讲话	17	6.39%
本题有效填写人次	266	

4.与听人交往,你认为哪种沟通方式最有效?（　　）[单选题]

选项	小计	占比
A手语	32	12.03%
B手语配合口语	78	29.32%
C笔谈(用纸笔沟通交流)	41	15.41%
D用微信、音书、科大讯飞等手机软件	115	43.23%
本题有效填写人次	266	

5.你认为自己在沟通与交际中存在的主要问题是?（　　）[多选题]

选项	小计	占比
A理解力差,看老师打手语(文字字幕)抓不住重点	134	50.38%
B表达能力差,心里有想法但用笔写不出来	160	60.15%

选项	小计	占比
C 词汇积累不够,词汇贫乏、常写错别字	135	50.75%
D 不够礼貌得体,语气比较生硬	62	23.31%
E 思维能力差,思维敏捷度不高、条理性不强	89	33.46%
F 心理素质差,与听人交往心里有些紧张	89	33.46%
本题有效填写人次	266	

6.你觉得日常生活中迫切需要提高哪些方面的沟通与交际能力?(　　)[多选题]

选项	小计	占比
A 看话(看口型、看字幕)	194	72.93%
B 能用自己的语言转述他人的话	141	53.01%
C 产生矛盾或误会能主动解释,以理服人,澄清事实	138	51.88%
D 能得体、有礼貌地拒绝他人不合理的要求	117	43.98%
E 有不懂的问题能主动请教他人	147	54.89%
F 面对批评能以积极的心态回应,过滤无关信息,获取有价值的意见	104	38.72%
G 当同学朋友心里难过时,能主动安慰他人	126	47.37%
H 其他	62	23.31%
本题有效填写人次	266	

7.你觉得在工作场合迫切需要提高哪些方面的沟通与交际能力?（　　　）[多选题]

选项	小计	占比
A 在领导、同事面前自我介绍	195	73.31%
B 用自己的观点去说服同事	145	54.51%
C 说明产品的工艺流程、制作方法、设计思路等	164	61.65%
D 工作中出现失误能得体地道歉	124	46.62%
E 能给公司领导、同事提出合理化建议	111	41.73%
F 能用笔谈或手语直播的方式推销公司产品	110	41.35%
G 遇到问题能主动找同事商量	151	56.77%
H 其他方面	64	24.06%
本题有效填写人次	266	

二、方法习惯

8.你能将别人说过的话进行简要的转述吗?（　　　）[单选题]

选项	小计	占比
A 完全可以	44	16.54%
B 基本可以	197	74.06%

选项	小计	占比
C 不能做到	25	9.40%
本题有效填写人次	266	

9.你能把自己的意思和情感清晰完整地表达出来吗?
(   )[单选题]

选项	小计	占比
A 完全可以	37	13.91%
B 基本可以	210	78.95%
C 不能做到	19	7.14%
本题有效填写人次	266	

10.遇到问题你能站在不同角度提出自己的见解吗?
(   )[单选题]

选项	小计	占比
A 完全可以	39	14.66%
B 基本可以	207	77.82%
C 不能做到	20	7.52%
本题有效填写人次	266	

11.你能耐心、认真地倾听或看着别人的发言吗？（　　）
［单选题］

选项	小计	占比
A 完全可以	62	23.31％
B 基本可以	191	71.80％
C 不能做到	13	4.89％
本题有效填写人次	266	

12.与听人交往,你是否会经常误会听人,或反复询问对方,要求他重复几遍？（　　）［单选题］

选项	小计	占比
A 经常	26	9.77％
B 有时	207	77.82％
C 没有	33	12.41％
本题有效填写人次	266	

13.在交谈中,对于不理解的地方,你能主动向听人请教吗？（　　）［单选题］

选项	小计	占比
A 完全可以	45	16.92％
B 基本可以	202	76.94％
C 不能做到	19	7.14％
本题有效填写人次	266	

14. 碰到了新的问题,你能流畅地与听人进行沟通并尝试解决吗?(　　)[单选题]

选项	小计	占比
A 完全可以	50	18.80%
B 基本可以	197	74.06%
C 不能做到	19	7.14%
本题有效填写人次	266	

15. 回答提问时,你会积极主动发表自己的意见吗?(　　)[单选题]

选项	小计	占比
A 完全可以	43	16.17%
B 基本可以	196	73.68%
C 不能做到	27	10.15%
本题有效填写人次	266	

16. 在与听人讲话的时候,你能注意力集中地观察对方的表情和手势吗?(　　)[单选题]

选项	小计	占比
A 完全可以	60	22.56%
B 基本可以	190	71.43%
C 不能做到	16	6.02%
本题有效填写人次	266	

17.你能用简洁的语言(手语或口语)概括一节课所学的主要内容吗?(　　)[单选题]

选项	小计	占比
A 完全可以	50	18.42%
B 基本可以	197	74.06%
C 不能做到	19	7.52%
本题有效填写人次	266	

18.与听人交流过程中,你能准确领会并归纳他的意思吗?(　　)[单选题]

选项	小计	占比
A 完全可以	39	14.66%
B 基本可以	205	77.07%
C 不能做到	22	8.27%
本题有效填写人次	266	

19.与老师和同学们的交流中,你会经常使用"您""谢谢""对不起"等礼貌用语吗?(　　)[单选题]

选项	小计	占比
A 经常	117	43.98%
B 有时	147	55.26%
C 从不	2	0.75%
本题有效填写人次	266	

三、课程教学

20.你认为大学阶段,语文教材还要加强改进的地方是
(   )[多选题]

选项	小计	占比
A 语法知识指导	179	67.29%
B 沟通与交际指导	223	83.83%
C 写作指导	132	49.62%
D 阅读篇目导读提示	133	50.00%
E 综合学习性活动	143	53.76%
F 课外阅读指导	111	41.73%
本题有效填写人次	266	

21.你在大学阶段想提升自己哪方面的语文能力(   )[多
选题]

选项	小计	占比
A 沟通与交际能力	233	87.59%
B 写作(笔谈)能力	195	73.31%
C 礼仪文化修养	175	65.79%
D 现当代文学鉴赏能力	107	40.23%
E 古诗文阅读理解能力	107	40.23%
本题有效填写人次	266	

22.语文老师会经常组织不同类型的沟通与交际训练吗？
（　　）[单选题]

选项	小计	占比
A 经常	70	26.22%
B 有时	189	70.79%
C 从不	8	3.00%
本题有效填写人次	266	

23.你认为现在的语文课,沟通与交际部分教学内容是否需要增加？（　　）[单选题]

选项	小计	占比
A 需要大量增加	83	31.20%
B 需要增加一些	164	61.65%
C 不需要增加	19	7.14%
本题有效填写人次	266	

24.你最希望沟通与交际教学内容来自哪里？（　　）[单选题]

选项	小计	占比
A 语文课本	97	36.47%
B 家庭生活	37	13.91%
C 职场生活	68	25.56%
D 学校生活	64	24.06%
本题有效填写人次	266	

25.你认为影响你学习沟通与交际技能的因素有哪些?
(　　)[多选题]

选项	小计	占比
A 缺少锻炼机会	211	79.32%
B 缺乏兴趣	187	70.30%
C 教师缺乏教学技巧	116	43.61%
D 教学内容不实用	77	28.95%
E 教学内容和考试关系不大	79	29.70%
本题有效填写人次	266	

26.在语文沟通与交际课上,你经常做的事情是什么?
(　　)[单选题]

选项	小计	占比
A 积极思考、积极发言	77	28.95%
B 和同学进行小组讨论	103	38.72%
C 被动地看老师、同学	57	21.43%
D 走神或做自己想做的其他事情	29	10.90%
本题有效填写人次	266	

27.如果你喜欢沟通交际课,你会出于什么原因主动参与到课堂学习中?(　　)[多选题]

选项	小计	占比
A 对话题感兴趣	168	63.16%

续表

选项	小计	占比
B 活动形式丰富	146	54.89%
C 锻炼自己的表达能力与思维能力	197	74.06%
D 希望得到老师和同学的鼓励	119	44.74%
F 希望能有锻炼自己的机会	160	60.15%
G 想提高职场竞争力	97	36.47%
本题有效填写人次	266	

28. 如果你不喜欢沟通交际课,你会出于什么原因选择沉默?(　　)[多选题]

选项	小计	占比
A 不能完成老师布置的任务,有些害怕	157	59.02%
B 对学习内容不感兴趣,不想发表意见	177	66.54%
C 回答问题生怕答错	195	73.31%
D 考试不考,随便学学	51	19.17%
本题有效填写人次	266	

29. 老师会对你在沟通交际课上的发言与表现进行评价吗?(　　)[单选题]

选项	小计	占比
A 会	62	23.31%
B 有时会	191	71.80%
C 从不	13	4.89%
本题有效填写人次	266	

30. 你最喜欢什么类型的沟通与交际作业?（　　）[单选题]

选项	小计	占比
A 案例分析类书面作业	39	14.66%
B 手语（口语）小组交流类	126	47.37%
C 笔记摘录、抄写知识点	83	31.20%
D 情境模拟合作表演类	18	6.77%
本题有效填写人次	266	

后　记

　　在国内,特殊人群语言教学研究曾是一个乏人问津的领域,近年来虽有一些学者开始关注,但总体来看,对学龄前和小学阶段聋生的语言教育及康复研究关注得多,产出成果也多,对已经步入大学阶段的青少年聋生的语言学习问题探讨则相对较少。作为一名在高等职业院校从事多年聋生语文教学的老师,笔者常常深感聋生需解决的语言学习问题实在太多了,手语词汇和句法表达、手语的规范性、汉语口语表达、汉语书面语笔谈写作、肢体语言的使用、手语与汉语的转译、与听人交往的心理与礼仪、汉语表达的流畅性与得体性等,这些都是即将步入社会的聋生需要面对的现实问题。

　　聋人融入社会的最大障碍是语言沟通,语言是交际的工具,聋生习得汉语的目的就在于能在交际中运用汉语。面向聋生的语文课程应该首先是一门工具课程,在言语实践、交往体验、社会参与、合作共享的过程中,发展聋生的汉语应用能力,培养良好的个性、健全的人格与合作精神,这应该是聋生学习语文课程的首要目标。笔者在本著作中坚持这一主张,近年来的课题研究也聚焦于此,面向聋生沟通与交际教学做了努力与尝试。笔

者坚信,如果大学阶段的聋生能接受较为完整、系统的汉语沟通与交际训练,能掌握常用的功能性交际方法并运用到职场生活中去,这对他们的社会融入和职场竞争力的提升是有极大促进作用的。怀揣这样的想法,笔者和课题组成员开展实践调查,立足课程改革,撰写教学设计与教学案例,整理教学反思,推动课堂教学。希望我们迈出的这小小一步,能为国内高等教育阶段聋教育语文课程改革尽一点绵薄之力。

在特殊教育领域里耕耘了很久,很多时候都是踽踽独行。想起宫崎骏老人在《千与千寻》里的一句话,"不管前方的路有多苦,多么崎岖不平,只要方向正确,都比站在原地更接近幸福"。那就让我们继续走下去吧,人生不就是追寻意义的过程吗? 愿与所有从事特殊教育的老师们共勉!

张　帆
2022 年 9 月